위대한 탐험가 마젤란

MAGELLAN

슈테판 츠바이크 지음 • 이내금 옮김

자작나무

위대한 탐험가 마젤란

MAGELLAN

슈테판 츠바이크 지음 • 이내금 옮김

위대한
탐험가
MAGELLAN
마젤란

초판 1쇄 인쇄일 2014년 7월 25일
초판 1쇄 발행일 2014년 7월 30일

지은이 • 슈테판 츠바이크
옮긴이 • 이내금
펴낸이 • 신영임
펴낸곳 • 도서출판 자작나무
주 소 • 서울시 성북구 보문로 76 평화빌딩 201호
전 화 • 02-923-5160
팩 스 • 02-953-5198
이메일 • chajaknamu@hanmail.net

등록번호 • 제 307-2007-48호
등록일자 • 2004년 5월 7일

ISBN 978-89-7676-914-5 03900

• 값 15,000원

패자를 위하여

그 스스로도 모든 것을 빼앗기고 나치에 쫓겨 고향을 등질 수밖에 없었던 슈테판 츠바이크는 많은 망명작가들의 곤궁한 삶을 따스한 마음으로 보살펴주었다. 그러나 결국 고향과 언어로부터의 추방이라는 망명의 현실을 더이상 견뎌낼 수 없었는지도 모른다. 하나 둘 세상을 떠나는 친구들의 뒤를 따라 그 또한 1942년 부인과 함께 자살을 택한다.

"무슨 이유였을까? 마지막 편지는 전쟁에 대해서 언급하고 있었다. 전쟁은 야만의 승리요, 파괴적 본능의 돌출이라고 하였다. 이 인도주의자는 두려웠을 것이다. 이것이 아직도 그의 세계인가? 아니었다. 자신은 이 세계에 맞지 않는다고 하였다. 그리고 그는 독약을 마셨다. 명예도, 돈도, 친구도 모두 이곳에 남겨두고……. 그렇게 간단한 것일까? 아, 우리가 대체 어떻게 알 수 있단 말인가……."

슈테판 츠바이크가 부인과 함께 자살했다는 소식을 듣고 클라우스 만은 이렇게 적고 있다. 그가 왜 죽었는지, 죽음을 결심하기까지 그가 어떤 고통을 겪었는지 대체 우리가 어떻게 알 수 있으랴!

"저는 승자보다는 패자를 위해 글을 쓰렵니다"라고 마젤란의 작가는 말하고 있다. 츠바이크가 『마젤란』을 통해 그려낸 것은 최초로 세계를 일주한 영웅의 별처럼 빛나는 순간만은 아니었다. 그것은 자신의 고향인 포르투갈의 변모한 모습에 적응할 수 없었던 자의 소외감이며, 스스로 생의 과제라 여겼던 탐험의 세계로 떠돌아다녀야 했던 고향을 등진 자의 불행이었다.

오늘날 이 역사 속으로 잊혀져 간 한 인물의 삶을 다시 되새겨보는 의미는 어디에 있는 것인가? 무엇 때문에 이 불행한 사람의 이야기를 읽는 것인가? 어쩌면 우리가 필요로 하는 것은 카프카가 말했듯이 '우리에게 불행처럼 다가오고, 우리가 자신보다도 더 사랑한 사람을 잃어버린 때의 상실감 같기도 하고, 모든 인간으로부터 버림받고 거친 숲을 헤매다니는 절망감과 자살과도 같은' 그런 책인지도 모른다. 한 망명객이 다듬어낸 또다른 망명객의 이야기가 카프카의 말처럼 날카로운 도끼와도 같이 우리 마음속의 얼어붙은 바다를 깨부수어 줄 수 있기만을 기대해본다.

오랜 유학생활을 마치고 돌아온 지 올해로 3년이 되어간다. 번역하고 싶은 작품은 많았지만 쉽게 용기가 나지 않았다. 우리말에 대한 감각이 무뎌진 때문에 조심스러울 수밖에 없었던 때문이리라. 두레박을 내려뜨려 깊은 우물물을 퍼내는 심정으로 번역을 시작하였다. 한참이 지나도 바닥이 닿지 않을 것 같은 초조함과 함께 하나씩 둘씩 잊혀졌던 단어들, 표현들이 두레박에 담겨 올라오면서 '마젤란'

이라는 인물이 어둠 속에서 모습을 드러냈다.

내게 번역의 길을 열어준 안인희 선배님께 우선 고맙고, 꾸준히 독일어권 작품을 출판해주는 자작나무에게도 감사드린다. 독일에서 책을 구해 보내준 친구 Dr.p.Imming과 대전에 작업공간을 마련해 준 정명희 박사님에게도 감사한다.

그리고 마지막으로 인명과 지명표기를 위해 도움을 준 외대 용인 캠퍼스의 포르투갈어과, 스페인어과에게도 감사의 말을 전하고 싶다.

이 내 금

인류사의 가장 찬란한 항해기

책이란 각양각색의 감정에서 생겨날 수 있다. 감격에 사로잡혀서 책을 쓰는가 하면 감사의 마음이 우러나서 쓰기도 하고, 아니면 실망, 분노와 괴로움, 열정 때문에 쓰기도 한다. 때때로 호기심이 글을 쓰도록 몰아가기도 하고, 직접 인간이나 사건을 밝혀보고자 하는 심리적인 욕구도 작용하는가 하면, 허영이나 금전에 대한 욕심, 자기 투영에 대한 즐거움 역시 종종 창작으로 몰아가기도 한다. 나는 특별하면서도 매우 긴박한 심정에서 시작하였는데, 그것은 바로 수치심이었다.

지난해 나는 처음으로 오랫동안 가고 싶었던 남미를 여행할 수 있었다, 브라질에 가면 지구상에서 가장 아름다운 자연이 나를 기다릴 것이고, 아르헨티나에서는 정신적인 동료들과의 잊지 못할 만남이 기다리고 있다는 것을 알았다. 이런 기대감 때문에 여행은 더더욱 즐거웠고, 실제 여행은 많은 즐거움을 선사하기도 했다. 잔잔한 바다, 빠르고 쾌적한 선실에서의 휴식, 모든 의무나 일상으로부터 벗어났다는 자유로움 때문에 여행은 낙원의 나날과도 같이 즐겁기만 했다.

그러던 어느날, 나는 문득 짜증날 정도로 초조한 마음에 사로잡힌 자신을 발견하게 되었다. 하늘은 언제나 파랗게 펼쳐져 있었고, 바다는 늘 푸르고 잔잔하기만 하였다. 여행의 나날들이 마음속에서 점점 들끓어 오르는 것을 느꼈다. 벌써부터 내심으로는 목적지에 도달하기만을 바랐고, 시계가 매일매일 앞으로 나아가고 있다는 것만이 기쁠 뿐이었다. 이 나른하기만 한 허무를 즐겨야만 한다는 사실이 갑자기 성가시게 느껴지기만 하였다. 언제나 똑같은 사람들의 얼굴이 피곤하기만 하였고, 갑판에서의 단조로운 일상들이 그 규칙적인 평온함 때문에 신경을 곤두서게 하고 있었다.

이 초조한 상태를 인식하게 된 단 일 초만으로도 나는 충분히 수치심을 느꼈다. 나 자신에게 화가 치밀었다. 너는 지금 세상에서 가장 안전한 배를 타고 이 멋진 항해를 하고 있는데 이런 안락함조차 네게는 불만이라는 말이지. 선실이 너무 썰렁하다 싶을 때는 밸브만 돌리면 벌써 방안 공기는 따스해지지 않는가. 적도의 햇빛이 너무 뜨겁다 싶으면 한 발자국만 옮기면 환풍기가 돌아가는 네 방으로 갈 수 있고, 아니면 열 발자국만 움직여 수영장에서 몸을 식힐 수도 있지 않은가. 식사시간에는 이 특급호텔과도 같은 식탁에서 원하는 것은 음식이고 음료수고간에 뭐든지 선택할 수 있고, 그러면 모든 것이 요술처럼 준비되지 않았던가? 원하기만 하면 혼자 있어도 되고, 책을 읽어도 되고, 게임을 하거나 음악을 들을 수도 있고, 사람들과 시간을 보낼 수도 있다. 모든 안락함과 안전이 네게 보장되어 있지 않은가. 네가 어디로 여행하는지도 알고, 언제 도착하는지 시간까지 정확히 알고, 또 네가 그곳에서 환영받으리라는 것도 알고 있다. 마찬가지로 런던이나 파리, 부에노스아이레스, 뉴욕에서도 네가 탄 배가 어느 지점을 지나고 있는지 매순간마다 알고 있다.

좁은 계단을 스무 발자국 정도만 뛰어 올라가면 전신기가 작동하면서 네가 문의하는 사항이라든가 안부인사를 방방곡곡으로 전해주기도 하고, 또 한 시간이면 이에 대한 답신을 네게 전해주지 않는가. 옛날 생각을 해봐라, 이 성급한 불평분자야. 생전 처음으로 대륙을, 바다를 발견하려고 떠났던 사람들이 겪어야 했던 항해와 이 여행을 한번 비교해보게나. 그러면 스스로 부끄러운 줄을 알겠지. 그 당시 보잘것없는 고깃배에 실려서 항로도 모르는 채 망망대해로 떠나야만 했던 사람들을 상상해보아라. 끝없는 위험에 직면해서, 매일 같이 심술궂은 날씨와 싸우면서 궁핍을 견뎌내야 하지 않았겠는가. 밤에는 불빛 하나 보이지 않고, 마실 물이라고는 통 속에 들어 있는 햇빛에 절은 짠물이나 미리 받아놓은 빗물이 고작이고, 먹을 것이라고는 부스러진 비스킷 조각이나 소금에 절인 비계덩이가 고작인데, 그나마도 배급량이란 초라하기 그지없지 않았겠는가. 침대도 없고, 쉴 수 있는 공간도 없고, 지옥처럼 이글대는 열기와 혹한 속에서 그저 이 물의 사막에서 구원자도 없이 혼자 버려져 있다는 절망감만을 느낄 뿐이었을 게다.

집에서는 그들이 대체 몇 년을 어디를 헤매고 있는지 알지 못하고, 그들 스스로도 어디를 향하고 있는지 알지도 못하는 것이다. 배고픔이 그들의 항해를 따라다니고 있었고, 죽음은 도처에서 뭍에서도, 바다에서도 수천의 형상으로 그들을 에워싸고 있는 것이다. 만나게 되는 인간이나 자연도 모두 그들에게는 위험의 대상이었고, 몇 년 간이나 이 가련한 배를 둘러싸고 있는 것은 영원한 고독감이었을 게다.

그들은 잘 알고 있었다. 아무도 그들을 도와줄 수 없고, 이 미지의 바다 위에서는 몇 달이 지나도 돛단배 한 척 만나지 못하리라는 것을. 아무도 그들이 처해 있는 어려움과 위험에서 구해줄 수 없고, 그들이 죽음으로 최후를 맞는다 해도 전해줄 사람이라고는 아무도 없었던 것이다. 그러므로 이제 나는 바다를 정복하려고 떠났던 최초의 항해에 대해서 내면적으로 생각해보기 시작했고, 내가 보인 초조함에 부끄러워지기 시작했던 것이다.

이러한 부끄러움은 한번 생겨나기 시작하자 여행기간 내내 내게서 떨어져 나가지 않았고, 이 이름 모를 영웅에 대한 생각은 나를 가만 내버려두지 않았다. 처음으로 자연에 도전한 사람들에 대해서 더 많이 알고 싶다는 욕구도 생겼다. 이들이 떠난 미지의 대양은 어린시절부터 나의 상상력을 자극하지 않았던가. 나는 배에 있는 도서관으로 가서 잡히는 대로 몇 권의 책을 뽑아 이 모든 항해자들과 항해 중에서 가장 경탄스러운 인물을 만났다. 그가 이루어낸 업적이야말로 지구탐험사에서 가장 위대한 것이라고 느껴졌다.

그가 바로 페르디난드 마젤란으로, 다섯 척의 초라한 커터선을 끌고 세계를 일주하겠다고 세비야를 떠난 사람이었다. 이는 어쩌면 인류사의 가장 찬란한 표류기라 할 수 있으리라. 함께 출발한 265명의 선원들 중에서 다 부서진 배 한 척을 타고 돌아온 사람은 불과 18명뿐이었다. 그렇지만 바로 그들의 돛대에는 최고의 승리를 알리는 깃발이 나부끼고 있었던 것이다. 그러나 책에는 이 사람에 대한 이야기가 많지 않았다. 어쨌든 내게는 이것만 가지고는 충분하지 않았던 것이다.

나는 집에 돌아와서도 계속해서 책을 읽고, 연구를 해나갔다. 그러면서 이 영웅적인 업적에 대해 알려진 것이 얼마나 보잘것 없고, 신빙성이 없는지 알고 나서 놀랄 수밖에 없었다. 그래서 나는 예전처럼 불투명한 것을 밝혀내는 작업으로서 가장 바람직하고 생산적인 작업이란 결국 이 사람을 다른 이들을 위해 형상화하고 서술하는 것임을 알게 되었다.

그렇게 이 책이 생겨난 것이다. 정직하게 이야기한다면 나 스스로에게도 놀라운 결과였다. 구할 수 있는 모든 자료들에 따라 가능한 한 사실에 맞게 이 항해기를 그려내면서도 무엇인가 인간이 꿈꿀 수 있는 가장 위대한 꿈을, 인류의 가장 성스러운 동화를 꾸며대고 있다는 묘한 느낌을 지울 수가 없었다. 그러나 거짓말처럼 느껴지는 진실보다 더 좋은 것이 어디 있으랴! 언제나 인류의 영웅적인 행위란 그것이 보통사람들의 범상한 차원을 뛰어넘기 때문에 이미 이해할 수 없는 사실처럼 느껴지는 법이다. 그러나 인류란 언제나 믿을 수 없는 사실들을 대할 때에만 자신에 대한 믿음을 되찾지 않았던가.

대항해시대를 연 후추전쟁

흔히 16세기를 대항해시대라고 부른다. 포르투갈을 시작으로 스페인, 영국, 네덜란드 등 유럽의 각국들이 바다를 통해 아프리카와 아메리카, 그리고 인도를 비롯한 동방의 정복에 일제히 나섰기 때문이다. 그들은 자신들이 도착한 땅을 식민지화했고, 때로는 무자비한 살육도 서슴지 않았다. 이들이 이처럼 육지가 아닌 바다를 통해 해외로 나서게 된 데에는 이유가 있었다. 그 가장 큰 원인은 바로 향료였다.

유럽인들에게 향료가 본격적으로 소개되기 시작한 것은 로마인들이 이집트 원정에 나서 향료를 맛본 후부터였다. 사실 그때까지만 해도 유럽에는 요리라는 것이 존재하지를 않았다. 요리라고 해야 소금에 절인 고기와 말린 생선 정도가 전부였다. 특히 냉장 시설이 없었기에 아무리 소금에 절였다 하더라도 고기는 오래 둘수록 냄새가 나고 부패될 수밖에 없었다. 이런 상황에서 접하게 된 향료는 그야말로 축복과 같았다. 특히 부패한 고기의 냄새를 없애주고 입 안에 감칠맛을 돌게 하는 향료는 귀족들의 밥상에선 없어서는 안 될 필수품이 되었다. 특히 인도산(産) 후추와 계피가 주로 수입되었는데, 무역풍을 타고 인도양을 건너 홍해를 거슬러 올라 이집트에까지 이르는 항로가 개발되었기 때문이었다. 당시 로마는 자신들의 배로 이 향료를 운반해 왔기 때문에 이들의 가격은 그렇게 비싸지 않았다. 그런데 중세에 들어와 중동의 이슬람 세력이 급격히 팽창하면서 사정이 달라졌다. 이들이 무역로의 중간을 차단하면서 향신료는 아랍 상인들의 손을 거쳐야만 구할 수 있게 된 것이다.

직접 구해 오지 못하고 여러 단계를 거치다보니 당연히 향료의 가격은 천정부지로 치솟게 되었다. 특히 후추의 확보는 십자군전쟁이 시작된 계기 중의 하나가 되었다. 물론 이슬람교도들로부터 기독교인들을 보호하고 기독교의 성지를 회복한다는 종교적 목적도 있었지만 그 바탕에는 통로를 열어 후추의 공급을 원활하게 하겠다는 생각도 들어 있었다. 실제 후추는 음식의 향료로 뿐 아니라 다양한 용도로 쓰였다. 병을 치료하는 데 사용했는가 하면 콜레라가 유행할 때면 환자가 발생한 집에 후추를 태워서 소독하기도 했다. 또 미약(媚藥)으로도 사용하기도 했다. 물론 실제로 약효가 있는 것은 아니었으나 그만큼 후추에 대한 환상이 강했다. 또 교회의 미사에도 쓰였다. 미사를 집전하기 위해 향로에 후추를 넣어 태워야 했기 때문이었다. 하지만 십자군전쟁의 실패로 후추 확보 계획도 이루어지지 않았다.

그렇지 않아도 비싼 후추는 상인들에 의해 유럽에서도 변방인 포르투갈에 도달할 때쯤이면 가격을 책정하기 어려울 정도였다. 포르투갈에서 뱃길 탐험에 나선 것은 결코 우연이 아니었다. 자신들보다 훨씬 강대국인 스페인에 막혀 대륙으로 나아갈 수 없었던 그들은 국가의 존망이 항로 개척에 달렸다고 믿었으며 그 역할을 맡은 이가 바로 엔리크 왕자였다. 그는 해양 강국 포르투갈을 만들기 위해 평생의 노력을 쏟았다. 조선기술과 행해술을 발전시키고 항해사들을 길러내었다. 그의 노력으로 결국 바르톨로 뮤 디아스는 희망봉을 발견하게 되었고, 바스코 다 가마가 이끄는 포르투갈 선단은 1498년 인도의 고아에 입항하는 데 성공했다. 그들은 향료를 잔뜩 싣고 리스본으로 돌아왔다.

유럽인들은 이제 이슬람의 횡포에서 벗어나 정상적인 가격으로 후추를 살 수 있을 것이라 믿었다. 그러나 그것은 착각이었다. 이후로 향신료 무역은 포르투갈이 독점하게 되고 전 유럽의 돈은 리스본으로 모여들었다. 다른 나라들은 이를 갈면서 독자적으로 항로를 개척하려 힘을 쓰게 되었다. 바야흐로 대항해시대가 열리게 된 것이다. 이들 국가들은 향료를 찾기 위해, 또는 식민지를 개척하기 위해 모든 힘을 쏟아 바다와 육지에서 경쟁했다.

희망봉을 돌아 인도로 향하는 기존 항로 대신 대서양을 가로 질러 인도에 도착한다는 계획을 세운 것은 콜럼버스였다. 그는 자신의 계획을 포르투갈 왕에게 밝혔지만 왕은 냉정하게 거절했다. 이미 기존의 항로로도 후추를 비롯한 향신료들을 독점으로 가져오고 있는데 굳이 새로운 항로를 찾을 필요가 없었기 때문이다. 게다가 당시에는 대서양으로 곧장 나아가서는 인도에 다다를 수 없으리라 여겼다.

콜럼버스는 결국 스페인 왕을 찾아가 승낙을 받았으며, 인도에 닿지는 못했지만 아메리카 대륙을 발견하게 되었다. 이후 아메리카 대륙에 대한 탐험의 결과 유럽인들은 이 길고 거대한 대륙으로 인해 기존의 항로와 반대되는 방향으로 인도에 도달하는 항로는 막혔다고 여겼다. 그 상식을 깨고 도전에 나선 것이 바로 마젤란이었다. 어디서 어떻게 그 정보를 얻었는지는 밝혀지지 않았지만 그는 대륙의 중간에 아메리카 저쪽 편의 대양으로 나아가는 해협이 있다고 믿었다. 콜럼버스와 마찬가지로 그 역시 포르투갈 왕에게 계획을 말했으나 거절을 당해 스페인 왕을 찾았다. 결국 그는 포르투갈인으로서 스페인 국기를 배에 달고 3년에 걸쳐 지구를 한 바퀴 도는, 목숨을 건 위대한 항해에 나서게 된 것이다.

~ Magellan ~

contents

— *Magellan* —

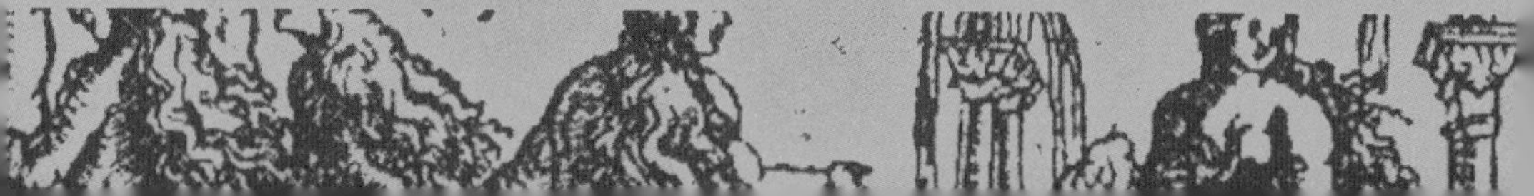

지구를 처음으로 일주했던 이 위대한 항해자의 이름은 역사 속에서 살아 숨쉰다. 포르투갈의 문서에는 페르나웅 드 마젤라이스, 또는 페르나웅 드 마젤랴에스라고 불린다. 나중에 스페인으로 넘어간 다음부터는 스스로 마잘라네스나 마가야네스라고 서명한다. 지도상에는 라틴어화된 이름인 마젤라누스라고 적혀 있다. 이 책을 쓰면서 이름을 통일시켜야 했으므로 나는 일반적으로 널리 알려진 라틴어 이름인 마젤란으로 결정하였다. 마찬가지로 콜럼버스도 크리스토포로 콜롬보나 크리스토발 콜롱이란 이름 대신에 알려진 대로 부르기로 했다. 그에게 항해를 가능하게 해준 합스부르크 왕가의 군주도 마젤란이 떠날 당시엔 스페인 왕 카를로스 1세에 불과했고, 아직 독일황제에 등극하지도 않았지만 더 알려진 이름인 칼 5세로 부르기로 했다.

향 료

세상을 무역과 탐험의 시대로 몰아넣다

일의 발단은 향료였다. 대항해시대가 열리게 된 것도, 세계일주가 이루어지게 된 것도. 중세까지만 해도 북유럽의 음식 문화란 상상할 수 없을 정도로 미개했다. 지금은 흔한 감자나 옥수수, 토마토 등의 작물 재배는 아직 생각도 하지 못했다. 레몬이나 설탕을 사용할 줄도 몰랐으며, 커피나 홍차의 세련된 맛은 더더욱 알지 못했다. 음식의 맛이란 그저 시지 않으면 달고, 맵지 않으면 싱겁기만 한 것이 전부였다. 영주나 귀족들조차도 맛을 음미하기보다 그저 마구 먹어치우는 것이 다였다. 그런데 이집트 원정을 나간 로마인들이 그 맵싸하고도 아릿아릿한 동양의 향료를 맛본 다음부터 모든 것이 달라졌다. 인도의 이 특산물은 서양의 식탁에 없어서는 안 될 것이 되었다. 후추건, 무스카트건(역주 : 꽃 모양의 씨앗 껍질로 사향 냄새가 난다), 아니면 생강이나 계피건 상관없었다. 자신들의 음식에 이 향료 한 알갱이라도 넣으면, 입안 가득히 낯설고도 자극적인 감칠맛이 퍼져나가는 것이었다. 새로운 맛의 세계가 열린 것이다. 이전의 음식이 독창이었다면 향료를 넣은 음식은 화려한 화음이 가미된 합창인 셈이었다. 중세인들의 미개한 미각을 건드리는 이 자극제는 먹어도 먹어도 새로웠다. 후추로 뒤범벅을 하고 독한 맛을 내는 음식이라야 인정을 받았고, 심지어는 맥주에 생강도 집어넣었다. 포도주도 향료를 넣고 끓였는데, 얼마나 독했는지 한 모금 마실 때마다 목구멍이 타들어 가는 정도였다.

향료를 음식에만 사용하는 건 아니었다. 여자들의 허영심이라는 것도 끝이 없어 점점 더 많은 아라비아 방향제들을 원했다. 향 짙은 사향이며, 숨 막힐 정도로 독한 용현향이나 달콤한 장미향처럼 좀더 새로운 것들을 계속 찾았다. 직조공이나 염색공들은 여성들의 옷을 만들기 위해 중국제 비단이나 인도산 다마스트 천을 마무리할 줄 알아야 했다. 금세공사는 세일론의 순백 진주와 나징가의 푸르스름한 다이아몬드를 사들여야만 했다.

하지만 그 누구보다도 향료를 절실히 필요로 한 곳은 가톨릭 교회였다. 유럽의 수천, 수만의 교회에서 미사를 집전할 때 향로를 피워 흔들려면 향료 낱알이 수억, 수십억 개가 필요했다. 그런데 유럽 땅에서는 단 한 톨도 자라나지 않았으니 결국 바다로, 육지로 끝없이 먼 길을 지나 아라비아에서 실어 와야 했다. 인도의 소문난 향료를 즐겨 찾기는 약제사들도 마찬가지였다. 그들은 아편, 장뇌, 고무수지 등의 향료나 약물을 도자기에 담아, '아라비아산'이나 '인도산'이라는 마법의 단어를 적어놓았다. 그렇게 하지 않으면 환자가 치료효과를 믿으려 들지 않는다는 것을 이미 잘 알고 있었기 때문이다.

유럽인들은 점차 최면에 빠지듯 동방에서 온 물건의 매력에 빠져들었다. 그래서 중세에는 아라비아산, 페르시아산, 동인도산 등의 부가어들은 사치스럽고, 세련되고 고상하며, 격조 높고, 비싸다는 말과 같은 의미로 사용되었다. 마치 18세기 프랑스산이 그러했듯. 하지만 무역상품들 가운데 이들 향료만큼 인기를 끈 것은 없었다. 동방의 꽃향기가 마법의 힘으로 유럽인의 영혼을 사로잡아버린 것이다.

동방의 것에 대한 환상과 최면에 물건 값은 계속 치솟았다. 특히 후추의 가격은 절대적이었다. 지금은 음식점 테이블마다 놓여 있어 자칫 잘못하면 모래가루처럼 엎질러지곤 하는 후추를 12세기 무렵에는 하나하나씩 알갱이를 세어 계산했고, 무게 당 가격이 은 값과 같았다. 세계 여러 곳에서 후추의 가치를 귀금속과 나란히 매겼다. 심지어는 후추로 땅을 사기도 했고, 지참금을 지불하거나 시민권을 사기도 하였다. 그런가 하면 후추의 무게를 가지고 관세를 책정하는 제후들이나 자치시도 등장했다. 중세에는 굉장한 부자를 가리켜 '후추포대'라고 빈정대기도 했다. 금이나 약물의 무게를 재던 저울에 이제 생강과 계피, 키나 껍질, 장뇌들이 올라갔고, 이때에는 행여나 문틈 사이로 이 귀중한 물건의 먼지 한 톨이라도 바람에 날아갈까봐 노심초사하여 문이란 문은 창문까지 꼭꼭 닫아걸었다.

지금으로서는 이해하기 어렵지만 당시 화물 운송에 따르는 어려움과 위험을 감안한다면 당연한 일이었다. 동양은 한없이 멀리 떨어진 곳이었다. 따라서 향료 알갱이 하나하나, 꽃이파리 하나하나가 말라이 제도의 푸르른 수풀을 떠나 유럽의 항구에 닿은 뒤 장사꾼들에게 오기까지 겪어야만 했을 풍랑의 나날은 정말 길었다. 뿐만 아니라 선박이며 사막을 지나는 대상(隊商)이며 마차 대열이 운송 중에 만나는 위험과 장애물은 상상하기 힘들 정도로 많았다. 물론 향료 그 자체로 보면 전혀 귀하지 않았다. 지구 저편에서는 계피 줄기나 정향, 무스카트 열매, 후추 같은 것들이 엉겅퀴처럼 아무데

서나 무성하게 자라났고, 말라이 제도에서 향료 1백 파운드를 산다고 해봐야 서양에서 한줌 값에도 못 미쳤다.

그렇지만 거래는 손에서 손으로 건네지는 법, 사막과 바다를 건너 맨 마지막으로 소비자에 이르기까지 얼마나 많은 손들을 거쳐야만 했을까! 물건을 맨 처음으로 다루는 손에는 언제나 가장 보잘것없는 대가가 치러질 뿐이다. 말라이 노예들이 싱싱한 작물을 따서 자루에 담아 등이 휘도록 시장으로 실어날라도 보상이라곤 자기가 뿌린 땀이 고작일 터였다. 그러나 노예 주인은 이슬람 상인에게 팔아넘겨 이득을 보고, 상인은 물건을 조각배에 실어, 타는 듯한 뙤약볕을 받으며 여드레나 열흘, 때로는 더 많은 나날을 노를 저어 말라카 반도(역주 : 말라이 반도. 지금의 싱가포르 부근) 까지 실어나르는 것이다.

기나긴 무역 여행의 첫번째 흡혈귀는 항구 주인이자 그 지역의 왕이었다. 그들은 물건을 옮겨 싣는 과정에서 상인에게 세금을 부과했다. 세금을 지불하고 나면 향료들은 조금 더 큰 돛단배에 옮겨지고, 노를 젓고, 돛을 올리고 또 다른 항구로 떠나간다. 항해는 지리하기만 하다. 어쩌다 바람이 잘 때면 구름 한 점 없이 타는 듯한 하늘을 보며 무작정 기다려야 하고, 갑작스레 태풍이나 해적을 만나 정신없이 도망치다 보면 어느새 몇 달이 훌쩍 지나가버리고 만다. 열대 바다를 두세 개 건너 물건을 실어나른다는 것은 한없이 고되고, 이루 말할 수 없이 위험한 일이었다. 배 다섯 척 가운데 적어도 한 척은 폭풍이나 해적선의 희생물이 되곤 했다. 상인들은 마침내 오르무즈나 아덴에 도착하여 아라비아나 이집트로 들어갈 때면 하늘이 도왔다고 감사하였다.

여기에서 새로이 시작되는 육지로의 화물 운송도 여유롭고 안전하기만 한 것은 아니었다. 하역 항구에는 수천 마리의 낙타들이 길게 줄지어, 후추나 무스카트 자루들이 노끈으로 단단히 동여매어져 하나씩 등에 실릴 때까지 말없이 기다리고 서 있다. 이제 짐을 실은 사막의 배는 모래바다를 뚫고 흔들거리며 나아간다. 아라비아 대상은 몇 달에 걸쳐 『천일야화』에 등장하는 바스라나 바그다드, 다마스카스 같은 도시들을 지나 베이루트나 프레비존데로 운반하거나, 아니면 지다를 거쳐 카이로로 실어나른다. 파라오나 박트리아 민족(역주 : 고대 페르시아에 속한 부족)이 지배하던 사막 여행길은 오래전부터 대상인들에겐 친숙한 길이었다. 물론 불행히도 사막의 해적인 베두인족의 습격을 받아 수개월의 결실이 단 한순간에 물거품이 되어버리기도 했다.

사막의 모래바람이나 베두인족을 운 좋게 피했다 싶으면 이제 또 다른 강도가 기다리고 있었다. 헤샤 왕국이나 이집트, 시리아의 술탄들이 낙타 한 마리당, 아니면 자루 한 개당 세금을 물리는데, 그 액수라는 것이 어마어마했다. 매해 이들 노상강도 같은 이집트인들이 향료 상인들에게 부과한 통과세는 어림잡아 10만 두카텐(역주 : 금화 단위. 10마르크 정도 된다)에 달했다. 이곳을 통과해 알렉산드리아 부근의 나일강 어귀에 닿으면 이제 마지막이지만, 결코 남한테 뒤지지 않는 갈취자가 기다리고 있었다. 바로 베니스 공국의 함대였다. 그들은 경쟁도시 비잔틴을 간악한 수법으로 멸망시킨 이래로 서양의 향료 무역을 독점하고 있었다.

물품들은 여기에서 바로 운송되지 않고 먼저 리알토(역주 : 베니스의 유명한 다리)로 보내졌다. 그곳에서 독일이나 플랑드르, 영국의 도매상들에 의해 낙찰되면, 비로소 두 해 전쯤 열대의 태양 아래서 피어난 향료들은 넓은 마차에 실려 눈과 얼음에 뒤덮인 알프스 고갯길을 넘어 유럽의 방물장사에게로, 소비자에게로 굴러갔던 것이다.

이처럼 인도의 향료는 마지막 단계인 소비자에게 이르기까지 적어도 열두 번의 단계를 거치면서 폭리에 폭리를 거듭할 수밖에 없었다고 마틴 베하임은『지구』에서 우울하게 적고 있다. 그러나 전체 이윤이 열두 명의 손에 분배된다고 하더라도 개개인은 이 향료에서 충분한 즙을 짜낼 수 있었다. 그 모든 위험부담에도 불구하고 중세의 향료 무역은 최소의 양으로 최대의 이윤을 남길 수 있는 가장 좋은 벌이였다. 마젤란의 탐험이 증명하듯이 다섯 척 중에서 네 척이 물건을 싣고 침몰한다 하더라도, 승무원 265명 가운데 2백 명이 돌아오지 못한다 하더라도, 선원이고 선장이고 간에 모두가 생명을 잃는다 할지라도, 이 게임에서 상인은 이기게 되어 있었다. 배 다섯 척 가운데 작은 배 하나만이라도 3년이 지나서라도 향료를 가득 채워 돌아오기만 한다면, 모든 손해를 갚고도 남았다. 15세기에는 후추 한 포대가 사람 목숨보다 더 귀중했기 때문이다.

생명의 값어치는 하잘것없었고, 향료의 가치와 수요는 엄청나게 커졌던 점을 감안할 때, 이들의 수지가 맞아떨어진다는 것은 전혀 놀랍지 않았다. 베니스의 궁전들이나 푸거, 벨저와 같은 대부호들의 저택들이 향료 수입만으로 세워졌다고 해도 과언이 아니었다. 그러나 쇠가 녹스는 것을 피할 수 없듯이, 어마어마한 이익이 있는 곳에는 맹렬한 질투가 따르기 마련이었다. 우선권이란 언제나 다른 사람들에게 부당한 것으로 받아들여지기 마련이고, 어느 소그룹이 엄청난 부를 축적하면 불이익을 받은 사람들은 공동전선을 펴는 법이었다. 이미 오래전부터 제노아인, 프랑스인, 스페인인들은 그들보다 민첩한 베니스인들이 향료의 무역을 자신들의 지역으로 끌어들인 것을 시샘하고 있었다. 뿐만 아니라 인도와 유럽 사이를 가로막고 봉쇄해놓은 이슬람 국가 이집트와 시리아를 한층 더 격분에 차서

콜럼버스.
왕과 고문관들은 콜럼버스와 마젤란의 계획에 열광했다.

노려보고 있었다.

기독교 국가의 선박은 홍해를 항해할 수 없었고, 기독교도 상인 역시 통과할 수 없었다. 인도와의 모든 교역은 터키와 아라비아 상인들이 전담했다. 이들은 기독교도들과의 무역에서 미리부터 이윤을 챙기려 했고, 따라서 유럽의 소비자들은 터무니없이 높은 상품가격을 지불해야만 했다. 그뿐만 아니라 유럽의 물품은 인도의 귀중품들보다 가치가 떨어지기 때문에 남아도는 귀금속이 모두 동방으로 흘러갈 위기에 처해 있었다. 이렇듯 훤히 보이는 무역적자 때문에 서양인들은 결국 파산하게 될지도 몰랐다. 그들은 이 같은 굴욕적인 지배에서 벗어나고자 조바심내기 시작했다. 그리고 마침내 그들이 가진 에너지를 모두 끌어모았다.

십자군전쟁은 종종 낭만적으로 묘사되듯이, 이교도로부터 성지를 탈환한다는 단순히 신비적이고 종교적인 의도만은 아니었다. 이 유럽 최초의 기독교연합은 한편으로 홍해를 가로막는 봉쇄의 사슬을 깨부수고자 했다. 유럽을 위해, 기독교 신앙을 위해 동양과의 무역의 길을 열어놓고자 하는 목적의 몸짓이었다. 그러나 이 충돌은 실패로 끝나고 말았다. 그들은 이집트를 이슬람교도들에게서 빼앗아오지도 못했으며 이슬람교도들은 여전히 인도로 가는 길을 막고 있었다. 인도로 가는 자유롭고 독립적인 또 다른 길을 찾고자 하는 욕구가 싹튼 것은 어쩔 수 없는 일이었다. 그들의 눈길이 향한 곳은 바로 바다였다. 콜럼버스가 서쪽으로, 바르톨로뮤 디아스와 바스코 다 가마가 남쪽으로, 그리고 카보트가 라브라도를 향해 북쪽으로 떠날 수 있었던 대담함은, 그 무엇보다도 서양을 위해 관세도 물지 않고 방해도 받지 않고 인도로 갈 수 있는 자유로운 항로를 발견해서 이슬람의 패권을 꺾어놓고 말겠다는 분명한 의지에서 비롯된 것이었다.

결정적인 발명이나 발견의 추진력은 정신적인, 도덕적인 동기라 할 수 있다. 그러나 최종적으로는 돈을 벌 수 있다는 물질적인 자극이 필요한 경우도 많다. 왕이나 고문관들이 콜럼버스나 마젤란의 계획에 그토록 열광했던 것은 물론 그 대담한 생각 때문이었을지도 모른다. 그러나 군주나 후원자들이 투자를 하고 함대를 장비해준 가장 큰 이유는 역시 돈이었다. 탐험이 성공만 하면 들어간 비용의 1천 배나 되는 이윤을 돌려받으리라는 속셈이 바로 그 이유였다. 이처럼 이 탐험의 시대를 풍미하던 영웅들의 뒤에는 그들을 몰아대는 상인들이 자리잡고 있었다. 또한 세계정복이라는 영웅적인 열정 또한 '경제적 이익'이라는 지극히 현실적인 요구에서부터 시작된 것이다. 결국 이 모든 일의 발단은 바로 향료였다.

포르투갈 영광의 시대를 준비한 엔리크 왕자

역사의 흐름을 볼 때 한 인간의 정신이 그 시대의 정신과 만난다는 것은, 다시 말해 한 개인이 자신의 시대가 품고 있는 독창적인 야망을 날카롭게 파악해낸다는 것은 경이로운 일이 아닐 수 없다. 수많은 유럽국가들 중에서 포르투갈은 변방의 나라였다. 오랜 전쟁을 치른 후 아라비아의 지배에서 벗어난 지 얼마 되지 않았고, 유럽 문제에서도 큰 몫을 담당해오지 못하던 터였다. 승리와 자주독립을 쟁취하고 나자 이 젊고 패기에 찬 민족의 열정적인 힘은 쓸 곳을 못 찾은 채 고여 있을 뿐이었다. 비상하려는 민족에게 내재되어 있는 당연한 팽창의지는 아직 분출되지 않고 있었던 것이다.

포르투갈은 전국토가 스페인과 경계를 이루고 있었다. 이 이웃나라와는 형제애를 방불케 하는 우호적인 관계였기 때문에 작고 가난한 포르투갈이 무역이나 식민지 개척을 통해 뻗어나갈 수 있는 유일한 수단은 바다뿐이었다. 그러나 불행히도(어쩌면 처음에만 그렇게 보였을지도 모르겠지만) 포르투갈의 지리적 위치는 유럽의 해양민족들 가운데 가장 불리했다. 서쪽에서 포르투갈의 해안으로 밀려오는 대서양은, 중세의 절대적 권위자인 프톨레메우스의 지리학에 의하면 항해가 불가능한 끝없는 망망대해라고만 알려져 왔다.

프톨레메우스의 지도에 따르면 아프리카 해안을 따라가는 남쪽 항로 또한 항해할 수 없기는 마찬가지라고 했다. 사람도 살 수 없고 곡식도 자라지 않는 이 땅덩어리는 남극까지 뻗어있고 오스트레일리아와 함께 붙어 있어 전혀 통과할 수 없기 때문에 이 사막의 땅을 순항한다는 것은 도저히 불가능했다. 고대 지리학에 의하면 포르투갈은 항행이 가능한 유일한 바다인 지중해권 밖에 놓여 있기 때문에 유럽의 해양민족들 중에서 최악의 위치였다.

그러나 포르투갈 왕자 엔리크는 이렇듯 불가능한 것을 가능하게 만들기 위해 나섰다. 성경 말씀처럼 맨 마지막에 있던 자가 맨 앞에 설 수도 있는 일을 해내는 것이 그의 필생의 과제가 되었다. 지리학의 교황이라는 프톨레메우스가 잘못 알고 있었다면? 때때로 기묘하고 낯선 나무들이 거대한 파도에 실려 해안으로 밀려오는 것으로 보아 만일 대서양이 어딘가에서 끝나 미지의 나라들로 이어지고 있다면? 그리고 회귀선 저편의 아프리카에도 사람이 살고 있다면? 아직은 탐구되지 않은 이 대륙을 따라 주항할 수도, 인도양으로 나아갈 수도 없다던 그리스 학자의 주장이 허풍이었다면? 만일 그렇다면 어떻게 될까? 그렇다면 포르투갈은 서쪽으로 가장 멀리 나가 있으므로 모든 것을 발견하는 진정한 도약판이 될 테고, 인도에 이르는 가장 가까운 항로를 가진 셈이다. 대양 때문에 버림받은 것이 아니고, 유럽 어느 나라보다도 항해를 위해 태어난 나라가 될 것이다. 작고 힘없는 포르투갈을 항해의 일인자로 부상시키고, 지금껏 폐쇄 영역으로만 여겨지던 대서양을 항로로 바꾸고야 말겠다는 커다란 소망은 엔리크 황태자를 일생동안 사로잡았다.

역사책에는 항해자 앙리라고 씌어 있다. 틀린 말이지만 맞는

항해자 엔리크 왕자. 트립티콘(삼단으로 된 성화상)의 일부분.
리스본 고대 박물관 소장.

말이기도 하다. 엔리크는 세우타로 가는 전함을 잠깐 타본 것 말고는 한 번도 항해하지 않았다. 그리고 항해에 관한 책 한 권, 논문 한 편, 지도 한 장도 남겨놓지 않았다. 그렇지만 항해자라는 명칭을 인정할 수밖에 없는 것은 자신의 삶과 전재산을 오로지 항해와 항해자들을 위해 바쳤기 때문이다. 세우타를 포위하던 아라비아 전쟁(1412)에서도 증명되었듯이, 재산도 많고, 영국왕의 조카이기도 한 엔리크 왕자는 가장 화려한 직책을 맡아 공명심을 여지없이 발휘할 수도 있었다. 모든 유럽 왕궁에서 그를 즐겨 초대하였고, 영국에서는 총사령권을 제공할 정도였다. 그러나 이 기이한 몽상가는 창조적인 고독의 삶을 선택했다. 그는 선조들의 성역이었던 사그르 곶에 칩거하여, 50년간이나 인도 항해와 '미지의 바다'에 대한 공격준비에 몰두했다. 당대 우주론의 권위자인 프톨레메우스와 그의 후계자들, 그리고 그의 학설에 따라 지도를 만들어오던 모든 사람들과 대항한다는 것은 쉬운 일이 아니었다. 그런데 이 대담하고도 고독한 몽상가가 아프리카는 남극까지 잇닿은 얼어붙은 대륙이 아니라 인도에 이르는 진정한 뱃길이라는 신념으로 싸울 수 있었던 용기는 대체 어디에서 나온 것일까? 그 해답은 알려지지 않고 있다. 그러나 헤로도토스나 스트라보조차도 언급한 적이 있을 만큼 오래 전부터 이어져 오는 소문은 있었다.

파라오가 지배하던 까마득한 옛날에 페니키아인의 함대가 홍해를 따라 내려갔는데, 2년이 지나 뜻밖에도 헤라클레스의 기둥(지브랄타 해협)을 통과해 돌아왔다는 내용이었다. 왕자는 아라비아의 노예상인에게서 사하라 사막 저편에 '풍요의 나라'가 있다는 정보를 접했을지도 모른다. 실제로 1150년 아라비아인 우주학자가 노르만족의 왕 로저 2세를 위해 완성한 지도를 보면 오늘날의 기니아가 '풍요의 땅'이라는 이름으로 표기되어 있다. 엔리크가 우수한 정보망을 통해 프톨레메우스를 절대적으로 신봉하는 당시의 지리학계보다 아프리카의 실제 형태에 대해서 더 잘 알았을 가능성도 있다. 마르코 폴로나 이븐 바투타의 견문록도 학계에서는 허풍스런 거짓말로 치부되던 터였다.

엔리크는 목적이 위대한 만큼 어려움이 크다는 것을 스스로 잘 알고 있었다. 그는 이토록 엄청난 모험을 준비하는 데만 한 세대 이상이 걸릴 것이라 판단했다. 아울러 자신은 이 꿈이 이루어지는 것을 볼 수 없으리라고 점잖게 체념했다. 바다에 대한 지식도 없이, 타고 갈 배도 없이 포르투갈에서 인도까지의 항해를 어떻게 감행할 수 있단 말인가. 당시 유럽의 지리학적 항해 지식이란 상상할 수 없을 만큼 원시적이었다. 로마제국 멸망 이후 소름끼치는 암흑의 중세는 수백 년 동안 그리스인, 페니키아인, 로마인들이 용감무쌍한 항해를 통해 쌓아올린 지식들을 모두 사장시켜 버렸다.

스스로 폐쇄된 공간 속으로 들어가 버린 이 시대에는, 오래전 알렉산더가 아프가니스탄과의 경계 너머 멀리 인도까지 전진해 나갔다는 사실이 믿을 수 없는 동화가 되어버렸다. 탁월한 지도들도, 로마인들의 지구본도 모두 사라져 버렸고, 군사도로는 황폐해졌다. 멀리 브리타니아와 비티니아에 이르는 이정표들도, 그리고 우수한 정치적 지리학적 정보활동마저 전부 수포로 돌아가고 말았다. 항해 능력도 잃어버리고, 탐험하는 즐거움도 죽어버린 지 오래였으며, 항해술 또한 보잘것없었다. 광대하고 대담한 목적지도 없이, 정확한 나침반도 명확한 지도도 없이 작은 선박들만이 이 항구에서 저 항구로 해안을 따라 조심스레 움직일 뿐이었다. 폭풍이 올까 봐, 포악한 해적떼를 만날까 봐 늘 불안한 채로 이러한 우주론의 침체기에서 그토록 형편없는 배를 가지고는 대양을 정복하고 해외식민지를 개척한다는 것이 아직은 시기상조라고 엔리크는 판단했다. 그러므로 수백 년의 무관심 때문에 놓쳐버린 것을 되찾기 위해서는 한 세대의 희생이 필요하다고 생각했던 것이다. 엔리크의 위대한 면모는 바로 이 미래를 위해 자신의 생애를 희생하기로 결심한 것에서 잘 드러나고 있다.

전설이 어두운 베일처럼 드리워진 오늘날에는 엔리크가 어떤 방식으로 포르투갈의 세계정복을 준비하고 있었는지 자세히 알

길이 없다. 향토역사가들의 낭만적인 기록을 보면 그는 세계 각지에서 책과 자료들을 전부 실어오게 하였고, 아라비아인, 유대인 학자들을 불러모아 좀더 나은 도구와 장치를 제작하도록 명령한 것으로 씌어 있다. 항해에서 돌아온 선주나 선장이라면 누구누구 할 것 없이 모두에게서 자문을 구하였고 그들에게 얻은 정보지식들은 비밀서고에 신중하게 보관해두었다. 동시에 일련의 탐험대를 준비시키기도 했다.

조선기술을 꾸준히 발전시켜 몇 년 사이에 18명 정원의 지붕이 없는 작은 어선(바르카)이 이제 '나오'라는 80톤 내지 1백 톤 무게의 넓은 쾌속선으로 개발되었다. 사나운 날씨에도 공해상에서 항해할 수 있을 만큼 바다에 강한 이 신형 선박은 그에 맞추어 새로운 선원들을 필요로 했다. '점성술사'가 키잡이와 보조를 맞추면서 항해의 전문가로서 포르토레인을 읽고, 각도를 결정하고, 자오선을 그려 넣는 등 이론과 실제가 창조적으로 손잡았다.

탐험 여행을 거듭하는 동안 단순한 어부와 선주들밖에 없었던 바다에 항해자와 탐험가 세대가 체계적으로 형성되었고, 이들의 움직임은 미래를 만들어가고 있었다. 마케도니아의 필립 왕이 아들 알렉산더에게 세계를 제패하라고 무적의 정예부대를 유산으로 남겨놓았던 것처럼, 엔리크는 포르투갈의 대양 정복을 위해 당대의 가장 우수하고 현대적인 선박과 가장 뛰어난 선원들을 남겨놓은 것이다. 선구자의 비극적 운명이란 약속의 땅을 바라보지 못한 채 바로 목전에서 숨진다는 사실이다. 엔리크는 조국을 세계 탐험사에서 불멸의 존재로 만들어준 수많은 대륙 발견을 단 한 건도 보지 못했다. 그가 죽은 1460년에는 주목할 만한 사건이 일어나지 않았다. 아조렌과 마데이라의 발견도 실제로는 재발견에 불과했다(1151년 이미 로

렌티노가 지도상에 표기했다). 서해안에서 그의 선박들은 아직 적도까지도 나아가지 못했고, 무역이라고는 결코 명예롭지 못한 소규모의 상아 무역을 겨우 시작했을 뿐이다. 하얀 상아도 아닌 시커먼 상아였다. 말하자면 세네갈 해안에서 흑인들을 납치하여 리스본의 노예시장에 팔아넘기는 무역이었다. 그리고 약간의 금 부스러기를 발견한 것이 엔리크가 그토록 꿈꾸어오던 사업의 작고 보잘것없는 시작이었다.

그러나 실제로는 이미 결정적으로 성공을 거머쥔 셈이었다. 포르투갈의 항해가 가져다준 최초의 승리는 얼마나 멀리 나아갔는가보다는 심리적인 영역에 놓여 있었다. 항해는 모험의 사기를 북돋아주었고, 위험하기 짝이 없는 전설의 힘을 무너뜨렸다. 수백 년 동안이나 뱃사람들은 경계곶(캅 논) 저편으로는 더 이상 배를 타고 갈 수 없다고 수근거려 왔다. 거기에서 '어둠의 심연'이 시작되기 때문에 누구라도 이 죽음의 땅에 발을 디디면 재앙이 내릴 것이라고 믿었던 것이다. 회귀선 근방의 바다는 태양열 때문에 펄펄 끓고 있어서 선판과 돛대는 불붙고, 분화구같이 황폐하기만 한 이 '사탄의 나라'에 발을 디디려는 기독교인은 너나할 것 없이 검둥이가 되어버린다는 것이었다.

이러한 이야기들 때문에 남쪽 항해는 두려운 일일 수밖에 없었다. 엔리크의 항해를 위해 어떻게든 선원들을 불러모아야 했기 때문에 교황까지 나서야 했다. 교황은 참가자에게 면죄를 약속했다. 이렇게 해서야 비로소 최초의 탐험 여행을 떠날 대담한 사람들을 모집할 수 있었다. 1434년 질 에아네스가 불가능하다던 캅 논을 돌아기니아에서 소식을 전해 왔을 때, 그 감격이 어떠했으랴! 칭송받던 프톨레메우스는 새빨간 거짓말쟁이가 되었다. 그곳에서도 고향의 앞바다처럼 항해는 순조롭기만 했고, 토지는 더할 나위 없이 기름지고 아름답다는 것이었다. 이렇게 해서 마지막 장애는 극복되었다.

이제 포르투갈은 승무원들을 구하러 돌아다닐 필요가 없어졌다. 세계 각처에서 모험가와 동조자들이 몰려들기 시작했다. 항해가 성공할 때마다 항해자들은 더더욱 대담해졌고, 어느 날 갑자기 모험을 위해 목숨마저 내놓겠다는 젊은 세대가 등장했다.

"항해는 필연이고, 삶은 우연이다."

이 오래된 뱃사람들의 격언이 다시 사람들의 영혼을 사로잡았다. 세상 어느 곳에서든 신세대들이 함께 모여 작업에 뛰어들 때, 세계는 변화되어 가기 마련이다. 엔리크의 죽음은 높이뛰기를 위해 마지막으로 호흡을 가다듬는 순간 같은 것이었다. 정력적인 주앙 2세는 그때까지의 모든 기대를 웃도는 기세로 일을 추진했다. 지금까지는 달팽이 걸음이었다면 이제는 사자처럼 날쌔고 힘찬 돌격이었다. 어제까지만 해도 12년 동안 겨우 보자도르 곶까지 몇 마일을 항해해 나갔고, 또 12년 만에 가까스로 베르데 곶에 도착한 것만 가지고도 굉장한 업적이라고 칭송했는데, 이제는 1백 마일이나 5백마일 정도 전진해나간 것은 새삼스레 놀랄 일도 아니었다.

오늘날 하늘의 정복을 경험한 우리 세대는 어떠했는가? 처음엔 비행기가 샹드마르에서 출발해서 3미터, 5미터, 10미터만이라도 계속해서 하늘에 떠 있다는 사실에 마냥 들떴지만, 10년쯤 지나자 비행기는 벌써 대륙으로, 대양으로 넘나들지 않았던가. 그 당시 포르투갈이 미지의 세계에 발을 들여놓음으로써 전 유럽을 들끓게 했던 흥분과 관심이 어떠했으리라는 것은 충분히 짐작할 수 있는 일이었다.

1471년에는 적도에 도달했고, 1484년에는 디에고 캄이 콩고 강 어귀에 닻을 내렸으며, 마침내 1486년에는 엔리크의 예언과도 같은 꿈이 이루어졌다. 그해 포르투갈의 항해자인 바르톨로 뮤 디아스가 드디어 아프리카의 최남단인 희망봉에 다다른 것이다. 그곳에서 만났던 폭풍우 때문에 이곳을 처음에는 캅 토르멘토소(폭풍의 곶)라고 불렀다. 비바람에 돛이 찢겨나가고, 돛대가 부러져 나가도 이 용감한 정복자는 결연하게 항해를 계속했다. 그는 아프리카의 동해안에 이르렀고, 여기에서부터는 이슬람교도 키잡이들의 도움으로 큰 어려움 없이 인도까지 나아갈 수 있을 것이었다. 그런데 이곳에서 그만 승무원들이 반란을 일으켰다. 여기까지 온 것만으로도 이번엔 충분하다는 것이었다.

바르톨로 뮤 디아스는 쓰라린 가슴을 안고 회항할 수밖에 없었다. 승무원들의 반란 때문에 인도에 이르는 항로를 개척한 최초의 유럽인이 될 수 있는 영광을 놓쳐버린 것이다. 대신 그 영광을 차지한 것은 바스코 다 가마였다. 일을 시작한 사람은 불운한 주동자로서 그보다 운이 좋은 성취자에 의해 잊혀지기 마련이다. 아무튼 결정적인 행위는 이루어졌다. 처음으로 아프리카의 지형이 확인되었고, 처음으로 프톨레메우스의 학설에 맞서서 배를 타고 인도에 도달할 수 있음을 증명해 보인 것이다. 엔리크의 생애를 건 꿈을 그의 제자들과 후손들이 그가 죽은 지 한 세대가 지나서야 이루어 놓은 것이다.

이제 전세계는 유럽 귀퉁이에 붙어 보이지도 않던 이 작은 해양 민족을 경탄과 시기심에 가득 찬 눈길로 주시하기 시작했다. 세계적 강국인 프랑스, 독일, 그리고 이탈리아 등이 무의미한 전쟁에 휩싸여 서로를 물어뜯고 있을 때, 유럽의 천덕꾸러기 포르투갈은 자신의 영토를 수천 배나 확장시켜 가고 있었던 것이다. 아무리 힘을 기울여도 포르투갈이 내디딘 엄청난 선두자리를 따라잡을 수는 없었다. 하룻밤 사이에 포르투갈은 세계적인 해양국이 되었고, 업적을 쌓아가면서 새로운 영토만이 아니라, 세계를 온통 점령해나갔다. 10년 동안 이 유럽의 작은 나라는 로마제국의 전성기보다 더 넓은 땅덩어리를 차지하고 지배하겠다는 욕심을 가꾸어나갔다.

당연하게도 과도하게 상승된 제국주의적 욕심은 실행해나가는 과정에서 힘을 소진시킬 수밖에 없었다. 인구라고는 통틀어 150만 명밖에 되지 않는 작은 나라가 아프리카며 인도, 브라질을 점령해서 식민통치를 한다거나, 아니면 무역을 독점한다거나 하는 일들을, 그것도 다른 나라들의 시기심에 맞서서 장기간 혼자 힘으로 해나간다는 것은 불가능했다. 기름 한 방울이 격노한 바다를 잠재울 수 없듯이 바늘 크기만한 나라가 그보다 10배나 큰 나라들을 영원히 굴복시킬 수는 없는 일이었다. 이성적으로 판단하자면 포르투갈의 절제 모르는 팽창은 극도로 위태로운 돈키호테의 모험과도 같은 부조리한 것이었다. 그러나 영웅적이라는 것은 언제나 비이성적이고, 반이성적인 법이었다. 한 인간이나 민족이 자신의 한계를 넘는 과제에 도전하고자 할 때면 상상을 뛰어넘을 정도로 힘이 강해진다.

15세기 말경의 포르투갈처럼 승리의 단 한순간을 위해 함께 뭉친 장한 민족은 다시없을 것이다. 당시 포르투갈은 알렉산더 대제와 그의 용사들을 대신할 만한 알부케르크 바스코 다 가마, 마젤란 같은 영웅뿐 아니라 호메로스에 비교할 만한 카뫼스와 리비우스에 견줄 만한 바로스 등의 인물들을 배출해냈다. 학자와 건축가들 대상인들도 하룻밤 사이에 생겨났다. 페리클레스 시대의 그리스, 엘리자베스 여왕 치하의 영국, 나폴레옹 당시의 프랑스같이 세계적인 형태로 민족의 내밀한 이념을 실현시키고, 그 이념을 만천하에 실천해 보였다. 세계사의 잊을 수 없는 한순간에 포르투갈은 유럽의 일인자가 되었고, 인류의 안내자가 되었던 것이다.

포르투갈 민족의 위대한 행위는 다른 민족들에게도 영향을 미쳤다. 모두들 미지의 세상을 향한 출발은 지금까지의 척도와 개념, 거리감들을 모두 뒤엎는 것임을 알아차렸다. 그리고 가슴을 두근거리며 궁정에서 대학에서 리스본에서 오는 최신 뉴스를 들으려고 안달하였다. 유럽은 독특한 투시력을 가지고 세계로 뻗어간 포르투갈의 업적에서 창조성을 찾아냈다. 항해와 발견이 전쟁이나 대포보다도 결정적으로 세계를 변화시킨다는 것을 깨달았다. 이제 백년제국도, 천년제국도, 중세까지도 모조리 종말을 고했고, 공간이라는 차원에서 생각하고 행동할 수 있는 새로운 시대가 밝아왔음을 알 수 있었다. 역사적 순간을 분명히 자각하면서 플로렌스의 인문주의자 폴리티안은 평화로운 이성의 옹호자로서 포르투갈의 명예를 위해 장엄하게 목소리를 높였다. 유럽의 지성이 보내는 찬사가 그의 감격적인 말에서 묻어나온다.

"단지 헤라클레스의 기둥만을 뒤로 하고, 사나운 대양을 길들인 것뿐 아니라 지금껏 단절되어 있던 인류세계의 합일을 재생시킨 것이다. 앞으로 우린 얼마나 새로운 가능성들을 기대할 수 있을 것인가? 경제적인 이득이며, 지식은 또 얼마나 진흥될 것인가? 지금껏 믿을 수 없는 것이라 배척받던 옛 학문들이 다시금 인정을 받았다. 새로운 육지와 바다, 그리고 새로운 세계가 수세기 동안 지속되던 암흑에서 깨어났다. 포르투갈은 오늘날 다시 태어난 세계의 감독관이자 파수꾼이다."

그러나 놀랄 만한 돌발사건이 웅대한 포르투갈의 동방 진출을 중단시켰다. 벌써부터 '제2의 세계'가 도달한 듯 보였고, 인도의 왕관과 보화가 전부 주앙 왕의 수중에 있는 것처럼 보였다. 희망봉을 순항한 이후로 포르투갈을 앞지를 수 있는 나라도 없었고, 유럽권의 어느 나라도 포르투갈이 확보해놓은 항로에서는 탐험을 시도할 수 없었다. 신중했던 엔리크가 이미 교황에게서 보자도르 곶 너머에서 발견되는 육지와 바다, 그리고 섬들은 모두 포르투갈에 귀속된다는 사항을 문서로 확인해놓았기 때문이었다. 그 뒤로 교황이 세 번이나 바뀌었지만 사정은 바뀌지 않았다. 그들 모두 수백만 명이 살고 있는 미지의 동양을 비제우 왕가의 합법적인 영토로 '증정'하는 기묘한 방식을 계속 보증해 주었던 것이다. 새로운 개척지는 오직 포르투갈에 귀속된다는 것이었다.

이렇듯 절대 불가침의 안전보장을 손에 쥐고 있으면 불확실한 사업에는 큰 흥미를 갖지 못하는 법이다. 부유한 국왕 주앙 2세는 크리스토포로 콜롬보라는 어느 낯선 제노아인이 서쪽 항로를 통해 인도에 도달하고자 함대를 요구했지만 관심조차 기울이지 않았다. 리스본의 왕궁에서는 측량기사인 그를 친절하게 맞이해 주었다. 그리고 비록 거절했지만 무례하게 하지 않았다. 그의 제의를 거절한 것은 결코 어리석고 이상한 일은 아니었다. 그들은 이미 서쪽 어딘가 유럽과 인도 사이에 놓여 있다는 전설의 섬 안틸하나 브라질 등으로 떠난 지금까지의 탐험이 모두 참패로 돌아가고 말았음을 너무도 잘 기억하고 있었기 때문이다. 귀중한 포르투갈의 금화를 불확실하기만 한 인도 항로를 위해 투자할 필요는 없었다. 수년간의 고생 끝에 이제 겨우 올바른 항로를 찾아냈고, 게다가 희망봉을 돌아 인도까지 갈 대형 함대를 만드느라고 테쥬 조선소에서는 밤낮으로 작업에 열중하고 있었다.

그 허풍쟁이 같던 제노아 모험객이 스페인 국기를 달고 어둠의 바다를 헤쳐나가서 이제 5주 정도만 있으면 서방의 육지에 닿을 것이라는 불쾌한 소식이, 마치 돌덩이가 창에 던져지듯 쨍그렁 소리도 요란하게 리스본의 왕궁으로 날아 들어왔다. 기적이었다. 수년 동안 항해자들의 마음을 뒤흔들어 놓았던 세네카의 비극 '메데아'의 신비한 예언이 하룻밤 사이에 이루어진 것이다.

"대양이 수백 년 묵은 비밀을 토해내고, 낯선 세계가 모습을 드러낼 그날에 이아손의 원정대(역주 : 아르고라는 배를 타고 영웅 이아손과 함께 금양피를 찾아 원정을 떠난 사람들)는 새로운 세계를 발견할 테고, 북방의 섬 툴레(역주 : 옛날에 북쪽 끝에 있다고 상상되던 섬나라. 북스코틀랜드, 혹은 노르웨이 해안이라고도 한다)도 더 이상 멀지만은 않으리."

정말로 그날이 다가온 것처럼 보였다. 제2의 이아손인 콜럼버스는 신대륙을 발견했다는 것을 짐작조차 못했다. 이 고집 센 몽상가는 죽는 날까지 자기가 이미 아시아 대륙에 도달했고, '이스파뇰라'에서 서쪽으로 계속 나아가면 며칠 안 걸려 갠지스 강 어귀에 도착하리라는 망상 속에 사로잡혀 있었다. 바로 이것이 포르투갈에게 치명적인 두려움을 안겨주는 부분이었다. 동방 항로의 모든 나라들이 포르투갈에 속한다는 교황의 보증서가 있다한들 무슨 도움이 될 것인가. 만약 스페인이 더 짧은 서방 항로를 통해 포르투갈보다 인도를 먼저 취해버린다면? 엔리크가 50년 동안 쌓아올린 업적이, 그의 사후 포르투갈의 40년 노력이 물거품이 되는 것이고, 그 불길한 제노아인의 대담무쌍한 모험 때문에 포르투갈은 인도를 잃게 되는 것이다. 포르투갈이 인도에 대한 우월성과 특권을 계속 주장하려면 갑자기 침입해온 경쟁자를 물리치는 수밖에 없었다.

신대륙 탐험의 시대가 열리다

다행스럽게도 교황은 이 절박한 위험을 제거해 주었다. 포르투갈과 스페인 모두 그의 사랑하는 자식들이었다. 두 나라는 국왕이 교황의 권위에 절대로 거역하지 않는 유일한 나라였던 것이다. 그들은 이교도인 아라비아인들과 싸워 물리쳤고, 창으로 찌르고 화형을 시켜 이단자들을 뿌리째 뽑았다. 교황청은 아라비아인, 개종한 이교도나 유대인들의 종교재판에서 이들처럼 헌신적인 조력자들을 발견하지 못했다. 사랑하는 자식들 사이에 불화가 생겨서는 안 된다는 것이 교황의 결심이었다. 그래서 이 세상에서 아직 발견되지 않은 땅덩어리를 스페인과 포르투갈 둘에게 나누어주었다. 그는 1493년 5월 4일 교서를 내려 사과를 자르듯이 지구를 반쪽으로 나누었다. 절단선은 베르데 곶 군도에서 1백 레구아(역주 : 1마일에 해당하는 옛 측량단위) 지점으로 정해졌다. 발견된 나라가 경계선 서쪽에 놓여 있으면 스페인에 속하고, 동쪽이면 포르투갈에 속하도록 했다. 분명하고도 공정하게 기독교 수장으로서의 자신의 권위를 걸고 원주민과 육지, 섬, 그리고 바다까지 모두 이 두 나라에게 하사한 것이었다. 교황의 두 자식들은 이 멋진 선물에 감사하며 승복했지만, 머지않아 포르투갈은 불안해하며 이 경계선을 약간만이라도 서쪽으로 밀어보려고 안간힘을 썼다. 실제로 1494년 6월 7일에 결성된 토르데실라스 조약을 통해 포르투갈은 경계선을 서쪽으로 270레구아 떨어진 지점까지 옮겨놓았다. 이렇게 해서 아직 발견되지도 않았던 브라질은 나중에 포르투갈의 영토가 되었다.

다른 사람과는 상관없이 선 하나를 그어 전세계를 두 나라에게 나누어주는 관대함은 언뜻 보기에는 섬뜩하기조차 하다. 그러나 갈등을 폭력이 아닌 화해의 합일점을 찾아 풀어내려 한 평화적인 해결책은 역사상 드문 이성적인 행위라고 할 수 있다. 실제로 그 후 수십 년 동안 스페인과 포르투갈 간에 일어날 뻔한 식민지 분쟁은 이 토르데실라스 조약에 의해 피할 수 있었다. 그러나 처음부터 이 해결책은 잠정적일 수밖에 없었다. 칼로 사과를 이등분한다면 그 절단선은 안 보이는 다른 한 면에서도 나타나기 마련이다. 그렇다면 어느 반쪽에 그토록 찾아헤매는 귀중한 향료군도가 놓여 있다는 말인가? 보이지 않는 지구 뒤편에서 절단선의 서쪽인가, 동쪽인가? 포르투갈 쪽인가, 아니면 스페인 쪽인가?

아직은 교황도 왕도 학자들도 예측할 수 없는 사항이었다. 당시에는 아무도 지구의 둘레를 계산해내지 않았고, 교회는 교회대로 지구가 둥글다는 것을 공식적으로 인정하지 않고 있었기 때문이다. 그러나 결정적인 순간이 올 때까지 두 민족은 운명이 던져준 엄청난 땅덩이를 삼켜대느라고 정신이 없었다. 거대한 아메리카 대륙은 조그만 나라 스페인에게 먹히고 있었고, 그보다 더 작은 포르투갈은 인도와 아프리카를 몽땅 삼키고 있었다.

콜럼버스의 성공은 전 유럽에 무한한 경탄을 불러일으켰다. 곧 모험과 대륙 탐험의 욕구가 예전에는 미처 알지 못했던 흥분의 도가니 속으로 사람들을 몰아댔다. 언제든지 용감한 개인의 성공을 통해 인류 전체를 위한 용기와 열의가 자라나는 법이다. 신분과 처지에 불만을 가진 사람, 남에게 무시당한다고 생각하는 사람, 기다리기에는 너무도 성급한 사람들, 장남으로 태어나지 못한 아들들, 군복무를 그만둔 장교들, 대귀족의 서자들, 그리고 법에 쫓기고 있는 범죄자들…… 이들 모두가 새로운 세계로 가고 싶어 안달이었다. 제후들과 상인들, 그리고 투기업자들은 배를 구할 수 있는 대로 모두 구해서 충분한 장비를 갖추었다. 모험가들과 그 추종자들은 서로 먼저 황금군도로 보내달라고 칼을 휘두르며 싸움을 벌이기까지 했다. 엔리크가 최소한의 선원들을 얻기 위해 교황에게 그들을 면죄해달라고 간청해야 했던 때도 있었다. 그러나 이제는 사람들이 온통 항구로 몰려들었고, 선장이나 선주들은 몰려드는 사람들 속에서 어찌할 바를 모르고 있었다.

탐험에 탐험이 계속되었다. 마치 안개막이 눈앞에서 갑자기 사라져버린 것처럼 동서남북 사방에서 새로운 섬들과 육지들이 모습을 드러내기 시작했다. 때로는 얼음에 뒤덮여 있는가 하면, 때로는 야자수가 자라나고 있기도 했다. 20~30년이 지나는 동안 수백 척의 작은 배들이 카디스와 팔로쉬, 리스본을 떠나서 지금껏 10만 년이라는 시간 동안 인류가 알아왔던 세계보다 더 많은 낯선 세계를 발견했다.

이 탐험의 시대에 그 무엇과도 견줄 수 없을 만큼 중요하고도 잊을 수 없는 연대표가 있다. 1498년 바스코 다 가마는 국왕 마누엘이 긍지를 가지고 전해주듯 '하느님의 종으로서, 그리고 포르투갈의 국익을 위하여' 인도에 이르러 캘리컷에 입항했다. 같은 해 카보트는 영국 함대의 함장으로서 뉴펀들랜드를 발견하여 아메리카의 북부 해안을 탐험했다. 다시 1년이 지나 두 사람이 동시에 브라질을 발견했다. 핀존은 스페인 국기를 달고, 카브라우는 포르투갈의 국기를 달고 브라질 땅을 밟았다. 가스파르 코르테레아는 옛 바이킹족의 후예로서 라브라도에 발을 디뎠다.

이런 식으로 끊임없이 탐험이 계속되었다. 16세기 초에는 포르투갈 탐험대 두 척이 남아메리카의 해안을 따라 라플라타 강까지 전진했다. 그 중 한 함대는 아메리고 베스푸치가 인솔했다. 포르투갈은 계속해서 1506년에는 마다가스카르를, 1507년에는 마우리티우스를 발견했다. 1509년에는 말라카에 도달했고, 1511년에는 이미 이곳을 공략함으로써 말라이 제도에 이르는 열쇠를 손에 넣은 셈이었다. 1512년에는 퐁스 드 레옹이 플로리다를 개척했고, 1513년에는 누네즈 드 발보아가 다리엔(Darion) 꼭대기에서 유럽인으로서 최초로 태평양을 내려다보았다.

이 시간 이후 인류에게 있어 미지의 바다는 더 이상 존재하지 않았다. 1백 년이라는 짧은 기간 동안 유럽의 항해는 이전에 비해 수천 배에 달하는 성과를 보여준 것이다. 1418년 엔리크가 생존해 있을 때, 최초의 선박이 마데이라까지만 항해했어도 센세이션을 일으켰다고 한다면, 1518년 이제 포르투갈의 선박들은 중국의 광동이나 일본까지도 진출했다. 그것이 얼마나 먼 거리인가는 지도상에서 짐작해볼 수 있으리라! 얼마 되지 않아 인도까지의 항해는 예전의 보자도르 곶까지의 항해보다 그다지 힘든 것도 아니었다. 날개를 단 듯 빠른 발견 속도에 힘입어 해가 바뀔 때마다, 심지어는 달이 바뀔 때마다 세계는 변화되고 확대될 수밖에 없었다.

아우구스부르크에서는 지도 각판자와 천체학자들이 밤낮으로 작업대에 매달려 있었지만 쏟아지는 주문을 다 받지 못할 정도였다. 사람들은 채 마르지 않아 축축하고 채색도 안 된 지도판을 각판자한테서 나꿔챘고, 인쇄업자들은 견문록이나 지구본이 품귀를 빚어 도서박람회에 전시하지 못할 정도였다. 너도 나도 모두 '신세계'의 새로운 소식에 목말라했다. 천체학자들이 최신 정보에 입각한 정확한 지도를 마무리해놓으면 신문과 여행지들이 새로운 소식을 전해주었다. 그러면 막 만들어놓은 것을 다시 뒤집어엎고 지도판을 새로 만들어야만 했다. 지금까지 섬으로 알고 있던 곳이 대륙으로 밝혀졌는가 하면, 인도라고 알고 있던 곳은 신대륙이라고 밝혀졌기 때문이다. 새로 발견된 강과 해안, 산악 지형들도 다시 그려 넣어야 했다.

한 번도, 그 이전에도 이후에도 지질학과 천체학과 제도학 등이 이 50년 동안처럼 빠르고 열광적인 속력으로 나아가는 진보를 체험해보지 않았을 것이다. 인간이 살고, 숨 쉬고 사고하기 시작한 이래 이제 처음으로 지구의 형태와 규모가 확정되고, 영겁의 시간부터 우주를 돌아다니는 지구라는 둥근 천체의 존재를 인류가 처음으로 인식하게 된 것이다.

이 모든 엄청난 일들을 단 한 세대가 이룩해놓은 것이었다. 이들 항해자들은 앞으로의 항해자들을 위해 모든 위험들을 견뎌냈다. 이들 정복자들은 모든 항로를 개척했고, 이들 영웅들은 모든 문제들을 해결했다. 단 하나, 최후의 가장 멋지고 가장 힘든 행위만이 남아 있었다. 한 배를 타고 세계를 일주하는 것으로, 과거의 천체론자들이나 신학자들에 대항하여 지구가 둥글다는 것을 측정하여 증명해 보이는 일이었다. 이것이 바로 페르나웅 드 마젤랴에스(Fernao do Magellaes), 역사 속에서 마젤란이라고 불리는 사람의 생의 이념이고, 운명이 될 것이었다.

공 로

7년에 걸친 인도와 동방 원정에서 뛰어난 공을 세우다

1505. 3 ~ 1512. 6

테쥬 강을 거쳐 미지의 세계로 향한 포르투갈 선박은 3진으로 나뉘었다. 제1진은 탐험이 목적이었고 제2진은 새로 개척한 지역들과 평화로운 무역협정을 위해 나섰다. 제3진은 전투에 대비한 무장을 하고 있었다. 1505년 3월 25일부터 이 3단계 방식은 리드미컬하게 반복되면서 포르투갈의 식민지시대를 열었다. 현지에 상업 목적의 사무소가 세워지고, 이를 보호한다는 명목으로 요새가 만들어졌다. 처음엔 원주민 추장들과 평화롭게 교역을 했다. 그러나 군인들을 충분히 데려왔다 싶으면 어느새 그들에게서 땅과 산물을 모조리 빼앗았다. 동양과의 향료 무역에서 한 귀퉁이나마 차지할 수 있다면 더 바랄 나위가 없겠다던 것이 애초의 의도였다. 그러나 포르투갈은 처음으로 맛본 성공에 취해 처음의 의도 따위는 잊어버리고 말았다.

바스코 다 가마가 인도에 상륙한 바로 그날부터 포르투갈은 다른 나라들을 밀어내기 위해 온 힘을 기울였다. 이 나라는 방약무

인하게도 아프리카 대륙과 인도, 브라질을 모두 자국의 관할 구역으로 간주하였다. 다른 나라의 배들은 그 어느 것도 지브랄타 해협에서 싱가포르, 중국에 이르는 바다를 지나갈 수 없었다. 유럽의 한쪽 귀퉁이, 그것도 아주 작은 나라에 불과한 포르투갈에 속하지 않으면 그 누구도 무역을 할 수 없었다.

1505년 3월 15일, 지구상에서 가장 큰 대륙인 이 새로운 식민지를 정복하러 포르투갈 최초의 함대가 리스본 항을 떠나고 있었다. 이 엄청난 장관은 알렉산더 대왕이 헬레 스폰트(다다넬스해협)를 횡단하던 광경하고나 비교해볼 수 있으리라. 알렉산더가 내세운 사명 또한 오만불손하기는 매한가지였다. 그의 함대도 일개 국가나 민족을 정복하러 나선 것이 아니고, 전세계를 자신의 발 아래 굴복시키려고 떠났기 때문이다.

스무 척의 범선들이 돛을 단단히 잡아매고 닻을 올리라는 국왕의 명령을 기다렸다. 정렬한 배들은 엔리크 왕자 당시처럼 덮개도 없는 작은 돛단배가 아니었다. 선수와 선미에 높다란 망루가 솟아 있는 널찍하고 육중한 갈레온선(역주 : 15~17세기에 유럽에서 주로 군함이나 무역에 쓰였던 3층짜리 갑판이 있는 큰 범선)이었다. 서너 개의 돛이 달려 있고 승무원들도 충분하였다. 해전에 단련된 수백 명의 선원들 외에도 갑옷으로 무장한 병사들 1천5백 명과 대포수 2백여 명이 타고 있었다. 그 밖에 인도 현지에서 새 배를 바로 수리하기 위하여 목수와 기술자들도 차출되었다.

거대한 함대에 걸맞게 목표 또한 거창했다. 그것은 동방의 최종적인 점유였다. 프란시스코 데 알메이다 제독에게 인도 부왕(副王)이라는 칭호를 수여한 것도 공연한 일이 아니었고, '인도양의 제독'이라 불리는 포르투갈 최초의 영웅 바스코 다 가마가 모든 장비를 선별하고 점검한 것도 우연은 아니었다. 알메이다가 맡은 임무

바스코 다 가마. 미니아튜아(세밀화).
런던 대영박물관 소장.

는 분명하였다. 그는 인도와 아프리카에 있는 이슬람교도들의 무역 도시를 전부 파괴하고, 함대의 근거지마다 요새를 쌓아 수비대를 남겨놓아야 했다. 그리고 모든 출발 지점과 통과 지점에 진을 치고, 지브랄타에서 싱가포르에 이르는 해협을 가로막음으로써 다른 나라의 무역을 봉쇄해야 했다. 나아가서 이집트의 술탄이나 인도의 라지야(인도 세습왕족의 존칭)가 가진 해양권을 모두 빼앗고, 1505년부터는 포르투갈 국적이 아니면 향료 한 톨이라도 선적하지 못하도록 모든 항만을 통제하는 것도 그의 임무였다.

이 군사적인 사명은 종교적인 사명과도 손을 맞잡고 있었다. 점령지에 기독교를 보급시킨다는 것이었다. 그 때문에 출정식은 십자군의 격식과 흡사하였다. 국왕은 대사원에서 프란시스코 데 알메이다에게 하얀 다마스트 천의 십자군 깃발을 손수 건네주었다. 이제 이교도와 이슬람국가의 하늘 높이 승리의 깃발이 나부낄 터였다. 제독은 무릎을 꿇고 앉아 깃발을 받아들었다. 그의 등 뒤로는 고해성사와 성찬식을 마친 1천5백 명의 병사들이 모두 무릎을 꿇고, 지상의 주님인 포르투갈 국왕과 천상의 주님에게 충성을 맹세했다. 대열은 종교 행렬처럼 장엄하게 시내를 지나 항구까지 이어졌다. 곧 고별의 포성이 우렁차게 울려퍼졌다. 세계 정복을 위해 함대는 테쥬 강을 따라, 지구 저편의 드넓은 바다를 향해 위풍당당하게 미끄러져 나갔다.

인도 원정에서 부상을 당하다

제단 앞에서 한 손을 들어 충성을 맹세했던 1천5백 명의 병사 중에는 페르나웅 드 마젤랴에스라는 이름을 가진 스물네 살 청년이 있었다. 오늘날 그는 1480년경에 태어났다는 것 외에는 알려진 바가 없다. 출생지 또한 확실하지 않았다. 가장 신빙성이 있는 것은 마젤란이 포르토에서 태어났다는 주장이다. 제4급 귀족인 '피달고' 출신이라는 점 외에는 집안에 대한 기록도 전혀 없다. 어쨌든 귀족이라는 신분 덕분에 마젤란은 적어도 가문의 문장(紋章)을 사용하고, 상속할 권리가 있고, 왕궁에 출입할 수 있는 자격도 있었다.

유년 시절에 레오노레 왕비의 시동이긴 했지만, 그렇다고 해서 이름조차 알려지지 않았던 시절에 왕궁에서 중요한 직책을 맡았다고는 볼 수 없다. 스물넷이라는 나이에 함대에 입대한 마젤란은 이번 항해에서 1천5백 명 가운데 한 사람에 불과했다. 부대원들, 견습선원들과 함께 같은 선실에서 먹고, 자고, 생활하는, 이를테면 '이름 없는 병사'였을 뿐이다. 때문에 그의 이름을 포르투갈의 인도 정복사에서 찾을 수 없는 것은 당연했다. 그에게 있어 이 시절은 장차 세계일주가가 되기 위해 겪어야 했던 값진 수련기였을 뿐이었다. 소브레살리엔테는 거친 대우를 받으며, 모든 일을 도맡아해야 했다. 태풍이 불면 돛을 말아내려야 하고, 물이 고이면 물을 뽑아내야 했다. 오늘은 어느 도시를 향해 돌격해야 하는가 하면, 내일은 작열하는 태양 아래서 요새를 쌓느라고 모래를 퍼야 했다. 교역을 위해 물품을 져나르고, 무역관 파수를 서야 했다. 보병으로, 해군으로 전쟁을 치러야 하며, 창을 사용할 줄 알아야 하고, 측심연(測深鉛 : 물의 깊이를 재기 위해 굵은 줄 끝에 납덩이를 매단 기구)으로 물의 깊이를 잴 줄도 알아야 했다.

이같은 일을 치러나가는 동안 그는 이 모든 방면에 숙달되었다. 전투원이 되는가 하면 선원이 되고, 상인이 되고, 또한 인간과 대지, 바다와 천체의 전문가가 되었다. 이미 애초부터 운명은 이 젊은이를 조국의 국제적 위상을 높이고, 수십, 수백 년 동안 계속될 지구의 형상화 작업의 근간을 이룰 대사건들과 연결시켜 놓은 것이다.

공정한 전쟁이라기보다 오히려 약탈에 가까운 몇몇의 소전투를 치른 후 마젤란은 카나노레 해전에서 제대로 된 불세례를 받았다(1506년 3월 16일). 카나노레 전투는 포르투갈 정복사에서 결정적인 전환점을 마련했다. 캘리컷(인도의 서해안 항구도시)의 차모린은 바스코 다 가마가 처음으로 이곳에 상륙했을 당시 친절하게 맞아들였고, 이 이방 민족과 무역할 의사가 있음을 보여주었다. 그러나 이 포르투갈인들은 몇 년 후 더 크고, 우수한 장비를 갖춘 함대를 끌고 와서는 인도에서 주인 행세를 시작했다. 인도와 이슬람 상인들은 그들이 살던 잔잔한 잉어못에 갑자기 날카로운 이를 가진 에속스 한 마리가 뛰어든 것을 보고 경악하지 않을 수 없었다. 이 이방인들은 바다란 바다를 모두 자기들 것으로 만들었다.

이 야만적인 해적판이 두려워 그 어느 배도 항구를 벗어나려 하지 않았다. 향료 무역은 중단되었고, 이집트로 가는 대상도 모습을 감추었다. 관세 수입이 들어오지 않자 이집트의 술탄은 위협으로 이를 해결하려고 했다. 그는 만일 포르투갈이 계속해서 인도양을 휘젓고 다니면 예루살렘의 성역을 파괴하겠노라 교황에게 편지했다. 그러나 교황도, 그 어떤 황제나 왕도 이제 더 이상 포르투갈의 제국주의적 의지를 꺾을 수 없었다. 남은 것은 포르투갈이 인도를 석권하기 전에 피해를 입은 자들이 서로 힘을 합쳐 적시에 포르투갈에게 도전장을 내미는 길뿐이었다. 캘리컷의 차모린이 공격을 맡았고, 이집트의 술탄은 비밀리에 지원하였다. 황금이란 피보다 진한 법, 동방 무역의 유럽 기지였던 이탈리아 베니스인들도 대포 주조공과 투포수를 저렴한 가격에 캘리컷으로 보내주었다. 단 한 번의 기습으로 기독교 함대를 공격하여 전멸시켜야만 했다.

포르투갈은 위기에 놓였다. 그런데 한 우연이 위기의 포르투갈을 구했다. 바로 로도비코 바르테마라는 이탈리아인이었다. 당시 그는 세상을 떠돌아다니고 있었다. 이해력이 더디고, 또 학문도 싫어했던 그는 두 눈으로 직접 세상의 구석구석을 살펴보겠다며 미지의 땅을 찾아나선 것이었다. 그는 수많은 난관을 헤쳐나가면서 이

마젤란의 초상화.
페르디난드 티롤 대공의 소장품.

미 마르코 폴로가 발을 디딘 인도, 수마트라, 보르네오뿐 아니라, 유럽인으로서는 처음으로 그토록 사람들이 찾아헤매던 향료군도까지 도달하였다(이 사실은 훗날 마젤란의 탐험에 결정적인 영향을 미친다). 또 이교도로는 처음으로 금단의 도시 메카에 숨어 들어가기도 했다(그의 여행기는 아직도 카바에 대한 기록으로 정평이 나 있다).

그때 그는 이슬람 승려로 변장하고 고향으로 돌아가는 길이었다. 그런데 캘리컷에서 기독교인 배교자 두 명에게서 차모린이 포르투갈을 급습하려 한다는 소식을 들었다. 기독교도로서의 연대의

식을 느낀 그는 생명의 위험을 무릅쓰고 포르투갈 진영을 찾았다. 그의 경고는 다행스럽게도 늦지 않았다. 1506년 3월 16일, 차모린은 배 2백 척을 가지고 무방비상태일 거라고 믿은 포르투갈의 배 열한 척을 급습했다. 그러나 포르투갈측은 이미 전투태세를 갖추고 있었다. 이 싸움은 지금껏 치러왔던 그 어느 전쟁보다도 훨씬 더 치열했다. 포르투갈은 80여 명의 사망자와 2백여 명의 부상자를 대가로 지불해야 했지만, 승리를 거두었다. 아울러 인도양 지배권은 이제 결정적으로 포르투갈이 거머쥐었다.

이 2백여 명의 부상자들 가운데 마젤란도 있었다. 언제나처럼 이 시절 그의 운명이란 상처를 훈장처럼 지니는 것이었다. 그는 다른 부상자들과 함께 아프리카로 실려갔다. 여기에서 그의 자취는 사라졌다. 하찮은 병사의 삶과 죽음을 기록해놓을 사람이 어디 있겠는가. 한동안 그는 소팔라에 머물다가 그 이후 어찌어찌하여 수송대를 따라 다시 귀송된 듯싶다. 사가들의 기록이 서로 다르긴 하나 마젤란은 1507년 여름, 바르테마와 같은 배를 타고 리스본으로 귀향한 것 같다.

위기에서 포르투갈 함대를 구한 마젤란

2년여 만에 다시 밟은 포르투갈은 그에게 이미 낯선 땅이 되어 있었다. 반면에 바다 저편의 미지의 세계는 이 항해자에게 항거할 수 없는 위력을 가하고 있었다. 잠시의 휴가마저 인도로 떠나는 후속함대를 기다리는 초조함 속에서 보내야만 했다. 이 함대는 진정한 고향인 모험의 세계로 데려

고아의 장터.
드 브리의 여행기 (1599)에서 발췌한 동판화.

다줄 터였다. 마젤란이 타고 인도로 돌아갈 새 함대에는 특별한 임무가 주어졌다. 그와 함께 돌아온 유명한 바르테마는 말라카의 풍요로움에 대해 왕궁에 보고했을 테고, 그러면서 최초의 유럽인이자 기독교인으로서 직접 목격한 향료군도에 대해서도 정확한 정보를 제공했음에 틀림없다.

그 덕분에 포르투갈 왕궁에서는 이제 인도 정복은 미완성인 채로 중단했다. 모든 향료의 보고인 이 제도를 정복하지 않는 한 충분한 재물을 얻지 못하리라는 것을 알아차렸던 것이다. 이를 위해서는 우선 제도로 가는 열쇠인 말라카 해협(말레이지아와 인도네시아 사이의 좁은 해협)과 도시 자체를 손에 넣어야만 했다. 그동안 효과를 본 위선적인 방식에 따라 처음부터 전함을 보내지는 않았다. 로

페츠드 세케이라는 네 척의 배를 가지고 신중하게 말라카 주변을 정탐한 다음, 평화로운 상선의 탈을 쓰고 나타나라는 명령을 받았다.

1509년 4월, 이 소함대는 별다른 사고 없이 인도에 도착하였다. 불과 10년 전만 해도 바스코 다 가마의 영웅적 업적이라고 사가들과 시인들이 다투어가며 찬송했던 이 캘리컷 항해는 이제 포르투갈의 웬만한 상선의 선장이면 누구라도 완주할 수 있는 항로가 되어버렸다. 리스본에서 몽바사까지, 몽바사에서 인도에 이르기까지 절벽 하나, 항구 하나까지 알려지지 않은 것이 없었다. 여기에서는 키잡이도 필요 없고, 천문학자도 필요 없었다. 8월 19일, 세케이라가 코친 항을 벗어나 동쪽으로 항로를 잡자 포르투갈 함대는 비로소 낯선 지대로 접어들었다.

항해한 지 3주가 지난 1509년 9월 11일, 함대는 포르투갈 배로서는 처음으로 말라카 항구에 접근했다. 이미 멀리서부터 사람들은 알 수 있었다. 그 씩씩한 젊은이 바르테마가, 이 항구에는 세상 어느 곳보다 많은 배들이 정박하고 있다고 말한 것이 거짓말도 아니고 과장도 아니었음을. 돛과 돛을 마주대고 각양각색의 크고 작은 돛단배들이 말라야나 중국, 샴의 국기를 달고 정박소에 몰려 있었다. 그 지리적 위치로 인해 이미 싱가포르 해협은 동양의 거대한 화물집산지가 되어 있었다. 동에서 서로, 북에서 남으로, 아니면 인도에서 중국으로, 몰루켄에서 페르시아로 가려는 모든 배들은 이곳을 통과해야만 했다.

모든 화물은 이 집산지에서 서로 교환되었다. 몰루켄의 정향(丁香 : 약재로 쓰이는 정향나무의 꽃봉오리)과 세일론의 루비를 서로 바꾸는가 하면, 중국의 도자기와 샴의 상아를, 벵갈의 캐시미어(옷감의 한 종류)와 티모르의 백단향(白檀香 : 불상의 조각 등에 주로 쓰이는 나무)을, 아니면 아라비아의 다마스커스 칼을 말라야의 후추나 보르네오 원주민 노예들과 맞바꾸었다. 전세계에서 서로 다른 인종, 피부색, 언어를 가진 사람들이 이 동양의 중앙 무역시장에 모여들어 북적거리고 있었고, 그 한가운데에 촘촘히 모여앉은 나지막한 목재 가옥들 위로 빛나는 궁궐과 석조사원이 장엄하게 솟아 있었다.

배에 타고 있던 포르투갈인들은 놀라움에 가득 차서 이 웅장한 도시를 바라보았다. 눈부신 햇살을 받고 새하얗게 빛을 발하는 동양의 보석. 그들은 이 최고의 보석으로 인도를 지배할 포르투갈의 왕관을 장식하리라 다짐했다.

한편 말라야의 왕궁에서는 제후가 놀랍고 불안한 마음으로 위협적인 이방의 선박들을 주시하고 있었다. 이놈들이군 그래. 그 할례도 받지 않은 불한당 놈들이. 이 빌어먹을 놈들이 드디어 말라카까지 찾아오고야 말았구나! 이미 오래 전부터 수천 마일을 건너 알메이다와 알부케르크가 벌인 크고 작은 전투에 대한 소식이 들려왔었다. 말라카에서는 이 무시무시한 루시타니아(역주 : 고대 로마의 주, 지금의 포르투갈 지역을 말한다)인들이 샴이나 일본의 돛단배 선장들처럼 평화로운 교역을 위해서 바다를 건너온 것이 아니고, 이곳을 점거하고 모든 것을 약탈해갈 순간만을 음흉하게 기다린다는 사실을 잘 알고 있었다. 가장 현명한 방법은 이 네 척의 배들을 항구 안으로 들여놓지도 않는 것이리라. 이 침입자들이 문 안에 한 발을 들여놓았다 하면 모든 것은 이미 끝장일 테니까.

술탄은 포르투갈의 선루에서 시커먼 입을 벌린 채 위협하고 있는 거대한 대포의 위력에 대해서 이미 충분히 듣고 있었다. 하얀 강도떼가 악마처럼 싸움을 잘해 아무도 대항할 수 없다는 것도 잘 알고 있었다. 그러므로 거짓말을 거짓말로 되갚아주는 것이 최선책이었다. 친절을 가장하는 저들에게 짐짓 환영의 뜻을 보여주면서 속이다가 저들이 최후의 일격을 가하기 전에 이쪽에서 먼저 쳐부수는 것이었다. 그래서 말라카의 술탄은 세케이라의 사신들을 열광적으로 환영했고, 선물을 받을 때에도 호들갑스럽게 감사를 표했다. 포르투갈인들을 진심으로 환영하며, 그들이 원하는 대로 무역을 해도 좋으며 후추와 향료는 그들이 가져갈 수 있는 최대의 양을 며칠 안으로 조달하겠노라고 했다. 또한 친절하게도 궁궐로 함장들을 초대하여 식사까지 대접했다. 주변의 경고도 있고 하여 초대는 사양하였지만, 포르투갈의 선원들은 손님에게 호의적인 이 낯선 도시에서 모처럼 자유롭고 유쾌하게 몰려다녔다.

마침내 땅을 디뎌보았으니 행복하기 그지없었다. 마음에 드는 여자들과 즐길 수도 있었다. 이제 더 이상 냄새나는 선실에서 자거나, 지저분한 촌구석에서 돼지나 닭들과 섞여 짐승처럼 잠들지 않아도 되었다. 선원들은 잡담을 하면서 찻집에 앉아 있거나, 시장에서 물건을 사기도 했다. 독한 말라야 술을 맛보기도 하고 신선한 과일을 먹어보기도 하였다. 리스본을 떠나온 이래 이같이 따뜻하고 친절한 영접을 받아본 적이 없었다.

말라야인들은 1백 명씩 짝을 지어 작고 빠른 보트에 식료품을 싣고 포르투갈의 배로 노를 저어갔다. 원숭이처럼 잽싸게 밧줄을 타고 배로 올라가서는 한 번도 본 적이 없는 이국의 산물들을 경탄해 마지않았다. 거래는 기분좋게 이루어졌다. 술탄은 약속한 대로 물량을 마련해놓았으니 일몰 전에 선적할 수 있도록 내일 아침 보트를 모두 해안으로 보내줄 것을 세케이라에게 알렸다.

진귀한 물품들을 이토록 신속하게 마련해준 것에 기뻐하며 세케이라는 범선에 딸린 보트들을 모두 충분한 인원과 함께 뭍으로 보내주었다. 포르투갈의 귀족으로서 물품 거래에 참여하는 것은 위신을 깎는 행동이라 생각한 그는 갑판에 머물면서 동료와 장기를 두었다. 무덥고도 지루한 날에 배 안에서 할 수 있는 것이 달리 또 무엇이 있겠는가. 다른 세 척의 범선들도 졸린 듯 가만히 물 위에 떠 있었다. 그러나 이 함대에 소속된 다섯 번째 선박인 소형 범선(카라벨레)의 함장 가르시아 드 수자의 눈에 언뜻 들어온 상황은 영 마음에 거슬렸다. 계속해서 점점 더 많아지는 말라야 보트들이 절반은 비어 있는 네 척의 배를 에워싸고 있었다. 물품을 갑판 위로 올려준다는 명목으로 벌거숭이 녀석들이 자꾸만 밧줄을 타고 올라오는 것이었다. 결국 그는 이 지나칠 정도로 친절했던 술탄이 바다와 육지에서 동시 공격을 꾀하고 있다는 의심을 품게 되었다.

다행히도 이 소형 범선은 보트를 뭍으로 보내지 않았었다. 수자는 그가 가장 신임하고 있던 충복에게 신속하게 기함(旗艦)으로 건너가 함대 사령관에게 경고하라고 명령했다. 그가 바로 마젤란이었다. 재빨리 힘차게 노를 저어가서 사령관을 찾았을 때 그는 아직도 한가롭게 장기를 두고 있었다. 마젤란은 장기를 두고 있는 두 사람 뒤에 마치 구경꾼인 양 서 있는 수많은 말라야인들이 모두 혁대에 단검을 차고 있는 것이 염려스럽기만 했다. 그는 다른 이들이 눈치채지 못하게 세케이라에게 귓속말로 경고했다. 세케이라는 의심을 사지 않으려고 침착하게 장기를 계속하였다. 그러면서 돛대에서 망을 보던 선원에게 명령을 하였고, 장기를 두는 동안에도 한 손은 장검을 떠나지 않았다.

마젤란의 경고는 최후의 일각에 도착한 것이었다. 바로 이때 멀리 술탄의 궁전에서 연기가 뭉게뭉게 피어오르고 있었다. 약속된 대로 육지와 바다에서 동시에 급습을 시작하라는 신호였다. 돛대

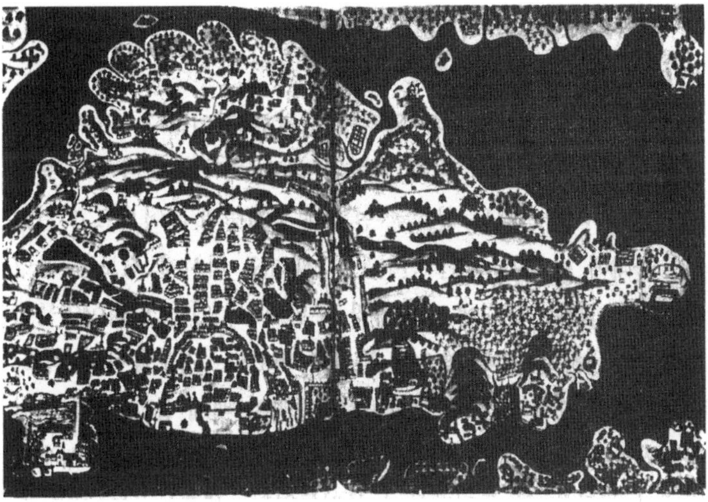

고아 전경.
런던 대영박물관에 소장된 필사본에서 발췌.

에 올라가 있던 선원은 다행히도 적시에 경보를 울렸다. 세케이라는 단숨에 뛰쳐올라 주위에 서 있던 말라야인들이 채 저항도 하기 전에 옆으로 물리쳤다. 경보음이 울리고, 승무원들이 모두 갑판에 모여들었다. 이미 배에 올라와 있던 말라야인들을 모두 갑판 밖으로 밀어내긴 했으나, 이제는 사방팔방에서 무장을 한 돛단배들이 몰려들었다. 세케이라는 닻을 올릴 시간을 벌기 위해 대포를 쏘아대면서 간신히 위기를 모면했다. 수자의 관찰력과 마젤란의 신속한 대응으로 배를 습격하려던 계획은 실패로 돌아갔다.

아무런 의심도 없이 육지로 나간 선원들의 운명은 비참했다. 대부분의 포르투갈인들은 그 자리에서 살해됐고, 아주 극소수만이 해변까지 도망칠 수 있었다. 그러나 이미 너무 늦어버렸다. 말라야인들은 벌써 보트를 점거해버렸고, 배로 돌아간다는 것은 이제 불가능했다. 포르투갈인들은 하나 둘씩 쓰러져 갔다. 그 중에서 단 한 사람만이 용감하게 끝까지 싸우고 있었다. 그가 바로 마젤란의 가장 가까운 친구이자 형제 같은 프란시스코 세하웅이었다. 이미 적들에게 둘러싸인 데다가, 상처까지 입어 아무 가망이 없어 보였다. 바로 그때 마젤란이 목숨을 걸고 병졸 한 명과 함께 작은 보트를 타고 건너왔다. 그는 한두 차례 힘차게 칼을 내리쳐서 열 배나 되는 적을 물리치고 친구를 배로 끌어당겨 목숨을 구해냈다. 포르투갈의 함대는 이 참혹한 습격으로 보트를 모두 잃었고, 승무원도 3분의 1 이상이나 잃었다. 그 가운데서 마젤란은 피로 맺은 친구를 구해냈고, 친구의 우정과 신뢰는 훗날 마젤란의 업적에 결정적인 도움이 되었다.

아직은 가려져 있던 마젤란이란 인물이 이 사건을 계기로 그 모습을 조금 드러내었다. 다름아닌 용기를 동반한 결단력이었다. 그는 타고난 비장함도 없었고, 남의 눈을 끌 만한 비범한 태도 같은 것도 없었다. 인도 전쟁의 기록에서도 그에 대한 이야기가 한 줄도 없을 정도로 언제나 그늘에 가려져 있었다. 자신을 드러낼 줄도, 사랑받기 위해 노력할 줄도 몰랐다. 그러나 일단 임무만 주어지면, 남의 눈에 띄지도 않던 이 남자는 현명함과 용기가 어우러진 눈부신 행동을 보여주는 것이었다. 그러나 자신의 성과를 가지고 대가를 바란다거나 자신을 추켜세울 줄도 몰랐다. 그는 침묵할 줄 알았고, 기다릴 줄도 알았다. 마치 그가 진정으로 이루어야 할 업적을 위해서 운명은 아직도 시련의 나날들을 마련해놓고 있음을 예감하는 듯싶었다.

카나노레에서 포르투갈 함대가 전승을 거둘 때에도, 말라카에서 참패를 당할 때에도 꿋꿋이 견뎌냈던 그에게 또 한 번의 운명의 시련이 닥쳤다. 배가 난파된 것이었다. 마젤란이 무역풍을 타고 정기적으로 귀향하는 향료 수송선을 호위하고 있을 당시 갈레온선이 소위 파두아층이라 불리는 산호초에 부딪쳤다. 인명피해는 없었으나 배는 산산조각이 나버렸다. 몇 척 안 되는 보트에 승무원을 모두 실을 수 없었으므로 난파선원들 중 몇몇은 이곳에 남아 있을 수밖에 없었다. 함장과 장교들, 귀족들은 당연히 우선적으로 보트에 옮겨타겠노라고 주장했다. 그런데 이들이 주장하는 특혜는 일반사병들을 격분시키고 말았다. 싸움이 일어날 것만 같은 위기의 상황이었다. 그때 귀족계급에 속하는 마젤란이 나섰다. 만일 함장이 명예를 걸고 육지에 도착하자마자 다른 배로 그들을 데려가겠노라는 약속을 한다면 자신이 선원들과 함께 남겠노라고 했다.

그가 보인 용감한 태도에 총사령부는 처음으로 이 '무명의 군인'에게 관심을 갖게 되었다. 얼마 지나지 않은 1510년 10월, 새로 취임한 알부케르크 부왕이 인도의 고아를 포위하고자 자문을 구한 함장들 가운데 마젤란의 이름도 있었다. 이제 졸병과 선원으로 일한 소브레살리엔테의 5년 복무기간이 끝나고, 마젤란은 마침내 장교로 승진한 것이다. 세케이라가 말라카에서 당한 치욕을 되갚기 위하여 편성된 알부케르크 함대에서 그는 장교로 근무하게 되었다.

이렇게 해서 2년 후 마젤란은 다시 한 번 극동으로 떠났다. 말라야의 술탄에게 복수를 하기 위해서였다. 1511년 7월, 열아홉 척의 범선으로 구성된 정예 함대가 위용을 과시하면서 말라카 항에 나타났고, 배신의 나라를 응징하려는 격렬한 싸움이 시작되었다. 알부케르크가 술탄의 저항을 꺾기까지는 무려 6주나 걸렸다. 그러고 나자 이 약탈자들은 풍요의 땅 인도에서도 만져볼 수 없었던 엄청난 전리품을 거머쥐었다. 말라카 정복과 함께 포르투갈은 이제 동양 전역을 손아귀에 움켜쥐었다. 이슬람교도들의 무역은 동맥을 절단당했고, 채 몇 주 되지 않아 피를 모두 쏟아내고 말았다. 지브랄타 해협에서 싱가포르 해협까지 이르는 바다는 이제 포르투갈의 영해가 되어버렸다. 지금껏 이슬람 세계가 겪었던 그 어느 것보다도 굉장한 이 충격의 여파는 천둥소리처럼 멀리 중국과 일본까지 퍼져나갔다가 승리의 환호성이 되어 유럽으로 되돌아왔다.

모여든 기독교인들 앞에서 교황은 지구의 절반을 기독교에게 되돌려준 포르투갈의 위대한 업적을 기리는 감사의 기도를 올렸고, 로마는 시저의 시대 이후로 그 누구도 본 적이 없는 승리의 장관을 목격했다. 트리스타오 드 쿤야가 이끄는 사절단이 인도의 전리품으로 호사스러운 굴레를 매단 말과 레오파드와 판터를 가져왔다. 그날의 백미라고 할 수 있는 것은 포르투갈의 선박들이 산 채로 실어 나른 코끼리 한 마리였다. 코끼리는 세 번씩이나 교황 앞에서 무릎을 꿇어 온 관중을 열광의 도가니로 몰아넣었다.

그러나 이 정도의 승리도 포르투갈의 걷잡을 수 없는 욕심을 채워 주지는 못했다. 아무리 큰 승리라도 단 한 번으로는 역사상 그 어느 전승자도 만족하지 못하는 법이다. 말라카는 단지 향료군도라는 보물창고를 여는 열쇠일 뿐이었다. 열쇠를 손에 넣은 포르투갈은 그토록 꿈꾸어 오던 보물에 다가가고자 암보이나, 반다, 테르나테, 티도레 같은 순다 제도(인도네시아 일대)의 부유한 향료 섬들을 점령할 계획을 세웠다. 안토니오 드 아브레우의 지휘 아래 세 척의 배가 정비되었다. 당시의 몇몇 사가들은 가장 동쪽으로 떠나는 이 항해자들 가운데 마젤란의 이름도 기록해놓았다.

그러나 운명은 그에게 이젠 충분하다고 말하고 있었다. 동양은 충분히 보았고, 충분히 경험했으니 이제 새로운 항로로, 너의 독자적인 항로로 떠나라고 하였다. 이젠 동화의 나라 같은 향료의 섬들, 이 엘도라도 같은 섬들에 발을 내딛는 일도 없을 테고, 이 섬들은 그에게 단지 하나의 꿈으로만 머무를 터였다.

순다 제도의 로빈슨 크루소, 프란시스코 세하웅

마젤란은 말라카에서 동쪽으로 향하는 대신 귀향길에 올랐다. 그리고 그와 피를 나눈 동료 프란시스코 세하웅은 다른 배 두 척의 함장들과 함께 전설적인 향료 군도로 떠나갔다. 큰 사고나 어려움 없이 나무가 울창한 해안에 도달했고, 그곳에서 환영을 받았다. 이슬람교도들도 이 외딴 해안까지는 문화를 미끼로, 아니면 정복의 욕심을 가지고 밀고 들어오지 않았던 것이다. 원주민들은 자연 상태 그대로 벌거벗은 채 평화롭게 살고 있었다. 아직 화폐라는 것도 알지 못했고, 이윤을 따지려고 하지도 않았다. 이 천진난만한 섬사람들은 팔찌나 작은 종 몇 개를 받고 엄청난 양의 정향을 날라왔다. 이미 처음에 도착한 반다와 암보이나 섬에서 배 천장까지 물건을 가득 채울 수 있었기 때문에 드 아브레우 제독은 다른 섬들은 그만두고 말라카로 빨리 되돌아가기로 결정했다.

탐욕에 눈이 멀어 과다하게 선적을 했던 것일까? 아무튼 두 척의 배 가운데 프란시스코 세하웅이 지휘하던 배가 절벽에 부딪쳐 부서지고 말았고, 난파병들은 간신히 목숨만을 건질 수 있었다. 의지할 곳 없이 낯선 해안을 헤매던 중 세하웅이 머리를 써서 해적선 보트 한 척을 훔쳐내 암보이나 섬까지 노를 저어갔다. 힘 있는 사람들로 등장했던 처음과 마찬가지로 추장은 이 난파병들을 친절하게 맞아들였고, 숙소까지 제공했다. 사람들은 행복과 감사에 겨워 어쩔 줄을 몰랐다. 휴식을 취하고 체력을 회복하자마자 돌아가서 군복무

알부케르크. 세밀화.
런던 대영박물관에 소장.

를 해야하는 것이 함장 프란시스코 세하웅의 당연한 의무였다. 그러나 이 낙원 같은 자연경관과 따스하고 감미로운 풍토는 프란시스코 세하웅의 규율에 대한 감각을 심각할 정도로 둔화시켜 버렸다. 그는 갑자기 모든 것이 귀찮게 여겨졌다. 수천 마일 밖 리스본의 왕궁에서 국왕이 투덜대건, 으르렁대건, 함장의 직책을 박탈하건, 연금을 삭제하건 아무래도 좋았다. 그는 포르투갈을 위해 할 만큼 했고, 자신을 충분히 혹사시켰다고 믿었다.

프란시스코 세하웅은 프란시스코라는 한 개인의 삶을 영위하고, 이 지상낙원의 섬나라 사람들처럼 옷도 걸치지 않고, 걱정근심도 없는 안락한 생활을 누리고 싶어졌다. 이제 전쟁과 모험, 그리고 향료 사업엔 신물이 났다. 비록 다른 선원들이나 함장들이 바다를 뒤지고 다니면서 자신의 피와 땀을 대가로 후추와 계피를 사 모은다 할지라도, 국왕의 어릿광대로서 숱한 위험과 전쟁 속으로 끌려다닌다 할지라도, 그래서 리스본의 알판다가 더 많은 세금을 거두어들인다 할지라도 이젠 상관없었다.

이 용감한 함장은 특별한 예식도 없이 영웅의 세계에서 목가적인 세계로 옮겨 앉았다. 이제부터는 이 친절한 민족이 보여주는 원시적이고도, 부러울 만큼 나태한 방식을 좇아 자연인으로 살 것을 결심했다. 테르나테 섬의 영주는 그에게 대신(大臣)이라는 높은 지위를 부여했다. 그가 맡은 일은 힘겨운 일은 아니었다. 소규모 전쟁이 있을 때면 군사참모로 일을 보아주면 되었다. 그에 대한 보답으로 노예와 하인들이 딸린 집을 얻었고, 예쁜 원주민 처녀를 맞아 아이들도 두셋이나 낳았다.

고향 이타카를 잊은 오디세우스(역주 : 호메로스의 서사시 『오디세이』의 주인공. 10년간이나 바다를 떠돌면서 방랑한다)처럼 프란시스코 세하웅은 갈색 피부의 칼립소 품에 안겨 여러 해를 보냈다. 세상 어느 공명심도 그를 이 낙원에서 쫓아낼 수는 없었다. 이 최초의 문명 탈주자이자, 스스로 로빈슨의 길을 택한 인물은 죽는 날까지 9년간이나 순다 제도를 떠나지 않았다. 그는 비록 포르투갈의 영웅시대를 주름잡던 정복자와 함장들 가운데에서 가장 영웅다운 인물은 아니었지만, 아마도 가장 현명하고 행복한 사람이었으리라.

프란시스코 세하웅의 낭만적인 문명 탈출은 마젤란의 생애와 업적에 아무런 연관이 없는 듯 보인다. 그러나 이 보잘것없고, 명성도 얻지 못한 한 함장의 행동은 실제로 마젤란과 세계 발견사에 가장 결정적인 영향을 미쳤다. 피로 맺어진 두 친구가 엄청난 공간의 한계를 넘어서 계속적인 연락을 취하고 있었기 때문이다. 자신이 사는 섬에서 말라카로, 말라카에서 다시 포르투갈로 소식을 전할 기회가 생길 때면 세하웅은 마젤란에게 상세하게 편지를 썼다. 그리고 새로운 고향의 풍요로움과 안락함에 대해 열정적으로 자랑하곤 하였다.

"나는 이곳에서 새로운 세계를 발견했다네. 바스코 다 가마보다 더 풍요롭고, 더 장대한 나라를!" 열대의 마력에 사로잡힌 그는 친구에게 재촉했다. 이제 그만 고마운 줄도 모르는 유럽과 생기는 것 없는 직책을 떠나 빠른 시일 내로 자신의 뒤를 따라오라고. 훗날 마젤란이 서쪽으로 항해를 하게 된 것은 프란시스코 세하웅 때문이었음은 당연했다. 그는 세하웅이 말하는 섬들의 위치로 보아 바스코 다 가마가 취했던 동쪽 항로 대신에 콜럼버스처럼 서쪽으로 항해하는 편이 더 낫다고 판단했던 것이다.

두 사람간의 계획이 어디까지 발전했는지 우리는 알 수 없다. 그러나 구체적인 계획을 품고 있었음에는 틀림없는 것이, 세하웅이 죽은 후 그가 남긴 서류들 중에서 마젤란의 편지 한 장이 발견되었다. 마젤란은 친구에게 가능한 한 빨리 테르나테 섬으로 오겠노라고 약속하고 있었고, 포르투갈을 통해서 이루어지지 않으면 다른 방도를 취하겠노라는 것이었다. 다른 방도를 찾는 것, 바로 이것이 마젤란의 생의 과제가 된 것이다.

단 하나의 생각, 검게 그을은 몸에 남아 있는 상처자국들, 그리고 말라카에서 사온 말라야인 노예 한 명. 이 세 가지가 7년간에 걸친 인도의 전방근무를 마치고 돌아온 마젤란이 고향으로 가지고 온 모든 것이었다. 1512년, 드디어 육지에 도착했지만 7년 전 이곳을 떠날 때와는 완전히 달라져 있었다.

그는 이미 배가 벨렘에 입항할 때부터 놀라기 시작하였다. 바스코 다 가마가 출항할 때 그를 축복해주던 낡고 나지막한 교회 대신 이제 인도의 향료 덕분에 부강해진 조국의 첫 번째 징표라고 할 수 있는 거대하고 화려한 대사원이 완성되어 하늘로 치솟고 있었다. 눈길이 닿는 곳마다 변화가 느껴졌다. 예전엔 통행도 뜸했던 강에는 이제 돛대들이 머리를 맞대고 있었고, 강변의 조선소에서는 한시라도 빨리 더 장대한 함선들을 만들어내느라고 일꾼들이 부지런히 망치질을 하고 있었다. 항구에는 깃발은 깃발끼리, 돛대는 돛대끼리 자국선이건 외국선이건 간에 빽빽하게 모여 있었고, 정박소와 물품창고는 터질 것만 같았다. 새로 쌓아올린 웅장한 왕궁들 사이로 뻗은 길거리에는 사람들이 몰려다니며 북적대고 있었다. 해외상관과 환금창구, 중개업소에는 갖가지 언어들이 난무하고 있었다. 인도를 약탈한 덕분에 리스본은 이제 10년이 채 지나기 전에 소도시에서 세계적인 도시요, 사치와 향락의 도시가 된 것이었다.

귀족 부인들은 무개마차를 타고 다니며 인도산 진주를 뽐내고, 왕궁의 신하들은 화려한 조복을 번쩍이며 왕의 시중을 들고 있었다. 귀향자는 알아차렸다. 그와 동료들이 인도에서 흘린 피는 연금술의 조화로 황금으로 바뀌었다는 것을. 그가 무자비하게 내리쬐는 남국의 태양 아래서 싸우고, 고통당하고, 궁핍을 참아가면서 피 흘리고 있는 동안 리스본은 그들이 피와 땀 덕분에 알렉산드리아와 베니스의 뒤를 잇는 대도시가 되었다. 또 마누엘 왕은 유럽에서 가장 부유한 군주였다. 고향은 모든 것이 변하였다. 이 세계에서는 노획해온 향료 덕분에 모두가 좀더 부유하게, 좀더 사치스럽게 소비와 향락 속에서 살고 있었다. 하지만 단지 그만이 예전과 다름없는 모습이었다.

아무도 기다려주지 않고, 아무도 고마워하지 않고, 아무도 아는 척조차 하지 않는 무명의 병사로서 7년간의 인도시절을 보낸 포르투갈의 병사 페르나웅 드 마젤랴에스는 마치 낯선 땅에 들어서듯 그렇게 고향으로 돌아왔다.

계 획

아메리카 대륙의 비밀 통로를 지나
향료군도에 도달할 계획을 세우다

1512. 6 ~ 1517. 10

탐험의 시대는 거대한 배은망덕의 시대였다. 스페인이나 포르투갈을 위해서 전세계를 정벌해나간 저들 정복자들이 국왕에게 받은 대가는 처참하기 짝이 없었다. 콜럼버스는 사슬에 묶인 채로 세비야에 돌아왔고, 코르테츠는 왕의 총애를 잃어버렸고, 피자로는 살해되었으며, 남태평양을 발견한 누녜즈 데 발보아는 참수형에 처해졌다. 포르투갈의 투사이자 시인인 카모엔은 비열한 시골 관리들에 의해 누명을 쓰고 동지인 위대한 세르반테스처럼 몇 달, 몇 해를 오물통 같은 감옥에서 보내야만 했다. 카디스와 세비야의 골목길엔 귀향 선원들과 병사들이 불구가 되어 피폐해진 모습으로 열병에 시달리면서 거지떼처럼 헤매고 있었다.

스페인 왕가의 재물을 만들기 위해 몬테주마의 금 · 은 장신구며 잉카의 황금창고를 약탈하였던 그들이었다. 그러나 식민지에서 간신히 살아남아 고향으로 돌아온 지금, 명성도 훈장도 없이 비루먹은 개처럼 스러져 갔다. 궁정대신들은 그저 왕궁에 안전하게 들어앉아 무명의 용사들이 빼앗아온 재물을 주무를 줄만 알았다. 그들에게 병사들이 이루어놓은 업적은 아무 의미가 없었다. 훗날 이들 왕궁의 게으름뱅이 수펄들은 일벌이 만들어놓은 식민지의 총독(아델란타도스)이 되어 황금을 챙겨오기도 했다. 그러나 희생과 궁핍으로 점철된 수많은 세월을 보낸 식민지의 용사들이 고향으로 돌아올 때면 마치 자기들의 신성한 제국에 끼어든 불청객이라도 되는 듯 싸늘하게 외면했다.

마젤란도 예외는 아니었다. 그는 카나노레에서, 말라카에서, 그리고 수많은 전쟁터에서 싸웠다. 열몇 번씩이나 포르투갈의 명예를 위해서 목숨도 건강도 돌보지 않았다. 하지만 고향으로 돌아온 마젤란에게 명예로운 지위는커녕 최소한의 신분보장을 요구할 수 있는 권리조차 허용해주지 않았다. 그저 그가 귀족이고, 이전에 이미 왕궁의 녹을 먹고 있었다는 우연한 사실만으로 연금수령자의 대열에 낀 것이 고작이었다. 그것도 처음엔 모조 피달고라는 최하등급으로 한 달에 1천 레스를 받는 거지와 다를 바 없는 생활이었다. 한 달이 지나고 강력하게 항의를 한 이후에야 겨우 한 달 연금이 1,850레스인 피달고 에스쿠데이로라는 등급으로 한 단계 올라섰다.

아무튼 어느 것도 그다지 중요한 지위는 아니었다. 이들 거창한 직책이 하는 일이라곤 고작해야 왕궁의 대기실에서 할 일 없이 빈둥대는 것이었기 때문이다. 명예를 알고 야망이 있는 마젤란이 이런 처지에 만족하며 지내지 않은 것은 당연했다.

거의 1년을 기다린 끝에 기회가 왔다. 1513년 여름, 마누엘왕이 해적질을 일삼는 무어인들을 섬멸하기 위해 대규모 정벌대를 모로코로 보내게 되었다. 마젤란은 서슴지 않고 자진 입대하였다. 언제나 해군으로만 종사해왔고, 지난 7년 간 가장 경험이 풍부한 뱃사람이 된 마젤란으로서는 더 이상 빈둥거리며 지낼 수 없었다. 다시금 그는 아자모르로 파견된 대규모 군대에서 지휘권도 없고 서열도 없는 하급장교에 불과한 처지가 되었다. 인도에서와 마찬가지로 그의 이름은 전장 보고서의 전면에는 등장하지 않는다. 드러나 있는 것이라고는 언제나 위험한 최전방에 노출된 몸뚱아리뿐이었다. 이 전쟁에서도(이로써 벌써 세 번째로) 마젤란은 백병전에서 부상을 입었다. 무릎 관절에 꽂힌 창이 신경을 건드렸고, 왼쪽 다리는 완치가 불가능할 정도로 다쳐서 절반쯤 마비가 되었다.

빨리 걷지도 못하고, 말도 달릴 수 없는 절름발이란 전쟁터에서 아무짝에도 쓸모가 없는 법이다. 마젤란은 이제 마음 편하게 아프리카에서 퇴진하여 상이용사로서 액수가 약간 많아진 연금을 수령할 수도 있었다. 그러나 그는 군대에서, 전쟁의 위험 속에서 머무르겠노라고 고집했다. 결국 그에게는 다른 장교 한 명과 함께 포획관리직이 맡겨졌다. 이들의 임무는 무어족에게서 빼앗은 상당한 양의 말과 가축들을 관리하는 것이었다. 그런데 하루는 의문의 사고가 발생했다. 수십 마리의 양이 밤새 우리에서 사라져 버린 것이었다. 곧 악의에 찬 소문이 떠돌았다. 마젤란과 그의 동료가 포획량의 일부를 몰래 무어족에게 되팔아 넘겼다고도 하고, 근무태만으로 무어족이 훔쳐가는 것을 방조했다고도 했다. 묘하게도 국고의 횡령이라는 이 더러운 누명은 수십 년 후 포르투갈의 저명한 작가 카모엔이 식민지 관리들에 의해 뒤집어쓰게 될 누명과 같았다. 여러 해에 걸쳐 인도에서 약탈행위를 하는 동안에도 주머니를 채울 만한 기회가 수백 번은 있었음에도 불구하고 이 황금의 땅에서 거지처럼 가련한 꼴로 돌아온 두 사람은 똑같이 치욕스러운 혐의를 받았으며, 명예가 더럽혀진 것이다.

그러나 마젤란은 다행히도 연약한 카모엔보다 단단한 기질의 소유자였다. 비열한 인간들에 의해 심문당하고 카모엔처럼 몇 달을 감옥에서 고초를 당한다는 것은 있을 수도 없는 일이었다. 소문이 나돌자마자 공개적으로 고발당하기 전에 얼른 군대를 떠나 명예 회복을 요구하기 위해 포르투갈로 향했다.

마누엘 왕과의 독대

마젤란이 이 의문의 사건에서 자신을 죄인으로 생각하지 않았다는 것은 리스본으로 돌아오자마자 국왕 알현을 요청했다는 것만으로도 증명된다. 그는 스스로를 변호하려는 것이 아니라 오히려 자신의 능력에 대한 자신감에 가득 차서 좀더 나은 직책과 보수를 요구할 생각이었다. 2년이라는 세월을 헛되이 보내버렸고, 전쟁에서 부상까지 입어 불구가 되다시피했다. 그러나 그에게는 운이 따르지 않았다. 국왕 마누엘은 이 격정적인 채권자에게 자신의 권리를 주장할 만한 시간조차 허용하지 않았다. 아프리카의 총사령관으로부터 이 무례한 함장이 휴가원도 제출하지 않고 제멋대로 모로코의 군대를 이탈했다는 소식을 받았기 때문이다. 왕은 공훈을 쌓았고 부상까지 입은 마젤란을 비열한 탈영병으로 취급했다. 그에게는 말할 기회도 주지 않고 당장 아프리카로 귀대하여 총사령관의 처분을 따르라고 잘라 말했다. 규율 때문에라도 마젤란은 복종해야만 하였고 다음 배로 아자모르로 돌아갔다.

다행히 이 공로가 큰 군인에 대해 수사를 하거나 감히 누명을 씌우려고 하는 자들은 없었다. 군대를 명예롭게 제대한다는 사령부의 확인서와, 무죄와 공로를 증명하는 서류들을 가지고 마젤란은 다시 리스본으로 돌아왔다. 그의 분노가 어떠했으리라는 것은 짐작할 만하다. 표창 대신에 혐의를 받았고, 보답 대신에 상처만을 받아왔다. 오랫동안 그는 침묵하면서 조용히 뒤에 서 있을 뿐이었다. 그러나 서른다섯 살이 된 지금 그는 마땅히 권리를 가지고 있으면서도 마치 자선을 베풀어달라고 빌어야 하는 것에 너무도 지쳐버렸다.

마젤란은 귀향하자마자 바로 국왕에게 가서, 같은 요구를 들이밀었다. 사실 그는 더 현명하게 대처해야만 했다. 한동안은 조용히 지내면서 왕궁의 측근들 중에 자신을 위해 힘써 줄 만한 사람을 찾아본다거나, 비위를 맞추려고도 해야 했다. 그러나 아첨이나 능수능란한 처신은 마젤란의 장기가 아니었다. 우리가 그에 대해 많이 알고 있지는 않지만, 단 하나 분명한 것은 얼굴빛이 짙고 왜소하며 말수도 적은 이 평범한 남자는 남의 사랑을 받는 데는 영 재간이 없다는 점이다. 이유는 정확히 모르지만 국왕은 일생동안 마젤란에게 적개심을 품고 있었다. 뿐만 아니라 그의 충실한 동료인 피가페타에 의하면 장교들도 그를 미워했다고 한다. 라헬 폰 클라이스트의 표현대로 그의 주변에는 '아주 냉혹한 기류가 흐르고 있었다'고나 해야 할까.

그는 미소 지을 줄도 몰랐고, 남의 호감을 살 줄도 몰랐으며, 자신의 생각을 재치 있게 표현할 줄도 몰랐다. 남들과 대화할 줄도 몰랐고, 언제나 마음의 문을 닫고 고독의 덮개로 자신을 감쌌다. 이 영원한 고립자는 주변사람들에게 얼음 같은 냉기와 불편함, 불신의 분위기를 풍겼다. 그에게 가까이 다가간 사람이 몇몇 있기는 하지만

페르디난드 코르테츠의 초상화.
페르디난드 티롤 대공 소장.

그의 내면을 아는 사람은 아무도 없었다. 아마도 그의 동료들은 그의 소극적이고 과묵한 태도를 보고 그를 음흉한 사람으로 판단한 듯했다. 그들에게는 공공연히 출세를 위해 매달리는 사람들의 파렴치함보다 마젤란의 태도가 더더욱 의심스럽게 느껴졌던 것이다. 그의 움푹한, 작으면서도 둥글고 냉정한 두 눈 뒤에는 그 무엇인가가 자리잡고 있는 것 같았다. 수염으로 뒤덮인 입 저편으로는 아무도 눈치채지 못할 비밀 같은 것이 도사리고 있는 듯싶었다. 비밀을 자기 안에 감추고 수년간이나 아무에게도 발설하지 않을 수 있는 사람이란, 서로 자연스럽게 친분을 맺고 비밀을 갖지 않는 사람들에게는 섬뜩하기조차 한 법이다. 마젤란의 본성이 내보이는 어두운 면들은 처음부터 다른 사람들에게 거부감을 줄 수밖에 없었을 것이다. 그와 함께 있으면서 그를 위해 일한다는 것은 쉬운 일이 아니었다. 그리고 이 비극적인 외톨이에게 가장 견디기 힘들었던 것은 아마도 자기 자신이 홀로일 수밖에 없다는 사실이었을 것이다.

어쨌든 피달고 에스쿠데이로인 페르나웅 드 마젤랴에스는 후견인도 보호자도 없이 홀로 왕을 알현하러 갔다. 그것은 정직하고도 기탄없는 방식이었지만, 동시에 왕궁에서 본다면 최악의 방식이었다. 마누엘 왕은 선왕인 주앙 2세가 재임 당시 콜럼버스의 청을 거절하던 바로 그 방에서, 어쩌면 바로 그 옥좌에 앉아 마젤란을 맞았다. 동일한 장소에서 동일한 역사적 장면이 재현되었다. 작고 땅딸막한 이 검은 수염의 포르투갈인은 어둡고도 속을 드러내지 않는 눈빛을 하고 곧 그를 경멸하듯 내쫓게 될 군주 앞에 엎드렸다. 그러나 그가 마음속에 품고 있는 생각이라면 저 유명한 제노아인(콜럼버스)보다 결코 뒤떨어진다고 할 수는 없었다. 또한 용기와 결단력, 그리고 경험에 있어서 마젤란은 선배 콜럼버스보다 더 월등할지도 모른다.

이 운명의 순간을 목격한 증인은 아무도 없었지만 당대의 기록을 토대로 시간적 거리를 뛰어넘어 이 알현실의 광경을 들여다보기로 하자. 마비된 한쪽 다리를 절면서 마젤란은 왕에게 다가가 절을 하며 예전의 혐의가 잘못이었음을 증명하는 문서들을 건네주었다. 그런 다음 첫 번째 간청을 올렸다. 자신을 불구로 만든 이번 부상을 고려하여 월급을 반 크루사도(역주 : 오늘날 영국의 1실링 정도)만큼 올려주십사 하는 것이었다. 그가 요구한 것은 사실상 우스울 정도로 보잘것없는 금액이었다. 그리고 그 정도의 요청 때문에 무릎까지 꿇어야 한다는 것은 이 자만심에 찬 냉정하고 명예욕이 강한 사람에게 전혀 어울리지 않는 것처럼 보였다. 그러나 마젤란이 요구하는 문제는 당연히 반 크루사도라는 은전 한 닢이 아니라 그의 지위와 명예였다. 서로가 서로를 시기하며 밀어내는 왕궁에서 월급 액수는 귀족 한 사람이 왕궁에서 차지하는 지위의 높낮이를 상징적으로 말해준다.

이제 서른다섯 살이 된 마젤란은 인도와 모로코 전쟁을 겪은 베테랑으로서 국왕의 식사를 돌보고, 마차의 문을 열어주는 애송이들보다도 못한 대접을 받고 싶지 않았다. 자존심 때문에 한 번도 남 앞에 나서지를 않았으나, 바로 그 자존심이 이제 더 이상 자기보다 나이도 어리고, 보잘것없는 사람들보다 낮은 서열에 놓이는 것을 용납하지 않았던 것이다. 그는 자신과 자신의 업적이 낮게 평가당하는 것을 받아들일 수 없었다.

화가 나서 눈썹을 잔뜩 찌푸린 마누엘 왕은 성급한 청원자를 바라보았다. 전세계에서 가장 부유한 이 군주에게도 당연히 그 보잘것없는 은전닢이 문제가 되는 것은 아니었다. 단지 겸손하게 탄원하기는커녕 거침없이 요구해대는 이 남자의 태도가 역겨웠던 것이다. 국왕 자신이 은총을 베풀듯이 월급을 나누어줄 때까지 기다릴 줄 모르고 그저 무뚝뚝하고 고집스럽게 마치 권리인 양 봉급을 올려달라고 떼쓰는 것으로밖에 보이지 않았던 것이다.

자, 이 고집불통 녀석에게 기다리면서 부탁하는 법을 일러줄 테다! 자신을 몰아대는 듯한 태도 때문에 분노에 휩싸인 왕은 마젤란의 봉급 인상 요청을 단호하게 거절했다. 그러나 왕은 자신이 오늘

마젤란.
크리스팡 드 파스의 동판화.

절약한 반 크루사도 때문에 훗날 금화 수천 두카텐을 지불하고도 살 수 없는 영예와 이익을 놓치게 된다는 것을 알지 못했다.

이제 마젤란은 물러나야만 했다. 국왕의 구름 잔뜩 낀 이마를 보건대 왕궁이 그에게 베풀어줄 호의는 더 이상 기대할 수 없었기 때문이다. 그러나 아직 비굴하게 몸을 굽히고 알현실을 떠날 때가 아니었다. 마젤란은 자존심으로 단단히 무장한 채 국왕 앞에 서서는 두 번째 질문으로 그러면 자신에게 합당한 다른 일자리가 없을지 물어보았다. 자신은 원호대상자로 일생을 보내기엔 너무 젊고 또 활력에 차 있노라고 하였다. 당시 포르투갈의 항구에는 매달, 심지어는 매주 배들이 인도나 아프리카, 브라질 등지로 떠나고 있었다. 그러므로 이 많은 선박들 중 어느 하나를 동쪽의 바다에 대하여 그 누구보다도 잘 아는 사람이 있다면 그에게 맡기는 것은 아주 당연한 일이었다. 당시엔 베테랑인 바스코 다 가마를 제외하고는 리스본이나 포르투갈 전국을 뒤져도 항해 지식이 마젤란을 능가할 만한 사람은 아무도 없었다. 그러나 마누엘 왕은 이 불쾌한 말썽쟁이의 냉정하고도 도전적인 눈길이 점점 더 견딜 수 없었다. 그는 고려하겠노라는 언질도 주지 않은 채 그를 위한 자리는 없노라고 냉혹하게 잘라버렸다.

이로써 답은 된 셈이고 더 이상 언급할 여지도 없었다. 그러나 마젤란은 세 번째 부탁을 올렸다. 아니, 부탁이 아니라 질문이라고 해야 옳았다. 그는 다른 나라에서 일자리를 구해도 아무 이의가 없겠느냐고 물었다. 모욕적일 정도로 냉혹하게 국왕은 아무 상관없다고 답했다. 어디에서 일자리를 얻건 원하는 곳에서 일하면 된다고 했다. 이로써 포르투갈의 왕궁은 마젤란에게 조국을 등진다 하더라도 아무 이의가 없다는 것을 분명하게 밝힌 셈이었다.

이 알현에 배석했던 사람은 아무도 없었다. 그래서 마젤란이 왕에게 자신의 비밀스런 계획을 발설한 시점이 이때였는지, 아니면 그 전이나 후였는지는 분명하지 않다. 어쩌면 그에게는 자신의 계획을 설명해 보일 기회조차 전혀 주어지지 않았을지도 모르고, 아니면 차갑게 거절당했을 수도 있다. 아무튼 이 알현을 통해서 마젤란은 앞으로도 지금처럼 계속해서 포르투갈을 위해 자신의 피와 목숨을 바치겠다는 의지를 밝혔다. 그러나 국왕은 단호하게 거절했고, 그는 결단을 내려야만 했다.

이론가 팔레이루와 계획을 도모하다

마젤란은 거지처럼 왕궁에서 쫓겨나던 순간에 이제는 더 이상 기다리거나 머뭇거려서는 안 된다는 것을 깨달았다. 서른다섯이란 나이에 그는 이미 전사로서 선원으로서 내륙과 해양에서 배워야 하는 모든 것을 겪고, 체득하였다. 희망봉도 네 번이나 순항하였다. 두 번은 서쪽에서, 다시 두 번은 동쪽에서 출발하였다. 죽음과도 수없이 직면했고, 세 번씩이나 아직도 피흘리며 살아 있는 몸뚱아리에 적군의 싸늘한 무기를 느껴보기도 하였다. 낯선 세계를 무수히 보았고, 지구의 동쪽에 대해서는 당시 권위 있는 지리학자나 제도사보다도 더 많이 알고 있었다. 거의 10년에 걸친 실전을 통해 갖가지 전술에 통달했고, 창을 사용하는 법도 배웠고, 차총을 쏘는 법, 키를 잡고 나침반을 사용하는 법, 닻을 올리고 대포를 쏘고, 노를 젓고, 군용 삽이나 창을 사용하는 법도 모두 배웠다. 측심연을 사용할 줄도 알았고, 해양기기를 다루는 정확성에 있어서는 그 어느 천문학자 못지않았다. 다른 사람들은 책을 통해서만 대하게 되는 끝없는 무풍현상, 몇 날을 계속하는 회오리바람, 해전, 육지전, 점령, 약탈, 습격, 난파 등 이 모든 것을 그는 실제로 체험했다. 그는 10년 동안 수천의 밤낮을 통해 망망대해에서 기다리는 법을 배웠고, 결단의 섬광과도 같은 순간을 이용하는 법도 배웠다. 또한 세상 모든 인종들(황인종이건 백인종이건, 흑인종, 홍인종할 것 없이), 그리고 인도인, 아프리카인, 말라야인, 중국, 아프리카,

십자형 분도기를 가지고 천체관측을 하는 모습.
아피안의 『지리학 개론』(1533)에서 발췌한 목판화.

터키인들과 친숙해져 있었다. 뭍에서건 바다에서건, 그리고 혹한에서도, 작열하는 태양 아래에서도 그는 모든 것들을 마다 않고 국왕과 조국을 위해 헌신했다.

서른여섯 살이 가까워오는 지금, 마젤란은 남의 이익이나 명성을 위해 자신을 희생하는 것은 이것으로 충분하다는 결단을 내렸다. 모든 창조적인 인간들처럼 그 역시 이제 생의 한가운데에서 자기 책임과 자아실현에 대한 열망을 느꼈다. 조국은 그를 모른 체하고, 직책과 임무에 대한 연결고리도 끊어졌지만, 어쩌면 더 잘된 일인지도 몰랐다. 이제 그는 자유의 몸이 된 것이다.

마젤란은 한 번도 자신이 내린 결정을 곧바로 드러낸다거나 충동적으로 나타내 보이지 않았다. 당시의 기록만으로는 그의 성격을 전부 알 수는 없으나, 한 가지 분명한 점은 경탄스러울 만큼 침묵을 지킨다는 것이었다. 조급해 하는 성격도, 수다스러운 성격도 아닌 마젤란은 군대의 혼잡함 속에서도 늘 한편으로 비켜서서 자신의 생각은 언제나 혼자서만 간직하고 있었다. 다가올 미래를 기다리며, 모든 가능성을 은밀히 계산해보면서 자신의 계획을 충분히 숙고했다. 그리고 그 계획이 확실하다는 판단을 내린 후에야 사람들 앞에 나타났다. 이번에도 마젤란은 침묵의 기술을 놀라울 만큼 잘 사용했다. 다른 사람 같았으면 국왕에게서 그토록 모욕적인 거절을 당하면 곧바로 이 나라를 떠나서 다른 군주를 찾아갔을지도 모른다. 마젤란은 그러나 그 후로도 1년이나 더 태연하게 포르투갈에 머물렀다.

그가 무엇을 하고 있는지는 아무도 몰랐다. 사람들이 아는 것이라고는(이것도 나이 먹은 인도항해자에게는 특이한 일일 테지만) 기껏해야 마젤란이 키잡이들이나 선장들과 자주 모임을 갖는다는 것인데, 이들 대부분이 예전에 남태평양을 항해해본 사람들이라는 점이었다. 그렇지만 사냥꾼이 사냥에 대해서가 아니라면 무엇에 대해 이야기를 나눌 것이며, 항해자들이 바다나 새로 발견된 육지가 아니라면 다른 무엇에 대해 이야기를 하겠는가? 그리고 그가 마누엘왕의 비밀서고인 테소라리아에서 극비로 보관되고 있는 해안지도와 최근의 탐험일지들을 연구하고 있다는 것도 아무런 의심을 불러일으키지 않았다. 할 일이 없어진 함장이 이렇게 새로 발견된 육지나 바다에 대한 책이나 보고서들이라도 읽지 않는다면 그 무료한 시간에 대체 무엇을 한단 말인가?

차라리 이상하게 여겨지는 점이라면 마젤란이 새로 맺은 후이 팔레이루와의 친분관계일 것이다. 그는 무심하고 신경질적이고

아메리고 베스푸치.
크리스팡 드 파스의 동판화.

쉽게 흥분하는 지식인이었다. 그런 그가 거침없는 말투에 자의식이 넘치고, 또 싸움을 좋아하고, 과묵하고, 자신을 제어할 줄 알며, 속을 알 수 없는 뱃사람 마젤란과 도대체 어울릴 수 없을 듯 보였기 때문이다. 그러나 늘 붙어다니는 이들 두 사람의 재능은 극단적인 대립으로 인해 일종의 조화를 이루고 있었다. 마젤란이 바다를 정복하고, 현실을 구체적인 방법으로 탐구해나가는 것에 몰두했다면, 팔레이루는 지구와 천체에 대한 추상적인 이론화 작업에 열중했다. 이론가이자 골방샌님이었던 그는 한 번도 배를 타보거나 포르투갈을 떠나본 적이 없었다. 그저 천체나 지구의 모든 궤도에 대하여 계산과 책, 도표, 지도 등을 통해 알고 있을 뿐이었다.

그럼에도 불구하고 그는 제도사와 천문학자로서 최고의 권위자로 대접받고 있었다. 비록 돛을 올릴 줄은 모르지만 뱃길을 측정하기 위한 독자적인 방식을 고안해내기도 했다. 이 방식은 완벽하지는 않으나 지구 전체의 길이를 계산해냈고, 훗날 마젤란에게도 도움을 주었다. 또한 조종키를 잡을 줄도 몰랐지만 그가 작성한 해양지도와 포르토레인, 천체 관측기는 우수한 해양기구였다. 반면 마젤란이 천체와 지구에 대해 알고 있는 지식이라고는 항해를 해나가는 동안 얻은 경험이 전부였다. 때문에 마젤란은 그로부터 상당한 도움을 받았다. 그들이 재능이나 성향에 있어서 그토록 완벽하게 대립을 이루기 때문에 이 두 사람은 사상과 행위가, 그리고 정신과 물질이 결합하듯, 그렇게 놀라울 만큼 행복한 결합을 이룰 수 있었다.

그 밖에도 시대적인 운명의 공동체 의식이 더해졌다. 서로 다른 의미에서 비범한 두 포르투갈인들은 공통점을 갖고 있었다. 그들의 군주에게서 자존심에 깊숙한 상처를 받았고, 마음 속에 품은 야망을 실현시켜 나가지 못하고 있다는 점이었다. 후이 팔레이루는 수년 동안 왕실 천문학자의 자리를 탐내고 있었다. 사실 포르투갈 내에서 그보다 적합한 자는 아무도 없었으리라. 마젤란이 묵묵히 내보이는 자존심 때문이었다면, 후이 팔레이루는 격렬하고, 신경질적이고, 쉽게 상처입고, 쉽게 끓어오르는 성정 때문에 왕실의 화를 불러일으켰다. 그의 적들은 그를 바보라고 손가락질하였고, 심지어 팔레이루를 종교재판에 넘기기 위하여 그가 초자연적인 신통력을 사용하고 있으며, 악마와 결탁하고 있다는 소문을 퍼뜨렸다. 이같은 공통점은 두 사람을 더 가깝게 만들었다.

팔레이루는 마젤란의 보고서와 계획을 연구하였다. 여기에다 학문적인 뼈대를 세워주었고, 마젤란이 단순히 추측해냈던 것을 도표에 의한 정확한 계산으로 증명해놓았다. 이렇게 연구를 계속하며 그들은 하나의 계획을 실현시켜 보고자 하는 결심을 굳혀갔다. 물론 실현의 결정적 순간이 오기 전까지는 각자 비밀을 지키기로 했다. 필요시에는 조국을 생각하지 않고, 조국을 거역해서라도 그들의 계획을 실천해나가기로 명예를 걸고 맹세했다. 이 행위는 단순히 일개 국가가 아닌, 전인류에 속하는 것이기 때문이었다.

대서양에서 태평양에 이르는 통로는 존재한다

마젤란과 팔레이루가 리스본의 왕궁 모르게 반란군들처럼 은밀히 토론하고 있던 비밀의 계획이란 대체 무엇인가? 이 계획에서 이제까지는 존재하지 않았던 새로운 점이 무엇이며, 이 계획의 어떠한 점 때문에 그들이 명예를 걸고 비밀을 지키기로 맹세를 하는 것인가? 독 무기처럼 감춰야 할 정도로 위험한 것이란 대체 무엇인가? 이 새로운 계획이란 마젤란이 인도에서부터 품어왔고, 세하웅이 용기를 북돋아주었던 바로 그 생각이었다. 즉 포르투갈인이 해왔듯이 항료군도를 아프리카를 따라 동쪽으로 도달하는 것이 아니고, 서쪽으로 해서 아메리카 대륙을 돌아 다다르겠다는 것이었다.

남아메리카 지도.
드 브리의 여행기(1624)에서 발췌한 동판화.

이 계획 자체는 겉으로 보기에는 전혀 새로울 것이 없었다. 이미 알려졌듯이 콜럼버스도 아메리카(당시엔 짐작도 못했겠지만)를 발견하기 위해 출항했던 것이 아니라 인도로 가기 위해서였다. 그의 착오가 세상에 알려졌을 때(그 자신은 오류라고 인정하지 않았고 죽는 날까지 중국의 어느 지방에 도착했노라고 믿고 있었지만) 스페인은 대륙 하나를 우연히 발견하였다고 해서 원래 목적을 포기할 생각조차 하지 않았다. 기쁨 뒤에 곧 쓰라린 실망이 따르기 때문이다.

성급한 몽상가 콜럼버스가 산도밍고와 이스파뇰라에는 땅을 파기만 하면 황금이 보인다고 했던 선전이 곧 허풍에 불과했음이 드러났다. 황금이나 향료는커녕 '검은 상아(당시 아프리카 흑인 노예들을 이렇게 불렀다)'조차 발견하지 못했는데, 이들 연약한 인디오들은 노예로 아무 쓸모가 없었기 때문이었다. 잉카의 보고가 아직 피자로에 의해 약탈되지 않았고, 포토지의 은광이 털려나가기 전까지는 아메리카 발견은 상업적으로 실패였다. 황금에 주린 스페인인들은 아메리카를 식민지로 관리하는 것보다 가능한 한 빨리 아메리카를 돌아 보석과 향료의 낙원에 도달하는 것에 더 주력하였다.

스페인 왕의 명령에 따라 이 새로 발견된 대륙(테라피르마)을 돌아 포르투갈보다 먼저 동양의 진정한 보고인 향료군도에 도달하려는 시도가 끊임없이 계속되었다. 탐험대는 하나씩 둘씩 계속 이어졌지만, 머지않아 스페인은 예전에 포르투갈이 아프리카 때문에 겪었던 실망을 안아야만 했다. 이 새로운 땅덩어리 아메리카는 그들이 처음에 생각했던 것보다 훨씬 더 광대한 것으로 밝혀졌기 때문이다. 남쪽으로건 북쪽으로건 인도양으로 나아가려고 할 때마다 대륙이 만들어놓은 넘지 못할 장애물에 부딪히게 되는 것이었다. 위대한 정복자들은 너나 할 것 없이 어디선가 하나의 통로(파소), 해로(에스트레초)를 찾으려 했으나 모두 실패했다. 콜럼버스는 네 번째 항해에서 인도를 지나 집으로 돌아오고자 서쪽으로 방향을 잡았으나 역시 이 장애물에 걸리고 말았다. 베스푸치가 참여했던 탐험대도 마찬가지로 향료군도인 몰루젠에 도달하고자 아메리카의 남부 해안을 전부 훑었으나 아무 소득이 없었다.

코르테츠는 네 번째 보고서에서 칼 황제에게 파나마 근처에서 통로를 발견하겠노라고 다짐하였다. 코르테레아와 카보트는 빙

양까지 타고 올라가서 그곳에서 북쪽 항로를 통하려고 했고, 후안 데 솔리스는 라플라타 강을 따라 남쪽으로 뻗은 해로를 발견하려고 했으나 모두 실패하였다. 북이건 남이건 간에 얼음으로 뒤덮인 지역이건 열대권이건 간에 도처에 땅덩어리와 암석으로 이루어진 장벽이 가로막고 있는 것이었다.

이미 대서양으로해서 누녜즈 데 발보아가 파나마에서 처음으로 내려다본 그 대양에 도달할 수 있으리라는 희망은 사라지기 시작하였다. 벌써부터 우주학자들은 지도에다 남아메리카 대륙이 남극과 맞닿아 있는 것으로 그려놓았고, 수없이 많은 배들이 이 소득 없는 탐험에서 좌절하였으며, 스페인은 풍요로운 인도양의 육지와 바다들로부터 결정적으로 차단되어 있다는 사실에 승복해야만 하였다. 아무리 애써 보아도 그토록 열렬히 찾아헤매는 통로는 모습을 드러내려 하지 않았다. 이때 갑자기 무명의 보잘것없는 함장 마젤란이 절대적인 확신을 가지고 선언한 것이다.

"대서양에서 태평양에 이르는 통로는 존재한다. 나는 그것을 안다. 그 장소가 어디인지도 알고 있다. 나에게 함대를 달라. 그러면 내가 그 통로를 가르쳐주고 동에서 서로 지구를 일주해 보이겠다."

옛 기록에서 비밀의 통로를 발견하다

마젤란의 계획은 그 자체로는 전혀 새로운 것이 아니었다. 이미 그러한 계획은 콜럼버스나 베스푸치, 코르테레아, 코르테츠나 카보트 등도 세웠던 것이다. 그가 남들과 달랐던 것은 인도로 가는 서쪽 항로가 존재한다는 것을 확신에 차 주장했다는 점이었다. 그는 다른 사람처럼 "어디에선가 이 통로를 발견하리라 생각합니다"라고 겸손하게 말하지 않았다. 그 대신 처음부터 확신이 담긴 단호한 목소리로 "나는 그 통로를 발견할 것이다"라고 말했다. 그만이 대서양과 태평양 사이에 통로가 있다는 것을 알고, 어느 지점에서 그 길을 발견할 수 있을지도 안다는 것이었다.

그러나 (이는 수수께끼일 수밖에 없는데) 어떻게 마젤란이 다른 항해자들이 그토록 찾아헤매던 통로가 있는 곳을 미리부터 알 수가 있단 말인가. 직접 배를 탔던 동안에는 아메리카 대륙에 가까이 가본 적도 없고, 그의 동료 팔레이루도 마찬가지였다. 확신을 가지고 이 통로가 존재한다는 것을 주장한다면 그 존재 여부와 위치를 직접 목격한 한 선배에게 들었을 수는 있다. 그러나 다른 항해자가 마젤란보다 먼저 이 길을 발견했다면 (난처한 상황이지만) 마젤란은 역사에서 칭송되듯 이름도 찬란한 발견자가 아니라 단순한 표절자에 불과하며, 다른 사람의 업적을 찬탈한 자가 되는 것이다. 그렇다면 마젤란 해협은 아메리카 대륙이 발견하지도 않은 아메리고 베스푸치의 이름을 딴 것처럼 결코 올바른 명칭이 아닌 것이다.

마젤란의 계획에는 몇 가지 의문점이 숨어 있었다. 과연 마젤란은 누구에 의해서, 어떤 경로로 대양과 대양을 가로지르는 통로가 있다는 확실한 정보를 얻은 것인가? 그리고 지금껏 불가능하다고 믿어왔던 사실을, 즉 지구를 한 방향으로 계속해서 항해할 수 있다는 것을 어떻게 약속할 수 있었는가? 이 같은 의문점에 대한 해답은 훗날 마젤란의 항해에 따라나섰던 안토니오 피가페타의 기록에서 찾을 수 있다. 그는 태평양과 연결되는 통로의 입구가 눈앞에 보였을 때조차도 함대 내의 어느 누구도 두 대양을 이어주는 해로가 존재할 수 있다는 것에 대해 믿지 않았다고 적고 있다. 오직 마젤란의 확신만이 이 순간에도 흔들리지 않는 것처럼 보였는데, 그는 이미 전부터 알려지지 않은 해로가 존재한다고 분명히 알고 있었던 듯싶고, 그것은 유명한 우주학자 마틴 베하임의 지도를 마누엘 왕의 비밀서고에서 뒤져본 덕택인 것 같다고 적어놓았다.

피가페타의 진술은 전체적으로 보아 신빙성이 있었다. 실제로 마틴 베하임은 죽기 전까지(1507) 포르투갈 국왕의 지도제도사로 재직하였다. 다른 한편으로 우리는 말수가 적은 마젤란이 당시 왕궁 비밀서고에 출입했던 것도 알고 있다. 그러나 마틴 베하임은 개인적으로는 어떤 해외 탐험에도 가담한 적이 없으니 이 통로에 대한 놀라운 정보 또한 다른 항해자에게서 전해 들었음이 분명하다. 그에게도 다른 선행자가 있었다는 말이 된다. 질문은 계속된다. 그러면 대체 누가 선행자란 말인가? 진정한 발견자라고 할 수 있는, 이 알려지지 않은 항해자들은 대체 누구란 말인가? 베하임의 지도와 지구본이 완성되기 전에 이미 포르투갈 배들이 대서양에서 태평양으로 통하는 이 비밀의 통로까지 항해해나갔단 말인가? 실제로 권위 있는 문서들은 15세기 초엽 많은 포르투갈 탐험대가(그 중 한 대는 베스푸치가 이끌었다) 브라질과 어쩌면 아르헨티나의 해안까지 정탐했음을 확인해주고 있다. 그렇다면 이 탐험대가 통로를 발견했음에 틀림없다.

그러나 또 다른 질문들이 생겨난다. 얼마나 멀리까지 이 의혹의 탐험대는 나아간 것일까? 정말로 마젤란 해협까지 다다른 것일까? 마젤란 이전에 이미 다른 사람들이 이 '통로'에 대해 알고 있었으리라는 견해를 뒷받침하는 것이라고는 피가페티의 진술과 현존하는 요한 쉐너의 지구본 이외에는 없다. 이 지구본은 놀랍게도 마젤란이 출항하기 전인 1515년에 이미 남쪽 항로를 분명하게 가리키고 있

16세기 초 브라질 탐험기사가 실린 '신문'의 제1면.
뮌헨 바이어른 국립도서관 소장.

다(물론 전혀 다른 위치이긴 하지만). 그러나 베하임과 쉐너가 누구에게서 정보를 얻었는지는 밝혀지지 않았다. 탐험시대에는 모든 국가가 장사꾼다운 샘을 내면서 자기네 탐험 결과가 비밀로 지켜지도록 엄격히 감독했다. 키잡이의 항해일지와 함장의 일지, 지도와 포르토레인 등은 리스본의 비밀서고에 극비로 보관되었다. 게다가 마누엘 왕은 1504년 11월 13일, 성명서를 통해 포르투갈의 탐험 결과를 타국의 이득을 위해 건네주는 자는 사형에 처하겠노라고 하였다.

그런데 최초 해로 발견의 의문에 대한 해답이 될 만한 하나의 단서가 나타났다. 그것은 질 나쁜 종이에 독일어로 쓰인 팸플릿이었는데, 거기에는 '브라질'에서 온 신문(이것은 최초의 신문이다)의 복사물이라고 쓰여 있었다. 이 종이는 포르투갈에서 당세기 초 어떤 해외상관의 주임이 아우구스부르크의 대상인인 벨저가(家)에 보낸 보고서였다. 서투른 독일어로 쓰인 이 보고서에는 포르투갈 배 한 척이 위도40도 부근에서 곶(캅)을 발견하고서(아마 희망봉을 말하는 듯) 순항을 하였는데, 저 멀리로 동에서부터 서쪽으로 지브랄타 해협과 비슷한 넓은 해로가 뻗어 있었고, 이 길을 통하면 향료군도인 몰루켄에 쉽게 도달할 수 있다는 내용이 적혀 있었다. 따라서 이 보고서는 대서양과 태평양이 서로 연결되어 있다고 명백히 주장하고 있는 것이다.

물론 그들이 해협을 정말 발견한 것은 아니었다. 그 알려지지 않은 포르투갈 탐험대는 실제로 마젤란 해협에 도달한 적이 없고, 마젤란이 마틴 베하임이나 요한 쉐너처럼 신빙성 있는 자료라고 철석같이 믿었던 보고서가 사실은 오해에서 빚어진, 아주 쉽사리 납득할 만한 착오였던 것이다. 그렇다면 이 키잡이들이 위도 40도 부근에서 본 것이 과연 무엇이었겠는가? '신문'의 목격자는 어떻게 보고하고 있는가? 이에 따르면 이 항해자들이 40도 근방에서 하나의 만(灣)을 발견했다는 것이고, 이틀 동안이나 그 만을 항해해나가도 끝이 나지 않아서 결국 이 만이 흘러 들어가는 곳이 어디인지 알아내지도 못한 채 폭풍에 쫓겨 되돌아올 수밖에 없었다는 것이다. 그러므로 그들은 이 해로가 시작되는 것을 보았고 (단순한 추측에 불과한 것이었지만) 그것이 그토록 찾아헤매던 태평양으로 들어가는 통로라고 믿었던 것이다.

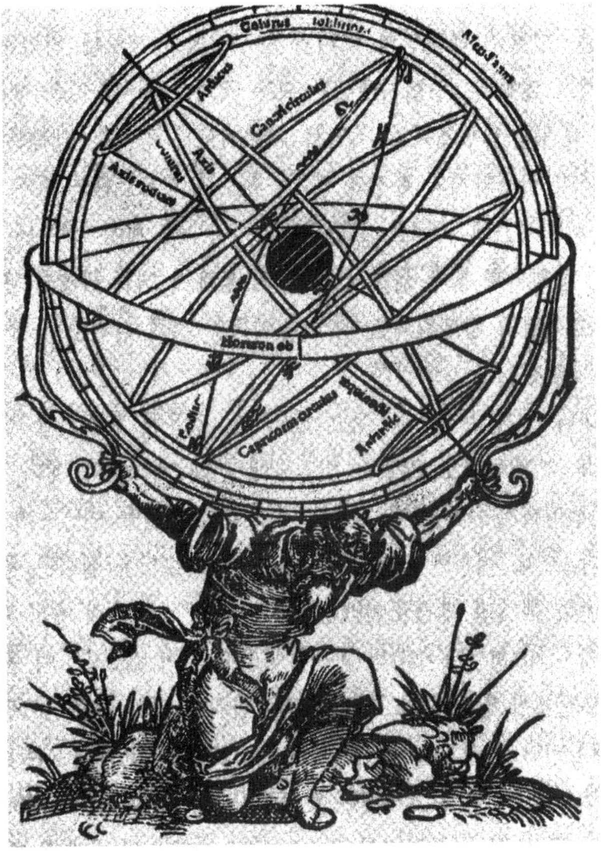

지구의.
쇠너의 『지리학』(1533)에서 발췌한 목판화.

마젤란이 실제로 발견한 통로는 위도 52도 부근에 위치해 있었다. 그렇다면 이 항해자들이 40도 근방에서 본 것은 무엇이었을까? 라플라타 강이 바다로 흘러 들어가면서 바다처럼 넓은 면을 이루는 것을 본 사람이면 누구라도 이 강의 거대한 하구를 만이나 바다로 착각할 수밖에 없을 것이다. 그러므로 유럽에서 한 번도 그토록 거대한 강물을 본 적이 없던 이 항해자들이 이 망망하게 펼쳐진 강물을 보고 이것이야말로 바로 그 숙원의 통로임에 틀림없다고 환호성을 올렸던 것이다.

그 항해자들이 실제로 이 거대한 강을 해협으로 착각하였다는 것은 그들의 진술에 따라 훗날 그려진 지도들이 무엇보다 정확하게 증명해주고 있다. 만일 이들이 라플라타 강 외에도 남극으로 좀 더 가까이에 있는 진정한 통로인 마젤란 해협을 발견했다면, 분명히 포르토레인에 그것을 언급했을 테고. 쉐너도 지구본에 지구에서 가장 거대한 강인 라플라타를 표기했을 것이다. 그러나 쉐너나 다른 사람들의 지도에도 라플라타 강은 표시되어 있지 않았고, 대신 그 위도상에 신비의 해로인 '파소'를 그려놓은 것이다. 결국 그 신문에 실린 목격자들은 유감스럽게도 착각을 한 것이었다. 그리고 마젤란은 그 잘못된 정보를 믿고 '파소'에 대한 신빙성 있는 정보를 갖고 있다고 주장한 셈이었다.

그러나 누가 이 오류를 경멸할 수 있단 말인가! 시대정신에 의해 건드려지고, 우연에 의해 인도되면 가장 어처구니 없는 오류에서도 최고의 진실이 생겨날 수 있는 법이다. 학계의 수백, 수천의 중요한 발명들도 잘못된 가정에서 야기되지 않았던가.

지구의 범위를 순엉터리로 계산해놓고 최단거리로 인도의 동해안에 닿을 수 있으리라고 한 토스카넬리의 지도가 없었다면 콜럼버스는 대양으로 떠나려 하지도 않았을 것이다. 만일 마젤란이 부정확한 베하임의 지도와 포르투갈 키잡이들의 허무맹랑한 보고서를 바보스러울 만큼 우직하게 믿지 않았더라면 그에게 함대를 달라고 군주를 설득하지도 못했을 것이다.

자신이 비밀을 알고 있다는 믿음 하나로 마젤란은 그가 살던 시대의 가장 큰 지리학적 비밀을 풀어낼 수 있었던 것이다. 덧없는 망상에 온 영혼을 바쳤기 때문에 그는 결코 스러지지 않을 진실을 발견한 것이다.

실 현

스페인 왕을 설득하여 항해 지원을 얻어내다

1517. 10. 20 ~ 1518. 3. 22

마젤란은 결단을 내려야만 했다. 그는 당대의 그 어느 누구도 가슴에 품어본 적이 없는 대담한 계획을 가지고 있었다. 또한 특별한 정보 덕분에 이 계획은 이루어질 수밖에 없다는 확신을 갖고 있었다. 그러나 그토록 경비가 많이 들고 위험하기 짝이 없는 모험을 어떻게 실행에 옮길 수 있단 말인가. 왕은 그를 내쫓았고, 친분이 있는 포르투갈 선주들에게서도 후원을 기대할 수 없었다. 왕궁의 미움을 사고 있는 사람에게는 배의 지휘권을 맡기려 들지 않았기 때문이다. 이제 남은 길은 단 하나, 스페인에게 도움을 청하는 것뿐이었다. 그곳에서, 오직 그곳에서만 마젤란은 원조를 바랄 수 있었고, 그라는 인물이 가치가 있을 수 있었다.

그는 리스본의 비밀서고에서 귀중한 자료를 가져가는 데 그치지 않고, 탐험을 위해 더욱 귀중하다고 할 또다른 정보도 스페인에 제공해주었다. 동료 팔레이루가 측량한 바에 따르면(마젤란이 잘못된 정보를 얻은 것처럼 그의 계산도 잘못되었다) 이 향료군도가 교황이 스페인에게 할당해준 영역에 놓여 있고, 따라서 소유권은 포르투갈이 아니라 스페인에 있다는 것이었다. 세상에서 가장 풍요로운 섬들과 거기에 이르는 최단거리를 이 작은 포르투갈의 함장이 칼 5세에게 지참금으로 바치는 것이었다. 바로 이런 사정들 때문에 그는 스페인 왕궁의 원조를 기대했다. 고통스런 대가는 치러야 할 테지만 오로지 그곳에서만 그는 자신의 계획과 꿈을 실현시킬 수 있는 것이었다.

이제 스페인의 도움을 청하려면 포르투갈 기사계급에 속하는 이름인 마젤랴에스를 벗어던져야 했다. 국왕은 그를 경멸할 테고, 자기 민족은 앞으로 수백 년 간이나 배신자, 불명예스러운 변절자로 취급할 것이었다. 마젤란이 자발적으로 국적을 버리고 다른 나라를 섬길 수밖에 없었던 절망적인 행동을 외국의 함대를 끌고 항해에 나섰던 콜럼버스나 카보트, 카다모스토나 베스푸치 등의 행동과 비교할 수는 없다. 마젤란은 조국을 버렸을 뿐 아니라(이것을 무시해서는 안 된다) 향료군도가 이미 조국에 의해 점령되었다는 것을 알고 있었음에도 불구하고 라이벌 국가의 손에 쥐어줌으로써 조국에 피해까지 입혔기 때문이다. 그는 심지어는 리스본의 비밀서고에서 얻은 비밀을 국경 너머로 빼돌림으로써 반역 행위까지 했다. 마젤란은 포르투갈의 귀족이자 함장이었다. 때문에 그의 행위는 오늘날 한 장교가 비밀 군사지도와 작전계획을 적군에게 건네주는 범죄를 저지른 것과 마찬가지였다. 한 가지 긍정적인 면은 그가 밀수꾼처럼 비겁하고 소심하게 국경을 넘어간 것이 아니고, 그를 기다리고 있는 모든 치욕을 알면서도 당당하게 적진으로 들어갔다는 점이다. 그러나 창조적인 인간은 단순한 국가법이 아닌, 보다 높은 법의 지배를 받게 된다. 예를 들어 전인류를 진흥시키는 탐험이나 업적을 완수하려는 사람에게 진정한 고향이란 더 이상 조국이 아니라, 일 그 자체인 것이다.

마젤란은 수년 동안 조국에 충성을 바쳐온 지금 인생의 중반에 들어서야 자신의 과제를 인식했다. 그러나 조국이 이 과제를 실현하지 못하도록 하였으니 이제는 새로운 조국을 찾아야 했다. 마젤란은 신념과 불멸의 행위 속에서 다시 태어나 꽃을 피우기 위하여 자신이 한때 지녔던 이름과 시민으로서의 명예를 단호하게 버렸다.

새로운 탐험의 문을 열다

기다림과 인내와 계획의 시간은 지나갔다. 1517년 가을, 마젤란의 담대한 결심은 행동으로 옮겨졌다. 아직 용기를 못 낸 파트너 팔레이루는 당분간 포르투갈에 남겨놓고 스페인 국경을 넘으면서 생의 경계를 넘었다. 오래 전부터 그림자처럼 그를 따라다니는 노예 엔리크와 함께 그는 1517년 10월 20일 세비야에 도착했다. 당시 세비야는 스페인의 새로운 왕이 된 카를로스 1세의 수도는 아니었다. 두 세계의 지배자 칼 5세라고 불리는 열여덟 살의 군주는 플랑드르를 떠나 이제 막 산탄데르에 도착하여 바야돌리드 궁으로 가는 중이었다. 그곳에서 11월 중순부터 집무에 들어갈 터였다. 그때까지 기다리는 시간을 효과적으로 보낼 수 있는 곳으로는 세비야가 안성맞춤이었다.

이 항구는 인도로 가는 길목이었고, 서쪽으로 떠나는 범선들은 대부분 구아달키비르 강에서 출발하였다. 상인들과 함장, 중개

이국적인 식물계.
드 브리의 여행기(1601)에서 발췌한 동판화.

인, 해외상관들이 너무도 정신없이 밀어닥치자 왕은 이곳에 독자적인 무역관을 세우도록 하였는데, 그것이 저 유명한 카사 데 라 콘트라타시온으로, 인도관(도무스 인디카)이나 해양관(카사 델 오세아)이라 불리기도 했다. 이곳에는 항해자와 상인들에 관한 갖가지 정보와 보고서들이 수집, 보관되어 있었다. 인도관은 상품거래소이면서 동시에 항해 중개업소이기도 했다. 해양 상업회의소라는 이름이 아마 가장 적합하리라. 이곳은 안내소이자 상담소로서, 원정대의 재정을 지원해주는 상인들과 원정을 맡을 함장들이 관청의 감독하에 서로 합의를 이루는 곳이었다. 누구든지 스페인 국기를 달고 새로운 탐험을 떠나려면 맨 먼저 이 카사 데 라 콘트라타시온으로 와서 자기소개를 하고 허가나 원조를 얻었다.

마젤란은 이러한 필수적인 단계를 밟으려고 서두르지 않았다. 이는 그가 뛰어난 자제 능력이 있고, 침묵과 기다림의 천재라는 점을 다른 무엇보다도 잘 증명해주는 부분이다. 냉정하고 현실적인 인간이었던 마젤란은 자신의 기회를 따져보고는 너무 약하다고 판단했다. 그는 누군가가 카사 데 라 콘트라타시온의 문고리를 당겨주어야만 비로소 그 안으로 들어갈 수 있다는 것을 알았다.

대체 이곳에서 누가 그를 알겠는가? 7년 동안이나 동양을 떠돌았다는 것, 그가 알메이다와 알부케르크 밑에서 싸웠다는 사실은 이 도시에서는 별로 특별할 것도 없었다. 이곳에서는 선술집이나 주막집마다 한물간 모험가들과 낙오자들로 들끓고, 콜럼버스나 코르테아, 카보트와 함께 항해했던 함장들이 아직도 살아 있었다. 그가 포르투갈 사람이고, 그 나라 왕은 그에게 관심도 없다는 것, 그리고 그가 망명객이고 엄격한 의미에서는 변절자라는 사실은 결코 추천할 만한 사항이 못되었다. 아니, 카사 데 라 콘트라타시온은 이 생면부지의 무명인을 결코 신뢰하지 않을 것이었다. 따라서 마젤란은 카사의 문지방도 넘지 않았다. 그는 이러한 경우엔 어떻게 해야 하는지 알 만큼은 아는 사람이었다. 우선 다른 사람들처럼 '끈'을 만들고 추천해줄 사람을 찾아야만 했다. 권력과 돈을 쥐고 있는 사람들과 협상에 들어가기에 앞서 스스로 권력과 재력을 등에 업어야 하는 것이었다.

선견지명이 있던 마젤란은 이미 포르투갈에서부터 끈을 만들어놓고 있었다. 포르투갈을 버리고 이곳에 와서 14년 전부터 병기청장이라는 중책을 맡고 있는 디에고 바르보사가 바로 그 끈이었다. 마젤란은 그의 환영을 받았다. 온 도시에서 높이 존경받고, 산티아고 기사단의 단원이라는 신분 덕분에 그는 마젤란을 위한 이상적인 보증인이 되었다. 바르보사 가문은 마젤란 가문과 친척 관계였다. 그러나 이 두 사람을 첫 대면 때부터 어느 면 친척 관계보다도 더 가깝게 맺어준 것은, 디에고 바르보사 자신도 마젤란처럼 인도항해자였다는 사실이었다. 그의 아들 두아르테 바르보사도 아버지에게서 모험심을 물려받았다. 그 또한 배를 타고 인도와 페르시아, 말라야 바다를 돌아다녔고, 그가 편찬한 여행기 『두아르테 바르보사의서』는 당시 높은 평가를 받고 있었다. 이 세 사람은 곧 친구가 되었다.

오늘날도 같은 전선에서 싸운 장교나 사병들은 일생동안 저들만의 사회를 만들 정도인데, 당시 몇십 명 정도밖에 되지 않는 바다의 노병들이 열렬한 동지의식을 느낀 것은 당연했다. 그들에게는 살인적인 항해와 역경 속에서 살아서 돌아온 것만도 기적과 같은 것이었을 테니 말이다. 바르보사는 친절하게도 마젤란을 자기 집에 묵으라고 하였고, 머지않아 그의 딸인 바바라는 이 서른일곱 살의 정력적이고 위엄 있는 사람에게 호감을 느끼기 시작했다. 그해가 가기도 전에 마젤란은 병기청장의 사위로 간주되었고, 이로써 그는 세비야에 의지할 곳이 생겼다. 포르투갈의 망명객은 이제 스페인으로 귀화하였다. 이제부터는 더이상 떠돌이가 아니었고, 세비야 주민으로 대접받게 된 것이다. 마젤란은 바르보사와의 친분과 예정된 인척관계를 바탕으로 신용을 얻었고, 부인의 지참금 60만 마라베디 덕분에 이제는 아무 걱정 없이 카사 데 라 콘트라타시온의 문턱을 넘게 되었다.

그가 거기에서 어떤 상의를 하고, 반응이 어떠했는지에 대해서는 믿을 만한 보고서가 없다. 후이 팔레이루와 서약을 한 마젤란이 자신의 계획 중에서 얼마만큼이나 위원회에 소개하였는지도 우리는 알지 못한다. 위원회가 그의 제안을 차갑게 거절했다거나 비웃었다는 이야기는 아마도 콜럼버스의 경우에 빗대어 꾸며진 이야기일 것이다. 단지 분명한 것은 카사 데 라 콘트라타시온이 책임과 위험을 감수하고 이 알지도 못하는 사람의 계획에 말려들어가고 싶지도 않았고, 그럴 수도 없었다는 점이다. 전문가들이란 직업상 모든 비범한 것에 대해서 의심을 가질 수밖에 없다. 그렇기 때문에 이번에도 역사상 중요한 업적이 해당관청의 도움을 받지 못한 채, 아니 오히려 그들과 대립하면서 이루어지게 된 것이다.

가장 중요한 심의기관으로서의 인도관은 마젤란에게 아무런 원조도 베풀어주지 않았다. 국왕의 알현실로 이르는 수많은 문 가운데 첫 번째 문이 열리지 않은 것이다. 마젤란에게는 절망의 나날이었을 것이다. 그곳까지의 여행도, 추천서도, 제시한 측량도도 모두 헛수고였다. 웅변술, 정열, 이 모든 것도 아무런 결실을 맺지 못했다. 그의 논지는 이 위원회의 세 전문가에게 신뢰를 얻지 못했던 것이다. 그러나 예기치도 않게 함께 앉아서 그의 계획을 들었던 위원 세 명 중 한 사람이(면담 당시에 그는 불만스러워했고 별로 호의적이지 않았다.) 개인적으로 그의 계획에 상당히 강한 인상을 받았다는 소식이 전해졌다. 카사의 사무장인 후안 데 아란다가 몹시도 흥미롭고, 전망도 좋아 보이는 이 계획에 관하여 개인적으로 좀더 많은 것을 알고 싶으니 연락을 취해주었으면 한다는 것이었다.

행복에 겨운 마젤란에게 하늘의 계시처럼 보였던 사건은, 그러나 실제로는 지극히 현실적인 문제였다. 후안 데 아란다는 당시의 황제나 왕, 함장, 상인들이 모두 그렇듯이 지구의 발견과 인류의 복지에는 관심이 없었다. 그로 하여금 마젤란의 후원자가 되도록 만든 것은 고귀한 생각이나 순수한 열정이 아니었다. 이 카사의 사무장은 이윤에 밝은 사업가로서 마젤란의 계획이 좋은 돈벌이가 되리라는 것을 감지한 것이었다. 무엇인가가 이 노련한 사업가에게 깊은 감동을 주었음에 틀림없는데, 그것은 마젤란이 제시한 명확한 논증 방법일 수도 있고, 아니면 그의 남자답고 확신에 찬 거동이었을 수도 있다. 아니면 이 무명의 포르투갈 함장이 가진 확신이 그에게 전달되었을 수도 있다. 직감인지 모르지만 아무튼 그는 이 거창한 탐험 뒤에 숨겨진 엄청난 규모의 사업가능성을 감지했던 것이다. 투자를 하고 중개비를 취하는 방식(왕궁의 관리로서 탐험 계획을 기각시키고 사적으로는 남모르게 관여한다는 행동)이 명예롭고 분명한 행동이라고는 할 수 없다. 훗날 카사 데 라콘트라타시온은 후안 데 아란다가 계획에 동참한 사실을 두고 실제로 소송을 제기하기도 했다.

방법이 어떻든 마젤란은 전진해야만 했다. 그 때문에 후이 팔레이루와의 약속에 따라 누설하면 안 될 비밀까지도 밝혀버렸다. 다행스럽게도 아란다는 이 계획에 완전 동조한다는 뜻을 나타냈다. 물론 그는 이 생면부지 사람과의 위험한 사업에 재력과 영향력을 투자하기 전에 나름대로 취할 수 있는 조처를 취하였다. 포르투갈로부터 마젤란과 팔레이루에 대한 정보를 수집했던 것이다. 그가 비밀리에 접촉한 상담인은 크리스토퍼 데 하로로였다. 그는 남브라질로 떠난 초창기의 탐험대를 지원했던 사람이고, 일과 사람에 대한 해박한 지식을 갖고 있었다. 그가 내린 평가는(이 또한 행운이었겠지만) 아주 우수했다. 마젤란은 경험이 풍부하고, 실전에도 강한 항해자이고, 팔레이루는 천체학자로 정평이 나 있다는 것이었다.

마지막 장애는 해결된 셈이었다. 이때부터 해양에 관한 한 왕궁에서 결정권을 쥐고 있는 인도관의 사무장은 마젤란과 자신의 사업을 이끌고 나가기로 결심하였다. 마젤란과 팔레이루에 이어 후안 데 아란다까지 이제 3인 체제가 된 셈이었다. 이 3인 체제에서 마젤란은 실제적인 경험을, 팔레이루는 이론적 지식을, 후안 데 아란다는 그가 가진 영향력을 기본자산으로 투자하였다. 아란다는 곧바로 카스티야의 재상에게 장문의 편지를 써서 이 사업의 중요성을 설명했고, 마젤란을 국왕에게 공헌을 세울 수 있는 사람으로 추천했다. 정부 고문관 개개인들을 설득했고, 마젤란에게 국왕 알현의 기회를 마련해주었다. 이 활동적인 중개인은 직접 바야돌리드 궁까지 동반해주겠노라 하였고, 한걸음 더 나아가 여행 경비와 체제비까지도 선불로 주었다. 절망적인 상황은 하룻밤 사이에 바뀌었다. 마젤란은 이제서야 자신의 담대한 바람이 이루어진 것을 알았다. 스페인에서의 한 달 간 그는 10년 간 몸 바쳐 일해 온 고향에서보다 더 많은 것을 이룰 수 있었다. 이제 왕궁의 대문이 활짝 열리자 팔레이루에게 모든 일이 순조롭게 진행되니 아무 걱정 말고 어서 세비야로 오라고 써 보냈다.

항해 지원을 승낙한 스페인 왕

마젤란은 팔레이루가 감격에 들떠 협상이 급격히 진행된 것을 축하하리라 여겼다. 그러나 상황은 예상과는 정반대였다. 까다롭고도 상처받기 쉬운 성격의 후이 팔레이루는 마젤란이 주도권을 잡음으로써 자신이 뒷전으로 물러나게 되었다는 사실 때문에 격분하고 있었다. 게다가 현실적인 문제에 지극히 무지했던 그는 아란다가 순수한 인류애 때문에 마젤란을 왕에게 소개하려는 것이 아니라, 단순히 미래에 얻어질 이윤을 보고 참여했다는 사실을 알고는 무섭게 폭발했다.

팔레이루는 마젤란이 약속을 깨고 양해도 없이 비밀을 누설했다고 비난하였다. 발작적인 분노에 휩싸여 아란다가 그들의 경비를 지불했음에도 불구하고 자기는 바야돌리드 궁으로 함께 떠나지 않겠다고 고집을 부렸다. 팔레이루의 우직스러운 고집 때문에 모든 계획이 무산될 위기에 놓였다. 그런데 그 순간 왕의 알현이 허가되었다는 소식이 전해져 왔다. 그러자 분담금에 대한 협상이 다시 시작되었고, 왕궁의 성문 앞에 도착한 마지막 순간에 가서야 세 사람은 다행히 합의에 이르렀다. 사냥을 시작하기도 전에 잡을 곰 가죽을 놓고 분배가 이루어진 것이다. 아란다는 중개자 역할로 8분의 1을 배당받았는데, 이 영리하고 활력적인 사람이 이루어놓은 일을 생각할 때, 결코 넘치는 보수는 아니었다. 그는 상황을 잘 알고 이를 조정할 줄도 알았다.

아직은 자신이 가진 막대한 권력을 사용하는 데 미숙하기만 한 국왕 앞에서 궁정평의회의 마음을 움직여야 했다. 이 평의회의 분위기는 마젤란의 계획에 불리한 듯 보였다. 네 명의 위원들 중 세 명은 에라스무스의 친구이자 훗날 교황이 된 아드리엔 폰 우트레히트 추기경과 국왕의 옛 스승인 기욤 드 크로아, 그리고 소비지 니이더랜더 재상 등이었다. 이들의 관심은 독일로만 향해 있었다. 그곳에서 스페인 왕 카를로스는 신성로마제국의 황제로 등극할 것이고 합스부르크 왕가의 군주로서 세계를 지배할 것이었다. 이들 봉건 제후들과 인문주의자들에게는 스페인의 국익을 위한 해외 원정은 전혀 관심 밖이었다.

이 중에서 유일한 스페인인이고, 카사의 감독관으로서 항해 분야에 절대적인 전문지식을 보유하고 있던 사람은 부르고스의 주교인 악명 높은 추기경 폰세카였다. 아란다가 폰세카의 이름을 거론

했을 때 마젤란은 깜짝 놀랐을 것이다. 콜럼버스가 일생 가장 미워한 자가 바로 이 추기경이었다는 사실은 항해자라면 모르는 사람이 없었다. 이 현실적이고 이재에 밝은 추기경은 모든 허무맹랑한 계획을 극도로 불신하고 있었다. 그러나 더 이상 잃을 것도 없는 마젤란에게 남은 것은 오직 이기는 길뿐이었다. 그는 마음을 단단히 먹고, 고개를 들고 평의회에 나갔다. 자신의 생각을 변호하고 원정을 허락받아야 하는 것이었다.

이 결정적인 회의에서 어떤 말들이 오갔는지에 대해서는 숱한 보고서들이 있지만 어느 것도 신빙성 있는 것은 아니다. 이 다부진 남자의 태도와 설명은 첫 순간부터 강한 인상을 심어주었음에 틀림없다. 국왕의 평의원들은 이 포르투갈 함장이 예전 콜럼버스가 성공한 이래 여러 가지 계획을 가지고 몰려들었던 허풍쟁이나 사기꾼과 달랐음을 알아차렸다. 이 사람은 실제로 어느 누구보다도 멀리까지 동양을 항해하고 돌아왔다. 향료군도에 대해 이야기할 때면 지리적 위치, 그곳의 기후, 그리고 엄청난 보화들에 대하여 언급하였다. 바르테마를 알고 있고 세하웅과 친하다는 사실 때문에 그의 진술은 스페인 서고의 그 어느 정보보다도 더 신빙성이 있었다.

그러나 마젤란은 결정적인 패는 내놓지 않고 있었다. 그는 말라카에서 데리고 온 노예 엔리크에게 앞으로 나오라고 손짓하였다. 평의원들은 크게 놀라워하며 이 골격이 작고 날렵한 말라야인을 쳐다보았다. 지금껏 한 번도 이러한 인종을 구경한 적이 없었던 것이다. 이에 힘입어 마젤란은 수마트라에서 데리고 온 여자노예 한 명을 또 불러냈다. 그녀는 알아들을 수 없는 언어로 조잘대기 시작했는데 마치 색깔이 고운 벌새 한 마리가 알현실로 날아 들어온 것 같았다. 마지막으로 마젤란은 가장 중요한 증거물로 테르나테의 제독이 된 친구 세하웅의 편지를 읽었다. 이 나라는 바스코 다 가마가 발견한 대륙보다 더 광대하고 풍요롭다는 귀절이었다. 이렇듯 평의회 사람들의 관심을 일깨운 다음에야 비로소 마젤란은 자신의 계획을 밝혔다.

"헤아릴 수 없이 많은 보화가 쌓여 있는 향료군도는 인도 동쪽에 위치하고 있다. 포르투갈인들이 하듯이, 동쪽으로 아프리카를 거쳐 인도양을 지나서 순다 해협에 도착하는 것은 시간만 낭비하는 우회항로이다. 보다 안전한 방법은 서쪽으로 항해하는 것인데 이것은 바로 교황이 스페인에게 지정해준 방향이다"라는 것이었다. 또, "이 서쪽 항로는 신대륙이 가로막고 있어 그 남단으로 항해를 할 수 없다고들 하지만 그것은 모르고 하는 소리다. 자신은 이곳에 통로(파구 에스트레초)가 있다는 확실한 정보를 가지고 있다. 그래서 그에게 함대를 갖추어주면 자기와 후이 팔레이루가 가진 비밀을 스페인 국왕을 위해 사용할 것을 약속하겠다"고 했다.

탐험대를 몰루켄에 보냄으로써 교황이 포르투갈령으로 분배한 영역에 침입하게 될지도 모른다는 우려도 나왔으나 이에 대해 마젤란은 "그 장소가 어딘지도 정확히 알고, 후이 팔레이루가 측정한 바에 의하면 이 보물섬이 의심할 여지도 없이 교황이 스페인에게 귀속시킨 경계 내에 있다는 것을 증명해 보일 수 있다. 그러므로 명백한 우선권에도 불구하고 포르투갈이 스페인령에 자리잡을 때까지 기다리고만 있는 것은 스페인의 실책"이라고 강조했다. 또 "이 지구의 보물창고를 향해 손을 뻗고 있는 스페인은 자기가 말하는 이 항로를 통해서만 포르투갈을 앞지를 수 있다. 그리고 폐하는 이미 막강한 제후이기는 하지만 이 섬들을 소유한다면 지구상에서 가장 부유한 제후가 될 것"이라는 말도 덧붙였다.

마젤란은 잠시 뜸을 들였다. 이제 그의 연설이 실제적인 면에서 이론적인 면으로 옮아가서 향료군도가 스페인 소속이라는 것을 지도를 가지고 증명해야 할 단계였다. 마젤란은 옆으로 물러나서 그의 동료 팔레이루에게 천체학적인 논증을 맡겼다. 후이 팔레이루는 커다란 지구본을 끌어내었다. 그의 설명에 따라 사람들은 향료군도가 교황의 분리선 저편에 놓여 있어 스페인 영토에 속한다는 것을 확인할 수 있었다. 손가락으로 짚어가면서 그는 마젤란과 자기가 어떠한 항로를 밟아갈지 설명했다. 물론 후이 팔레이루가 계산해낸 길이와 넓이에 대한 모든 측정이 철두철미하게 엉터리였음은 나중에 밝혀졌다. 이 골방 지질학자는 아직 발견되지도 않고 항해해보지도 않은 태평양의 폭을 짐작조차 할 수 없었기 때문이다. 20년이 지난 다음에야 이 모든 추론이 오류였다는 것을, 그래서 향료군도가 스페인이 아닌 포르투갈의 영해에 자리잡고 있다는 것이 확인되었다. 그러나 사람들은 신분을 막론하고 언제나 자신에게 이익을 가져다주는 것만을 믿기 마련이다. 이 학식이 높은 천체학자가 향료군도가 스페인에 속한다는 것을 설명하자 스페인 의원들은 그의 기분 좋은 해석을 반박할 필요를 느끼지 않았다. 그러고 나자 몇몇이 이 지구본에는 아직 표시가 되어 있지 않은데 대체 아메리카를 통과하는 통로가 어디에 있는지 궁금해 했다. 그러나 팔레이루는 의도적으로 그 위치를 그려넣지 않았는데, 이 위대한 비밀은 최후의 순간까지 누설되면 안 되기 때문이라는 것이었다.

황제와 의원들은 듣고만 있었다. 어쩌면 무관심하게, 어쩌면 이미 관심은 싹텄을지도 모른다. 이때 예상하지 않았던 일이 벌어졌다. 인문주의자들도, 학자들도 열광하지 않았다. 그러나 모든 항해자들이 두려워하는 회의론자 폰세카가 마침내 지구의 둘레를 확인하고 지금까지의 세계지도를 무용지물로 만들고야 말 마젤란의 계획에 찬성한다는 뜻을 밝힌 것이다. 어쩌면 그는 남몰래 콜럼버스를 쫓아버린 데 대한 세계사상의 죄를 통감하고 있었는지도 모른다. 그래서 또 한 번 그러한 위대한 생각의 적대자로 비난받고 싶지 않았는지도 모른다. 아니 어쩌면 마젤란에게 허용한 오랜 개별면담을 통해 확신이 생겼는지도 모른다. 아무튼 그의 추천 덕분에 결정은 내려졌다. 원칙적으로 계획안은 승인되었고, 마젤란과 팔레이루는 그들의 요구조건과 제안을 서면으로 궁정의회에 제출하라는 공식적인 명령을 받았다.

이 알현으로 이제 모든 것이 이루어진 셈이었다. 불과 몇 주일 동안 그는 지난 몇 년 동안 받은 것보다 더 많은 것을 받았다. 사랑하는 아내를 만났고, 힘을 북돋아주는 친구들을 만났고, 후원자는 그의 이상이 자기 것인 양 도와주고 국왕은 그를 신뢰했다. 행운은 행운을 불러온다고 했던가. 이 흥미진진한 게임에서 또 하나의 결정적인 으뜸패가 손에 들어왔다. 이즈음에 세비야에 생각지도 않게 유명한 선주 크리스토퍼 데 하로가 나타났는데, 그는 플랑드르 출신의 부유한 대투자가로 당대의 국제적인 자본가인 벨저, 푸거나 베네치아의 유력가들과 손잡고 일하고 있었다. 그는 자비를 들여 몇 차례 탐험대를 꾸리기도 하였다. 지금까지의 본사는 포르투갈에 있었다. 그러나 은혜를 모르고 감사할 줄 모르는 마누엘 왕에게 원한을 품게 되었다. 그는 왕의 화를 돋우는 일이면 무엇이든지 환영했다. 그는 마젤란을 신뢰했고, 또 이 원정에서 상업적인 성공 가능성을 보았다. 따라서 만일 스페인 왕가와 카사 데 라 콘트라타시온이 필요한 자금을 대지 않겠다면 자신이 사업 동료들과 함께 지원하겠노라는 의사를 밝혔다.

이 기대하지도 않았던 제의 덕분에 마젤란은 양손에 무기를 쥔 입장이 되었다. 사실 왕의 승낙은 떨어졌지만 여전히 사람들은 그의 주장을 헐뜯으려 했고, 그의 요구를 깎아내리려고 하였다. 그런데 크리스토퍼 데 하로의 제의를 주머니에 가지고 있는 지금 그는 자본가로 등장할 수 있는 것이다. 왕궁에서 위험을 감수하지 않겠다 해도 그의 계획에 차질이 오는 것은 아니라고 당당하게 말할 수 있었다. 돈은 필요없고 그가 요구하는 것은 단지 스페인 국기를 달고 출항할 수 있는 명예뿐이며, 그 대신 스페인 왕에게 이윤의 5분의 1을 바치겠다고 했다. 스페인 왕궁의 위험부담을 막아주는 이 제안은 모순되게도, 아니면 의도했던 대로 평의회에서 받아들여지지 않았다. 평의회는 크리스토퍼 데 하로같이 약삭빠른 사업가가 돈을 투자하려는 원정이라면 특별히 벌이가 좋을 것이라고 짐작했다. 그래서 이 원정을 스페인 왕가의 자금으로 지원해서 이윤과 명예를 확보하는 쪽으로 가겠다고 결정했다. 잠깐의 흥정이 오고간 다음 마젤란과 후이 팔레이루의 요구는 모두 받아들여졌다. 평상시와는 아주 대조적인 신속한 템포로 이 안건은 스페인 관방의 해당 부서들을 돌아다녔다. 1518년 3월 22일, 칼 5세는 모친인 후안나와 국왕인 자신의 이름으로 마젤란과 후이 팔레이루와의 계약에 서명하였다. 이 긴 문서는 다음과 같이 시작된다.

"귀하 페르나웅 드 마젤라에스, 포르투갈 태생의 기사, 마찬가지로 포르투갈 태생인 학자 후이 팔레이루 두 사람은 스페인 해양 경계 내에서 스페인에게 위대한 공훈을 세울 것을 계획하고 있으므로, 이에 우리는 이 목적을 위해 그대들과 다음과 같은 합의가 이루어지도록 안배하는 바이다."

그 다음으로 개별적인 사항들이 뒤따르는데, 첫 번째로는 마

1520년 당시의 칼 황제.
히로니무스 호퍼의 에칭.

젤란과 팔레이루에게 이 미지의 바다에 대한 우선권과 독자권을 허용한다는 것이었다. 관방의 장황한 표현에 의하면 다음과 같다.

"그대들이 우리 경계 내의 문제의 대양을 발견하기 위해 출발함에 있어 행운을 빌어주는 바이다. 그대들이 가는 동안 다른 자들이 동시에 같은 일을 함으로써 그대들에게 피해를 입히는 것은 옳지 않다는 것이 그대들에게 베풀어주는 짐의 호의요 의지이다. 따라서 앞으로 10년간은 그 누구도 그대들이 계획하는 것과 동일한 항로로 항해하는 것을 허용하지 않겠다고 약속하는 바이다. 만약 누군가가 그러한 원정을 계획하고 허가를 요구한다면 이를 허용하기 전에 그대들에게 알려주어서 동일한 시간 내에, 동일한 장비를 가지고 그 탐험을 마치도록 하겠다."

바로 이어지는 재정상의 항목에서는 마젤란과 팔레이루에게 '선한 의지와 공헌을 고려하여' 그들이 발견하는 나라에서 얻어질 전 수입의 20분의 1을 허락했다. 그리고 그들이 6개 이상의 섬을 발견할 경우에는 그 중 2개에 대한 특별권을 인정하겠다고 했다. 또한 콜럼버스와의 계약 때처럼 그들에게 전 육지와 섬들의 귀족이나 총독의 지위를 당사자와 그 자손들에게 세습할 것이라고 밝혔다. 궁정 창고계장과 재무담당, 경리담당 한 명씩을 회계업무를 위해 함대에 딸려 보내겠으나 이로써 함장들의 행동의 자유를 제한하는 것은 아니라고 했다. 또한 왕은 특정 중량의 선박 다섯 척을 준비하고, 승무원, 식료품, 기병대 등을 2년 기간에 대비하여 조달할 것을 엄명했다. 그런 다음 이 세계사적인 문서는 다음과 같이 엄숙하게 끝을 맺었다.

"이 모든 것을 본인은 맹세하고, 국왕으로서의 명예와 말로 보증한다. 모든 점에서 위에 서술된 사항들이 정확히 지켜지도록 배려하겠고, 이를 위해 본 계약서가 발행되고, 본인의 이름으로 서명될 것을 명령하는 바이다."

이것으로 끝난 것은 아니었다. 다시 한 번 모든 스페인 관청과 최고위부터 최하위 관리까지 이 합의사항을 인지함으로써 마젤란과 팔레이루가 어디에서고 지원을 받을 수 있어야 한다고 규정해놓았다. 이 명령은 그러므로 황태자에서부터 말단사병에 이르기까지 신분의 고하를 막론하고 고루 하달된 것이었다. 이 문서는 이 시간 이후 전 스페인 왕국이 무명의 두 포르투갈 망명객의 원정에 참여하고 있음을 분명하게 선포하는 것이었다.

더 이상은 마젤란도 자신의 원대한 포부를 위해 바랄 것이 없었으리라. 그러나 좀더 경이롭고 중요한 일이 일어났다. 아직 어린 칼 5세는 말하자면 소극적이고 결단력이 부족한 성격이었는데, 성격과는 달리 이 원정대의 항해에 있어서는 열정적인 후원에 나섰다. 마젤란이 가졌던 남자다운 확고한 태도 때문인지, 아니면 이 원정의 대담함 때문인지, 무엇인가가 이 젊은 군주에게 특별한 열정을 불러일으켰음이 분명했다. 매주마다 진척사항에 대해 보고하도록 하는 등 누구보다도 그 스스로가 가장 장비와 항해 준비에 열심이었다. 때문에 일에 장애가 생길 때면 마젤란은 국왕에게 알리기만 하면 되었다. 그러면 왕의 서신이 모든 문제를 해결해주는 것이다. 평소에는 의지가 박약하고 남의 말을 잘 듣는 이 황제는 그의 긴 통치기간 동안 거의 유일하게 굳건한 신의를 지키며 이 위대한 이념을 실천해나갔다.

그러한 황제를 후원자로 두고 왕국 전체가 그에게 도움을 주고 있는 상태에서 마젤란에게는 이 꿈만 같은 출세가 스스로도 놀랍기만 했으리라. 고향을 잃고, 지위도 없고 비난과 멸시만을 받던 그가 단 하룻밤 사이에 전함대의 생사를 좌지우지하는 총사령관이 되고, 산티아고의 기사요, 앞으로 발견할 섬과 육지의 총독이 된 것이다. 그러나 그 무엇보다도 중요한 사실은 처음으로 자기가 나아갈 길의 주인이 되었다는 점이었다.

극 복

출항을 막기 위한 음모와 훼방을 이겨내다

1518. 3. 22 ~ 1519. 8. 10

세상은 영웅들의 극적인 순간들을 즐겨 바라본다. 루비콘 강을 건널 때의 시저라든가, 아르콜 다리 위에 서 있는 나폴레옹을 들 수 있다. 마젤란에 대해서도 마찬가지이다. 마젤란에게 최고의 장면은 그가 발견한 해협을 통과하는 바로 그 승리의 순간이리라. 그러나 실제로 그의 위대함은 함대를 마련하고 정비하기 위하여 수천의 저항에 맞설 때라고 할 수 있다. 이름도 알려지지 않은 일반 사병에 불과하던 그는 이제 갑자기 헤라클레스처럼 어려운 과제 앞에 서게 되었다. 지금까지 시도된 바 없는 항해의 준비를 한 번도 조직을 맡아본 경험이 없는 사람이 해내야 하는 것이었다. 다섯 척의 배로 이루어진 함대를 정비한다는 것은 지금껏 아무도 맡지 않았었고, 따라서 지금까지의 시간 개념이나 척도가 적용되지 않는 것이었다.

아무튼 마젤란이 이 작업을 수행해나가는 데 있어 조언을 줄 만한 사람은 없었다. 발도 들여놓지 못한 이 지역, 항해도 해보지 않은 이 바다를 아는 사람은 아무도 없었고, 이제 그가 최초로 감행하는 것이다. 어느 누구도 그에게 어림짐작으로나마 이 지역을 항해하는 데 얼마나 걸릴지, 이곳의 토양과 기후, 원주민들은 어떤지에 대해서 이야기해줄 수가 없었다. 생각할 수 있는 모든 가능성에 대비해 이 배에 만반의 준비를 갖추는 것이 전부였다. 극지방의 혹한과 열대성 기온, 폭풍과 무풍상태, 1년이 걸릴 지 2년, 3년이 걸릴지도 모르는 항해. 경우에 따라서는 전쟁이나 교역의 가능성도 예상해야 했다. 이 모든 예측불가능한 일들을 홀로 측정하고, 싸워서 이겨내야 했다. 게다가 예기치 않은 문제점들과도 맞서야 했다.

어려운 문제에 맞닥뜨리게 되자 오랫동안 숨겨져 왔던 그의 능력이 발휘되기 시작했다. 오늘날 명성이 자자한 콜럼버스는 사실 단순하고 세상 물정에 어두운 돈키호테식의 몽상가였다. 항해를 준비하는 과정에서 실제적인 문제는 핀존이나 다른 키잡이들에게 맡겨버렸다. 이에 비해 마젤란은 전체 계획에 있어 담대한 반면에, 그 계획의 조목조목을 따지고 계산하는 면에서는 정확하고 꼼꼼했다. 그에게는 천재적인 상상력이 천재적인 정확성과 결합되어 있었다. 이 점에서는 나폴레옹과 비슷했다. 나폴레옹은 번개 같은 속도로 알프스를 넘어가기 전에, 몇 주에 걸쳐 몇 파운드의 화약이 필요하고, 몇 푸대의 귀리를 어느 날 어느 곳에 준비해놓아야 하는지를 계산하고 있었다. 이처럼 마젤란도 미리 2, 3년을 내다보고 함대를 정비해야 했다. 아울러 예상되는 어려움에 대해 정확한 예비조처를 하는 것이 필요했다.

한 사람의 힘으로 해내기에는 어마어마한 과제였다. 그토록 광범위하고 통괄할 수 없는 원정에서 어쩔 수 없이 생겨나는 수백 가지의 장애요인을 극복한다는 것은. 칼 황제가 모든 도움을 주겠노라

약속했고, 부서마다 최대한의 협조를 명령하기는 했지만 배를 마련하는 데만도 몇 달에 걸친 투쟁이 필요했다. 오히려 황제의 명령이라 더 조심스럽게 일이 진행되고 늦어지는 경우도 많았다.

마젤란은 탐험을 준비해나가는 과정에서 그 어느 것도, 그것이 가장 하찮은 것일지라도 결코 다른 사람에게 맡기지 않았다. 자기에게 생명을 내맡긴 사람들에 대한 책임을 통감하면서 세세한 사항까지 점검하였다. 또 그런 태도로 카사 데 라 콘트라타시온과 관리들, 상인들, 납품업자, 일꾼들과 끈질기게 협상을 하였다. 영수증도 재검토되었고, 배의 밧줄 하나, 판자 하나, 무기 하나까지 직접 조사하였다. 돛대 꼭대기에서부터 선미에 이르기까지 다섯 척의 배를 모두 자기 몸처럼 자세히 꿰뚫고 있었다. 뿐만 아니라 마젤란은 함대를 정비해나가면서, 동시에 무슨 수를 써서라도 이들의 출항을 막으려는 사람들의 시기와 적대심에 대항해야만 했다. 한 사람이 세 개의 진영과 맞붙은 장렬한 싸움이었다. 외부의 적과 내부의 적에 대한 싸움이었고, 물질적으로 엄청난 차원의 사업에 가해지는 압력에 대한 싸움이었다. 이 모든 저항들을 어떻게 극복해나가는가가 바로 관건이었다.

스페인과 포르투갈의 줄다리기

마젤란을 향한 최초의 돌격은 포르투갈에서 왔다. 당연히 마누엘 왕은 이 계약 체결에 대해 곧 알게 되었다. 이보다 더 불행한 소식은 없었으리라. 향료의 독점권은 왕실에 매해 20만 두카텐의 수입을 가져다주었고, 그들 역시 황금의 보고인 향료군도로 떠날 함대를 정비하고 있는 중이었다. 만일 스페인이 동쪽을 통해 12시간 만에 몰루켄으로 도달한다면, 그래서 포르투갈보다 앞서서 그곳을 차지해버린다면 파국을 초래하게 되는 것이었다. 포르투갈 왕국이 맛볼 엄청난 재정적 손실 앞에서 마누엘 왕은 무슨 수를 써서라도 이 위협적인 원정을 방해하지 않을 수 없었다. 그는 스페인 주재 대사인 알바로 다 코스타에게 이 화근 덩어리를 싹부터 잘라버리라고 명령했다.

알바로 다 코스타는 정력적으로 일에 착수했다. 우선 마젤란을 찾아가서 당근과 채찍을 동시에 사용하듯 구슬리기도 하고 위협하기도 했다. 다른 군주를 섬김으로써 신과 국왕에게 어떤 죄를 저지르는지 알고나 있느냐, 마누엘 왕이 칼 5세의 누이인 레오노레와 결혼하려고 하는데, 이 일이 알려져 파혼하게 된 사실을 알고나 있느냐고 윽박질렀다. 그러다가 다시 조국의 왕을 섬기는 것이 더 현명하고 더 정직하고 순수한 일이 아니겠느냐, 리스본에 오면 왕이 너그럽게 보상해줄 것이라고 구슬리기도 했다.

그러나 왕이 자신을 얼마나 싫어하는지 잘 아는 마젤란이었다. 돌아간다면 자신을 기다리고 있는 것은 푸대 가득한 황금이 아니라, 예리한 칼날일 것이 분명했다. 그는 유감이지만 너무 늦었노라고 대답했다. 자신은 스페인 왕에게 약속을 했고, 이 약속을 지켜야만 한다고 잘라 말했다. 알바로 다 코스타는 보잘것없지만 위험하기 짝이 없는 작은 마젤란을 무너뜨릴 수 없었다. 그러자 마누엘 왕에게 보낸 편지를 통해 스페인 왕에게 격렬한 모함을 쏟아냈다.

"페르디난드 마젤란 사건으로 말한다면 신(臣)이 얼마나 노력을 했는지는 주님만이 아실 겁니다. 신은 스페인 국왕에게 항의하였습니다. 한 왕이 친한 다른 왕의 신하를 그의 뜻을 거스르며 받아들인다는 것이 얼마나 추악하고 경우에 어긋나는 행위인지를 언급하였습니다. 더더구나 그토록 가치 없고 성공 여부도 확실하지 않은 일로는 말할 필요조차 없다고 하였습니다. 폐하가 불만스러워하는 사람들이 아니더라도 스페인에는 탐험 전문가들이 충분하지 않느냐고 하였습니다. 그러면서 이 사람들이 고향으로 돌아가게 해달라고 간청했지만 스페인 쪽에서 허용하지 않았다는 것을 듣는다면 폐하가 얼마나 모욕을 느끼게 될지 설명해주었습니다. 그리고 스페인 왕과 폐하의 안녕을 위해서 둘 중의 하나를 택해 주십사 요청하였습니다. 이 두 사람에게 고향으로 돌아갈 것을 허락하든가, 아니면 이 원정을 1년 후로 연기해달라고 하였습니다."

왕에 즉위한 지 얼마 안 되는 열여덟 살의 군주는 외교 경험이 많지 않았다. 그러므로 마젤란과 팔레이루가 포르투갈로 돌아가려고 하는데 스페인 왕궁이 이를 방해하고 있다는 알바로의 뻔뻔스러운 거짓말에 놀라움을 감출 수 없었다. 왕이 너무 놀라서 자신이 더 당황할 정도였다고 다 코스타는 보고한다. 그러나 왕은 1년 뒤로 항해를 연기시켜 달라는 포르투갈 대사의 제안에서 곧 음흉한 계획을 찾아냈다. 포르투갈은 스페인의 함대를 앞지르기 위해 1년이라는 시간을 필요로 할 것이기 때문이었다. 그러므로 젊은 군주는 차라리 추기경과 이야기해보라고 냉담하게 그를 물리쳤다. 추기경은 이 안건을 다시 고문관에게 넘기고, 고문관은 다시 부르고스의 주교에게 넘기는 식으로 시간을 끌었다. 사촌인 칼 황제는 마누엘 왕에게 최소한의 문제거리도 만들 의사가 없음을 정중하게 확인시키면서 포르투갈의 항의는 밖으로 드러나지 않게 조용히 서류함 속으로 들어가버리고 말았다.

알바로는 아무것도 이루지 못했지만 포르투갈의 질시어린

간섭은 기대하지 못했던 방식으로 마젤란을 후원해주었다. 어제까지만 해도 이름도 없던 사병의 운명 속에서 위대한 군주들의 변덕이 묘하게 엇갈려갔다. 칼 왕이 마젤란에게 함대를 맡긴 순간부터 마누엘 왕에게는 예전의 보잘것없던 장교가 갑자기 중요한 인물이 되어버린 것이다. 한편으로 마누엘 왕이 무슨 대가를 치르더라도 그를 다시 사가려고 한 다음부터 마젤란은 칼 왕에게는 팔 수 없는 존재가 되었다. 스페인이 출항을 앞당기려고 하면 할수록 포르투갈은 더더욱 방해하려고 안간힘을 썼다.

실패로 돌아간 첩자 알바레스의 폭동 음모

리스본에서 조종하는 사보타주의 임무는 이제 세비야 주재 포르투갈 영사인 세바스티안 알바레스에게로 넘겨졌다. 이 첩자 노릇을 맡은 관리는 끊임없이 배 주위를 맴돌면서 선적화물을 조사하고 다녔다. 그러는 한편 항구에서 스페인 함장들과 친분을 쌓으며 어떻게 카스티야의 귀족들이 포르투갈에서 굴러온 두 모험객들의 명령에 복종할 수 있느냐고 격분했다. 민족주의란 기타줄과 같아서 가장 무딘 손끝이라도 별 어려움 없이 소리를 울리게 만드는 법이었다. 곧 모든 세비야의 선원들이 떠들면서 욕을 해대기 시작했다. 뭐라고, 한 번도 스페인 배를 안 타봤는데 이 자들의 허풍에 속아 함대를 맡기고, 산티아고 기사로 임명했다고?

그러나 알바레스는 함장들이 식탁이나 술자리에서 하는 은밀한 불평불만보다 더 큰 것을 노리고 있었다. 그는 이들의 반란을 꾀하고 있었던 것이다. 마젤란에게서 지휘권을 빼앗고 생명까지 빼앗을 수 있으면 금상첨화였다. 이 노련한 선동가는 전문가답게 실행에 옮겼다. 세상의 항구에는 어디나 남아도는 시간을 어떻게 처치할지 몰라 애쓰는 건달들이 많은 법이었다.

햇볕 좋은 10월의 어느 날, 건달패 무리들이 이제 막 해변가에 놓여진 마젤란의 기함(旗艦) 트리니다드호 근처에 몰려들었다. 배에서는 내수 작업과 밑바닥 수리를 하는 중이었다. 양손을 호주머니에 찌르고, 아마도 서인도산인 씹는담배를 질겅거리면서 세비야인들은 선원들이 망치질을 하고, 마개를 막고 역청과 배밥을 가지고 틈새를 솜씨 좋게 메우는 것을 구경했다. 그때 무리 중 하나가 트리니다드의 돛대를 가리켰다.

"뻔뻔스럽기도 하지."

그는 기세등등하게 외쳤다.

"어디서 굴러먹다 왔는지도 모를 이 마젤란이라는 놈이 스페인 왕국의 항구 세비야에서, 그것도 스페인 배에 감히 포르투갈 깃발을 올리다니! 안달루시아 사람으로서 어떻게 이런 도전을 참을 수 있단 말인가."

그의 말에 건달패들이 열을 올리기 시작했다. 그들은 이토록 열성적으로 민족의 명예가 손상되었다고 분노하는 비장한 애국자가 스페인인이 아니라는 사실을 전혀 눈치채지 못했다. 어쨌든 그들은 힘을 모아 외치기 시작하였고, 이 소란스러운 난동을 듣자마자 도처에서 다른 구경꾼들이 몰려들었다. 결국 누군가 떠들지만 말고 이 외국 깃발을 찢어 내리자고 제안하자 무리들은 모두 배로 몰려갔다. 포르투갈 영사 알바레스가 선동가 역할을 해낸 것이었다.

새벽 세시부터 선원들의 작업을 감독하고 있던 마젤란은 황

급히 달려오는 항구의 책임자에게 오해를 해명하려고 서둘러 갔다. 마침 스페인 국기가 돛대에 걸려 있지 않았지만, 그것은 바로 오늘 다시 색칠하기 위해 보냈기 때문이다. 돛대에 걸린 깃발은 포르투갈 국기가 아니고, 기함에 매달아놓아야 하는 사령관 자신의 깃발이라고 하였다. 최대한 정중하게 해명한 마젤란은 책임자에게 그의 권위로 이 난동꾼들을 갑판에서 쫓아내달라고 요청하였다. 그러나 난동꾼들을 다시 잠재우는 것은 선동하는 것보다 훨씬 어려운 법이었다. 군중들은 재미를 보고 싶어 했고, 책임자도 그들 편에 섰다.

"저 낯선 깃발을 먼저 내리시오, 안 그러면 그들이 직접 찢어 내릴 거요!"

인도관의 최고 관리인 마티엔소 박사가 갑판에서 중재하려고 했으나 헛수고였다. 그 사이에 책임자는 애국적인 증원군을 데리고 왔다. 항구의 경찰대장이 경찰력을 동원하고 온 것이었다. 경찰대장은 스페인이 마젤란의 실책으로 모욕당했다고 밝히면서 경찰대에게 이 포르투갈 함장을 스페인에서 포르투갈 국기를 매단 죄목으로 체포하라고 명령하였다. 이때 마티엔소가 단호하게 끼어들어 경찰대장에게 경고했다. 국왕이 편지와 인장으로서 최고의 직책에 봉한 함장을 체포한다는 것은 궁정 관리로서 위험한 사안이 아닐 수 없으니 차라리 이 사건에 손을 대지 않는 편이 좋을 것이라고 했다. 그러나 이미 때는 늦었다. 벌써 마젤란의 부하들과 항구의 건달들 사이에서는 격전이 벌어졌고, 창이 번쩍였다. 마젤란의 침착함과 흔들리지 않는 태도만이 만족스럽게 지켜보는 선동가가 꾸며놓은 이 난동을 제어할 수 있었다. 그는 요구를 받아들이겠다고 말했다. 깃발을 내리고 배에서 철수하겠다. 이 난동패들이 국왕의 재산을 가지고 어떻게 하든 상관하지 않겠다. 다만 모든 피해에 대한 책임은 물론 항구의 관리들에게 돌아간다고 엄중하게 경고했다.

흥분했던 책임자는 이제 불안해지기 시작하였다. 민족의 명예에 손상을 입은 무리들은 투덜대면서 떠나갔고, 며칠 후 그들은 회초리 맛을 톡톡히 보아야 했다. 마젤란이 편지를 써서 황제폐하가 모욕당했노라고 항의했던 것이다. 칼 5세는 주저없이 총사령관의 편을 들었고, 항구의 관리들은 처벌을 받았다. 알바레스는 너무 일찍 기뻐했던 것이다. 작업은 계속 진행되었다.

알바레스의 교활한 기습작전은 마젤란의 침착함 때문에 초라한 실패로 끝났다. 이 거창한 사업에서는 솔기 하나가 꿰매지면 또 다른 일이 벌어지곤 하였다. 매일같이 새로운 문제가 발생하였다. 카사 데 라 콘트라타시온도 처음에는 소극적인 저항을 하였다. 그러다가 황제가 손수 서명한 훈령이 내려와 그들의 따귀를 갈기자 비로소 고집스러운 귀머거리 상태에서 깨어나기 시작했다. 그러나 배를 정비해나가는 동안 재무담당은 카사의 금고에 자금이 부족하다고 하였고, 이 때문에 모든 계획이 한없이 지연될 듯이 보였다. 하지만 꺾이지 않는 마젤란의 의지는 이 장애도 극복했다. 그는 왕궁을 설득하여 재력 있는 시민들을 사업에 참가시키도록 했다. 원정에 소요될 8백만 마라베디 중에서 2백만을 크리스토퍼가 급히 구성한 콘체른이 조달하였고, 이들은 다음 탐험에서도 같은 비율로 가담할 수 있는 우선권을 얻었다.

재정 문제가 정리되고 나자 비로소 항해에 견디도록 배들을 보수하고 필요한 물품들을 구입하는 절차가 시작되었다. 세비야 항에 처음으로 모습을 드러낸 다섯 척의 갈레온선은 그다지 위풍당당해 보이지는 않았다. 스파이 알바레스는 의기양양하게 포르투갈에 보고했다.

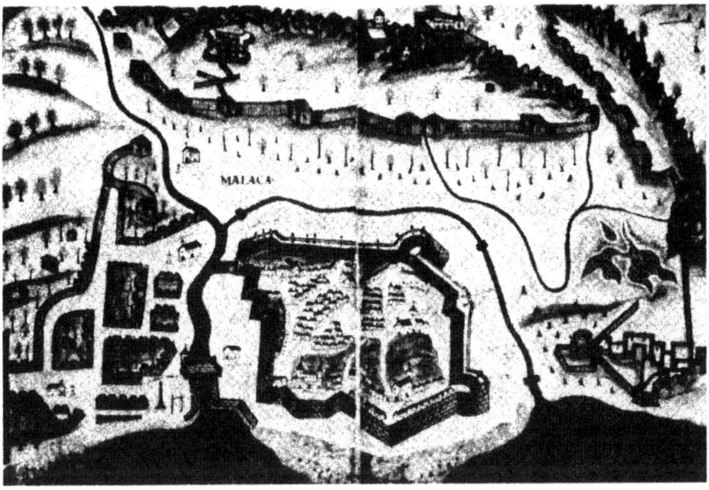

말라카 전경.
런던 대영박물관에 소장된 필사본에서 발췌.

"배들은 매우 낡았고 여기저기 땜질한 흔적이 역력하다. 이 배를 타고 카나리아 군도까지 간다고 생각만 해도 벌써 부터 겁이 난다. 배의 늑재(肋材)는 버터처럼 흐물흐물하다."

그러나 마젤란은 노련한 인도 항해자로서 이 늙은 말 위에서 때로는 젊은 말보다 더 안전하게 달릴 수 있었다. 또 솜씨 좋은 수선공들이 작업한다면 세상에서 가장 오래되고 낡은 배조차도 다시 깔끔하게 바뀔 수 있다는 것을 알고 있었다. 기술자들이 밤낮으로 이 낡은 고물을 수선하고 개량하는 동안 그는 항해 경험이 풍부한 선원들 모집에 나섰다.

그러나 여기에는 어려움이 도사리고 있었다. 전령이 북을 치면서 세비야의 거리를 돌아다녀도, 카디츠나 팔로쉬까지 가서 모집해도 필요한 250명의 선원을 구할 수가 없었다. 아마도 이 항해는 모든 것이 수상쩍다는 소문이 돌았음에 틀림없었다. 모집하러 나간 사람들이 이 항해의 목적지가 어디인지 분명한 정보를 줄 수 없었기 때문이다. 또한 2년 치의 (이 또한 한 번도 없었던 경우인데) 식량을 준비한다는 것도 극도로 꺼림칙한 일이었다. 따라서 항해에 나서겠다고 넝마 같은 옷을 걸치고 나타난 사람들은 결코 정예군이라고 할 수가 없었다. 스페인인, 흑인, 바스크족, 포르투갈인, 독일인, 영국인, 사이프러스인, 코르푸인, 이탈리아인 등 각양각색이었고 모두들 진정한 의미의 낙오자들이었다. 그들은 악마에게라도 목숨을 팔아버릴 위인들이었다. 그런 만큼 계약금만 받고도 떼돈을 벌 욕심으로 동서남북 어디라도 기꺼이 떠날 사람들이었다.

승무원이 간신히 모집되자 또 다른 난관에 봉착했다. 카사 데 라 콘트라타시온이 마젤란의 모집 방식에 항의를 하고 나섰던 것이다. 너무 많은 포르투갈인들을 스페인 왕실의 함대에 받아들였다고 주장하면서 외국인들에게는 봉급을 한 푼도 줄 수 없다고 우겨댔다. 그러나 마젤란에게는 국왕의 칙서에 따라 자신의 뜻대로 승무원을 선택할 수 있는 무제한의 권리가 허용되어 있었다. 그러므로 자신의 권리를 주장하면서 왕에게 다시 편지를 올렸고 다시 한 번 도움을 청했다. 그러나 이번에는 마젤란도 미묘한 부분을 건드렸다. 마누엘 왕을 건드리지 않기 위해서라는 것이 표면상의 이유였지만, 실제로는 마젤란이 포르투갈 사람들을 등에 업고 너무 독자적으로 움직일지도 모른다는 우려를 사고 말았던 것이다. 칼 5세는 포르투갈인은 5명만 배에 남겨둘 것을 명령했다.

그러는 동안 또 다른 어려움이 닥쳤다. 염가로 구입하기 위하여 지방이나 독일에서까지 주문한 물품들이 제때에 도착하지 않은 것이었다. 그런가 하면 스페인 함장 중 한 명이 총사령관에게 반항하며 승무원들 앞에서 그를 모욕하기도 했다. 다시금 왕궁의 도움을 청했고, 국왕이 삐걱거리는 부분에 기름을 쳐서 원활하게 만들어야 했다. 매일같이 새로운 불평거리가 터졌고, 사소한 일이 생길 때마다 해당 관청과 국왕에게 보내는 편지가 줄을 이었다. 왕의 훈령이 계속 날아들었고, 이러다가 함대가 세비야 항을 떠나보지도 못한 채 주저앉고 마는 것은 아닌가라는 의심이 들 때가 한두 번이 아니었다.

그러나 마젤란의 질기고도 방심하지 않는 에너지가 이 모든 저항을 무너뜨렸다. 마누엘 왕의 부지런한 영사는 이 원정을 무산시키기 위한 모든 음모가 마젤란의 끈기 있고 지칠 줄 모르는 방어에 부딪혀 실패로 끝나고 말았다는 것을 인정할 수밖에 없었다. 이미 보수를 끝낸 다섯 척의 배가 선적까지 끝낸 채 출항명령만을 기다리고 있었다. 마젤란을 한 번 더 괴롭힌다는 것은 거의 불가능해 보였다. 그러나 알바레스는 독화살을 숨겨놓고 있었다. 음흉하게도 마젤란의 급소를 맞추기 위해 활시위를 당겼다. 이 비밀스파이는 위임자에게 편지를 썼다.

"폐하의 명령을 전할 시기가 되었다고 여겨 신은 마젤란의 집을 찾아갔습니다. 그는 비상식량과 다른 짐들을 바구니와 궤짝에 포장하느라고 분주했습니다. 그가 사악한 목적을 품었음을 알았습니다. 이것이 마지막 기회가 될 것이라고 생각하고 그에게 한 번 더 경고했습니다. 선량한 포르투갈인으로서, 그의 친구로서 그가 범하려는 엄청난 실수를 막아보려고 한 것입니다. 그의 앞에는 수많은 위험이 산타카타리나의 수레처럼 산적해 있으니 차라리 고향으로 가서 폐하의 은총을 입는 것이 좋을 거라고 설득도 하였습니다. 이곳 세비야에 있는 명망 있는 카스티야인들은 그의 출신이 비천하고 학벌도 형편없다고 손가락질한다는 사실을 분명하게 알아야 한다고 했습니다. 그리고 폐하가 적대시하는 나라에 몸담은 이래로 사람들이 그를 반역자라고 경멸한다고 말해주었습니다."

그러나 이 모든 위협도 마젤란에게는 아무런 효과가 없었다. 알바레스가 친구의 탈을 쓰고 전해주는 사실은 전혀 새로울 것이 없었다. 세비야가, 그리고 스페인이라는 나라가 그에게 적의를 품고 있다는 것을, 그리고 카스티야 출신의 함장들이 총사령관인 그에게 복종하면서도 이를 갈고 있다는 것을 누구보다도 그 자신이 더 잘 알고 있었다. 그러나 세비야의 관리들이 그를 미워한다 해도, 사람들이 시기하고 스페인 귀족들이 투덜댄다 하더라도, 함대가 출항 준비를 마치고 있는 지금, 황제도 왕도 그를 막을 수는 없었다. 이제 대양으로 나가기만 하면 그는 두려울 것이 없었다. 그렇게 되면 그가 사람들의 생사를 한손에 쥔 주인이었다. 그들이 가야 할 길과 목적지 등 모든 것을 주관할 것이며, 그는 자신의 임무에만 충실하면 되는 것이었다.

알바레스는 오랫동안 아껴왔던 마지막 카드를 내보였다. 그는 마지막으로 친구로서 마젤란에게 충고하겠노라고 친절을 가장했다. 진정으로 경고하는데 추기경의 달콤한 말을 너무 쉽게 믿어서는 안 되고, 국왕의 약속도 모두 다 믿어서는 안 된다고 하였다. 물론 스페인 왕이 그와 팔레이루를 함장으로 임명하기는 했고, 무제한의 총사령관직을 하사하기도 했지만, 마젤란 모르게 그의 사령권을 제한하라는 지령을 다른 사람에게 은밀히 하달하지나 않았는지 확인해보라고 하였다. 그러니까 결코 현혹되어서는 안 된다고 했다. 봉인과 칙서에도 불구하고 그의 총사령권을 전적으로 믿어서는 안 된다고, 같이 떠나는 국왕의 감독관을 위한 비밀지령이 있다는 것만 알아두라고, 더 이상은 그도 누설할 수 없지만 그 사람들이 누구인지

산루카 항.
드 브리의 여행기(1594)에서 발췌한 동판화.

알게 되는 때는 이미 그의 명예는 구할 수 없을 것이라고 겁을 주었다. '명예를 구할 수 없다'라는 말에 마젤란은 자기도 모르게 충격을 받았다. 언제나 흥분상태를 다스릴 줄 알던 침착한 사람이 보인 태도는 이 화살이 얼마나 치명타였나를 잘 보여주었다. 그래서 화살을 쏜 포수는 자랑스럽게 보고했다.

"그는 제가 그렇게나 많이 알고 있다는 사실에 상당히 놀라워했습니다."

사실 알바레스가 그에게 충고한 내용은 마젤란도 이미 아는 얘기였다. 오래 전부터 스페인 왕궁의 태도에서 무엇인가 석연치 않은 점을 발견했고, 그에게 공정하게 대하지 않는다는 듯한 조짐을 여러 차례 보아왔다. 왕조차 언젠가 포르투갈인은 5명 이상 배에 태울 수 없다고 하면서 자신과의 협정을 어기지 않았는가. 왕궁에서는 결국 그를 포르투갈의 비밀첩자로 믿는 것이 아닌가? 그리고 이 창고계장이며 재정 담당, 경리 담당은 정말로 단순한 회계 관리들인가? 결국 그를 감시하고 최후의 순간에 그에게서 총사령권을 빼앗으려는 목적으로 따라오는 것은 아닌가?

오래전부터 마젤란은 등 뒤에서 이런 미움과 음모의 차가운 기류가 흐르고 있음을 감지하고 있었다. 그는 이 정보통인 스파이가 의뭉스럽게 귀띔해 주는 말들을 틀렸다고 부인할 수가 없었다. 그래서 항해를 위한 모든 사항을 정확하게 예측해내던 마젤란도 위험에 맞서서는 무방비 상태로 서 있을 수밖에 없는 처지였다. 이 위험은 모든 불확실한 것과 마찬가지로 예측할 수 없는 일이기 때문이었다. 모르는 사람들 사이에 혼자 앉아 카드놀이를 해야 하는 사람의 불안감이었다. 그는 게임을 시작하기도 전에 다른 사람들이 짜고서 속임수를 쓸 것이라는 의심에 사로잡히고 말았다.

마젤란이 이 순간에 느꼈던 것은 셰익스피어가 묘사했던 코리올란, 즉 명예를 잃고 반역자가 된 자의 비극이었다. 코리올란도 마젤란처럼 진정한 남자이고 오랫동안 조국을 위해 희생했건만 부당하게 내쫓기자, 바로 이 부당함 때문에 적의 진영을 찾아가 봉사했다. 그러나 로마에서도 세비야에서도 변절자에게는 순수한 태도라는 것이 전혀 도움이 되지 않았다. 한 번 조국을 버린 사람에게는 두 번째도 또 배반할 것이라는 의심이 그림자처럼 쫓아다녔다. 한 왕을 떠나간 사람은 다른 왕에게도 충성할 수 없다는 것이었다. 변절자는 승리해도 패배한 것이고, 정복당해도 패배한 것이다. 한편에서 미움을 받으면 다른 한편에서도 미움을 받기 마련이다. 어디에서고 그는 혼자일 뿐이고, 모든 사람은 그의 적인 것이다. 비극이란 언제나 영웅이 자기가 처한 상황의 비극성을 인식할 때 비로소 시작되는 법. 어쩌면 바로 이 순간에 마젤란은 처음으로 모든 불행을 예견했는지도 모른다.

그러나 영웅이 된다는 것은 막강한 운명에 대항하여 싸운다는 것이다. 마젤란은 결연하게 유혹자를 물리쳤다. "그렇다고 해도 마누엘 왕과는 손을 잡지 않겠다, 스페인이 그의 희생을 보상해 주지 않는다 해도 이 점은 변함이 없다. 명예를 아는 사람으로서 서약과 직분, 그리고 칼 왕에게 충성할 것이다"라고 단호하게 말했다. 알바레스는 불만스럽게 물러갈 수밖에 없었다. 죽음만이 이 강철 같은 남자의 의지를 꺾을 수 있다는 사실을 이제야 안 것이었다. 그래서 그는 리스본으로 보내는 보고서를 다음과 같은 경건한 소망으로 끝맺었다.

"주님의 뜻대로 이 항해도 코트레아의 함대와 같은 운명에 처하기만을 바랄 뿐입니다."

마젤란과 그의 함대가 어디서 어떻게 종말을 맞았는지 모르는 용감한 코트레아 형제들처럼 이름 모를 바다에서 흔적도 없이 사라지기를 바란다는 말이었다. 그래서 마젤란이 이 항해에서 다행히 침몰하면 "폐하께서는 아무런 근심 없이 세상 모든 제후들의 부러움을 받으실 것입니다"라고 했던 것이다.

이 음흉한 경고자의 화살도 마젤란을 쓰러뜨리지 못했고, 맡은 임무를 버리고 도망가게 만들지도 못하였다. 그러나 화살에 묻은 독은, 타는 듯한 의심의 독은 마젤란의 영혼을 좀먹기 시작했다. 이 순간부터 마젤란은 언제나 홀로 적들에 둘러싸여 있다는 생각을 놓지 않았다. 그러나 이 불안감이 그를 나약하게 만드는 것은 결코 아니었고, 오히려 새로운 결정을 내리도록 의지를 굳건히 다져주었다. 폭풍이 다가오는 것을 본 사람이라면 배와 사람을 구할 수 있는 것은 단 하나뿐임을 알 것이다. 함장이 키를 쥐는 것인데, 특히 혼자서 잡는 것이다.

자, 이제 나의 의지를 막는 것은 모두 날려 보내자! 주먹을 쥐고, 팔꿈치로 밀어대면서 길을 방해하는 사람은 모두 밀쳐버리자! 이 회계 관리들이 등 뒤에 있다고 느끼는 순간부터 마젤란은 최대한의 자주성과 냉혹함을 택하기로 결정했다. 그는 단 하나의 의지만이 결정적인 순간을 이끌고, 마무리짓는다는 사실을 알았다. 함대의 사령권이 더 이상 두 명의 사령관으로 분할되어서는 안 된다. 한 사람이 모든 사람의 위에 서야 하고, 필요할 때는 모든 사람과 대적해야 한다. 이제 그는 이 위험한 항해에서 더 이상 후이 팔레이루 같은 병적이고 트집 잡기 좋아하는 사람과 사령권을 공유할 생각이 없었다. 함대가 항구를 떠나기 전에 이 귀찮은 짐을 끌어내야만 한다! 이미 이 천체학자는 불필요한 짐이 되어버린 것이다. 실제로 이 이론가는 지난 몇 달 간의 고된 작업에 아무 도움도 주지 못했다. 선원들을 고용하고, 배를 수선시키고, 식량을 선적하고 소총을 점검하고 규정을 세우는 작업들은 점성사의 영역이 아니었다. 그를 데리고 간다는 것은 목에 돌을 매달고 가는 것과 같았다. 게다가 마젤란은 눈앞의 위험과 등 뒤에서 벌어지는 음모에 대항하기 위하여 좌우로 자유로운 행동을 할 수 있어야 했다.

마젤란이 팔레이루를 떼어내기 위하여 어떤 수단을 사용했는지는 알려져 있지 않다. 아마도 팔레이루 스스로 점괘를 펴보고는 자신이 이 항해에서 돌아오지 못하리라는 것을 알고 자발적으로 물러섰는지도 모른다. 그러나 이렇게 슬그머니 포기할 것을 강요당한 그는 외형상으로는 지위가 높아졌다. 황제의 칙서가 그를 두 번째 함대(단지 서류상에만 돛과 갑판이 있는)의 총사령관으로 임명했던 것이다. 그 대신 팔레이루는 지도와 천문학적인 도표들을 마젤란에게 건네주었다. 이로써 수천의 난관들 중 마지막 하나가 해결되었고 마젤란의 탐험은 다시 처음의 상태로 돌아갔다. 모든 것이 그의 생각과 행동에 따르게 되었다. 무거운 부담과 수고로움, 책임과 위험이 모두 그 한 사람의 몫이 된 것이다. 이제 스스로 선택한 필생의 과제를 완성하기 위하여 그 누구도 아닌 단지 자기 자신에게 책임을 져야 했다.

출 항

유서를 쓰고 대항해의 닻을 올리다

1519. 9. 20

1519년 8월 10일, 다섯 척의 배가 마침내 세비야 정박소를 떠났다. 장래 두 대륙의 지배자가 될 칼 왕이 계약서에 서명한 지 1년 5개월이 지난 뒤였다. 배는 강을 따라 군아달키비르 강이 공해와 만나는 지점인 산루카 항까지 흘러갔다. 이곳에서 함대를 마지막으로 정비하고 비상식량을 선적해야 했다. 산타마리아데 라리토리아 교회에서 마젤란은 무릎을 꿇고 충성을 맹세한 다음, 승무원들과 함께 존경의 눈빛으로 바라보는 군중들 앞에서 산초 마르티네스 데 레이바가 전해주는 황제기를 받아들었다.

산루카 항에서 마젤란은 출항에 앞서 마지막 검열을 실시했다. 예술가가 자신의 악기를 점검하듯 자애롭고 조심스러운 마음으로 함대를 점검하고 또 점검했다. 그는 이미 다섯 척의 배를 자기 몸만큼이나 구석구석 알고 있었다. 시간에 쫓겨 그냥 구입한 배들을 처음 보았을 때 형편없이 낡고 초라하고 엉망인 모습 때문에 얼마나 놀랐던가. 그러나 열심히 수선을 해서 낡은 갈레온선을 완전히 뜯어고쳤다. 낡은 늑재는 새것으로 교체했고, 배 밑바닥부터 돛대까지 역청을 칠하고, 기름을 먹이고, 물이 들어오는 틈새를 수리하고 열심히 문질러 닦았다. 선판 하나, 판자 하나까지도 마젤란은 나무가 썩지나 않았는지, 벌레가 먹지 않았는지 직접 두드려보았다. 밧줄 하나, 나사 하나, 못 하나까지도 모두 점검하였다. 튼튼한 아마포로 돛을 새로 만들어 달았고, 색깔도 다시 칠하였다. 스페인의 수호성자인 산 하고의 십자가도 그려넣고 경첩도 바꿔 달고 금속은 반짝반짝 닦아냈으며, 모두 깨끗하고 단정하게 제자리에 있는지 점검하였다. 그 어떤 첩자도, 시기하는 자도 산뜻하게 새로 태어난 갈레온선을 보고 더 이상 조롱하지 못할 것이었다.

이 갈레온선은 속력을 많이 낼 수가 없어서 경주에는 적합하지 않았다. 그러나 선창이 불룩하고 전체적으로 둥근 이 커터선은 넓고 깊어서 화물을 싣고 거친 바다를 항해하는 데에는 안전하였다. 육중한 무게 때문에 거친 폭풍우에도 견딜 수 있으리라 예상되었다.

영웅의 시대를 열게 될 다섯 척의 배

사이좋게 모여 있는 범선 가족 중에서 가장 큰 배는 120톤 무게의 '산안토니오'호였다. 이유는 모르지만 마젤란은 이 배의 지휘권을 후안 데 카르타헤나에게 맡기고 자신은 10톤 정도 가벼운 '트리니다드'호를 기함으로 선택했다. 그 다음으로 '콘셉시온'이 90톤이었고, 가스파 케사다가 지휘를 맡았다. 루이스 데 멘도사가 맡은 '빅토리아'호(이 배는 이름값을 하게 된다)는 85톤이었고, 후안 세하웅이 맡은 '산티아고'호는 75톤이었다. 마젤란은 범선의 형태가 서로 달라야 한다고 주장했는데, 작은 범선은 깊이가 낮기 때문에 정탐선이나 전초선으로 사용하고자 한 것이었다. 그러나 한편으로 서로 다른 배들을 공해상에서 계속 한데 모아놓으려면 특별한 항해기술이 필요했다.

마젤란은 이 배에서 저 배로 옮겨 다니면서 화물의 선적을 점검했다. 사다리를 타고 계속 오르내려야 했음에도 불구하고 언제나 목록을 정확하게 점검하였다. 얼마나 세세한 부분까지 조목조목 계산되고, 또 계산되었는지 오늘날까지 보존된 문서를 통해 그 엄격성과 정확성을 확인해볼 수 있다. 이 방대한 서류에는 2분의 1마라베디까지 기록되어 있었고, 망치 하나 밧줄 하나, 소금 한 푸대, 종이 한 연의 가격까지 적혀 있었다. 냉정하고 정확하며 어딘가 모르게 무심한 듯한 필체로 쓰인 숫자 대열은 그 어떤 비장한 말보다도 마젤란의 비범한 인내심을 증명해주고 있다.

마젤란은 경험 있는 뱃사람으로서 이 미지의 땅으로 떠나는 여행에 엄청난 책임감을 느끼고 있었다. 그는 출발시의 경솔함이나 생각 부족으로 잊어버리는 사소한 일이 여행에 돌이킬 수 없는 문제를 만들 수 있다는 것을 잘 알았다. 이토록 특별한 경우에는 한 번 일어난 실수나 과오는 고칠 수도, 대체할 수도, 그에 대한 벌도 소용이 없다는 것을 알았다. 못이나 뱃밥, 납 하나, 기름 한 방울, 종이 한 장도 그가 가고자 하는 미지의 땅에서는 아무리 많은 돈을 가지고도, 그리고 자신의 피를 대가로 치른다 하더라도 살 수 없다는 사실을 잘 알고 있었다. 부속품 하나를 잃어버림으로써 배를 움직일 수 없게 되고, 계산을 한 번 잘못함으로써 전체 탐험이 좌절될 수 있는 것이다. 그러므로 마지막 점검에서는 예비식량에 가장 세심한 주의를 기울여야 했다. 얼마나 걸릴지 알 수 없는 이 여행에서 265명의 인원이 소비할 식량은 얼마나 될 것인지가 가장 어려운 계산이었다. 승무원에게 조심하느라고 말하지 않았지만 마젤란은 식량을 다시 보충하기까지 몇 달, 어쩌면 몇 년이 걸릴 수 있다는 것을 예감했다. 그러므로 모자라는 것보다는 남을 수 있도록 가져가야 했으며, 그러다 보니 식량의 무게는 그 작은 배의 선적 규모를 볼 때 엄청난 것이었다. 주된 식량은 비스킷이었다. 213,308파운드를 구입하도록 하였고, 가격은 372,510마라베디였다. 이 정도의 엄청난 비축량이 있어야 2년을 견딜 수 있었다.

마젤란의 식량 목록을 보면 다 합해 봐야 5백에서 6백 톤 정도밖에 되지 않는 커터선보다는 오히려 2만 톤의 현대식 대서양 횡단선을 쉽사리 떠올리게 된다(역주 : 당시 10톤은 오늘날 11톤 정도 된다). 이 좁고 후텁지근한 창고에 실리지 않은 게 대체 무엇이겠는가. 밀가루 푸대며 완두콩, 린젠콩, 쌀과 그 밖의 갖가지 곡식들이 5,712파운드의 소금에 절인 돼지고기와 함께 쌓여 있었고, 정어리 2백 통, 치즈 984덩어리, 마늘과 양파 꾸러미도 450개나 보였다. 거기에다 갖가지 감칠맛 나는 음식들도 있어서 꿀 5,402파운드와 말라카 포도 3천2백 파운드, 건포도와 아몬드, 또한 설탕이나 식초, 겨자도 충분하였다. 떠나기 직전에는 소 7마리를 끌고 왔는데(이 소들은 곧 죽고 만다), 처음엔 우유를 얻고, 나중에는 신선한 고기를 먹을 생각이었다. 이 건장한 장정들을 위해 장기적으로 더 필요한 것은 우유보다는 포도주일 것이다. 승무원들의 기분을 돋워주기 위하여 마젤란은 세레스산 최고급 포도주를 417푸대, 253통이나 준비했다. 이 정도면 승무원들이 점심과 저녁식사 때마다 한 잔씩 한다 해도 2년은 충분할 것이었다.

마젤란은 한 손에 목록을 들고 이 배에서 저 배로, 이 물건에서 저 물건으로 돌아다녔다. 이 모든 것을 끌어모으고, 검사하고 계산하고 지불하기까지 얼마나 큰 노력이 들었던가. 낮에는 관리들과 싸워야 했고, 밤이면 혹시 잊어버린 것은 없는지 얼마나 노심초사했던가. 이제 265명이 항해를 하면서 필요한 식량은 다 준비된 듯 보인다. 선원들을 위한 준비는 완료되었다.

그러나 배 또한 살아 숨 쉬는 존재요, 죽어가는 존재가 아니던가. 그 어느 배라도 바다와 싸우다 보면 저항력을 잃어가기 마련이다. 폭풍은 돛을 갈기갈기 찢어버리고, 밧줄을 동강내고 만다. 바닷물에 나무가 썩어가고, 쇠가 녹슬어 가는가 하면, 태양은 칠을 벗겨버리고, 어두운 날이 계속되면 기름과 양초가 소모될 수밖에 없다. 그러므로 장비도 두 배, 세 배 이상을 준비해야 하고 닻이나 밧줄, 나무판, 철판, 납, 돛대를 대기 위한 통나무, 돛을 새로 만들기 위한 아마포 등도 염두에 두어야 했다. 배가 손상되면 바로 수리하고, 선판이나 늑재도 갱신할 수 있도록 통나무를 마차로 40번 이상을 실어 날랐다. 틈새를 메우기 위해 필요한 타르, 역청, 왁스나 배밥 등도 통으로 실어왔다. 집게나 톱, 천공기, 나사, 삽, 망치, 못, 끌 등도 빠질 수 없었다. 또 항해 중에 고기를 잡기 위한 수천 개의 낚시 바늘, 수십 개의 작살도 있었고 그물도 충분하게 준비했다. 주식은 생선과 빵이었다. 밤에 불을 밝히기 위해 89개의 작은 등잔불과 1만 4천 파운드의 양초를 준비했고, 두툼한 미사용 양초도 잊지 않았다.

항해술을 위해서 필요한 물건들도 마련해야 했다. 나침반과 바늘, 모래시계, 천체도, 4분지도, 반구도(半球圖) 등 어느 하나도 귀중하지 않은 것이 없었다. 회계 관리를 위해서는 15권의 노트를 마련했다(이 항해 중에 중국 아니면 어디에서 종이를 보충할 수 있단 말인가). 사고에 대비해서 약품 상자와 지혈기도 준비했고, 명령에 불복하는 자를 다스릴 수갑과 쇠사슬도 준비하였다. 또한 여흥을 생각하지 않을 수 없어 큰북 5개, 탬버린 20개와 바이올린, 피리 등도 품목에 넣었다.

이 모두가 선적 목록의 일부분에 불과할 뿐이었다. 이 예측불허의 여행에 대비하여 승무원과 배에 필요한 수천 가지 물건들 중에 극히 기본적인 것만을 언급한 것이다. 그러나 준비하는 데만 8백만 마라베디가 소모된 이 함대를 스페인 왕이 단순히 미지의 세계에 대한 호기심에서 보낸 것은 아니었다. 이 다섯 척의 배들은 단순한 천체상의 결과만이 아니라, 가능한 한 최대의 이윤을 사업가들의 조합으로 가져가야 했다. 원하는 물건과 바꿀 수 있는 물건들을 현명하게 선정하여 충분하게 가져가야 하는 것이다.

인도 항해를 통해 원주민들의 소박한 취향을 접해왔던 마젤란은 두 개의 물건은 도처에서 큰 효과를 거두리라는 것을 알았다. 하나는 거울인데, 까만 피부건 갈색이건, 노란 피부건 간에 원주민들은 자신의 얼굴을 처음으로 대하고 깜짝 놀랄 터였다. 다른 하나는 크고 작은 종인데 이것만 보면 원주민들은 어린애같이 좋아했다. 종은 2만 개 이상이나 준비했고, 9백 개의 크고 작은 거울도 준비했다(대부분은 도착했을 때 이미 깨졌지만). 그리고 4백 개의 독일제 칼(물론 독일에서 가장 싸구려 칼이지만), 50타스나 되는 가위, 색깔이 화려한 손수건, 빨간 두건, 구리 팔찌, 가짜 보석과 알록달록한 유리구슬 등이 있었다. 터키식 복장도 정장으로 준비했고, 그 밖에도 빌로드나 색깔이 요란한 편물 옷들도 있었다. 한마디로 엉망진창인 잡동사니들이 대부분이었다. 몰루켄에서의 향료처럼 스페인에서는 값도 안 나가는 싸구려였지만, 교역에 있어서는 이상적인 물건들이었다. 이것들을 팔면 파는 사람 사는 사람 모두 원래 가격보다 열 배의 교역 이윤을 남길 수 있었다.

빗이나 두건, 거울과 종들은 그나마 원주민들이 평화로운 교역을 할 자세가 되어 있는 경우에 한한 것이었다. 전쟁이 일어날 경우에 대해서도 충분히 대비했다. 58개의 대포, 7개의 긴 경포(輕砲), 3개의 무거운 구포(臼砲)가 선창에서 위협적으로 번쩍이고 있었다. 쇠 포환과 돌로 만든 포탄은 선창에 가득 쌓여 있었고, 계속해서 주조할 수 있도록 납도 몇 통씩 준비하였다. 1천 개나 되는 창, 2백 개의 보병용 투창, 2백 개의 방패 등도 결연한 자세를 보여주고 있었으며, 승무원의 절반 이상은 투구와 흉갑으로 무장하였다. 사령관 자신은 빌바오에서 갑옷 두 벌을 주문하여 머리끝에서 발끝까지 철갑으로 두를 수 있도록 했다. 초인간적이고 불사신 같은 존재로 이민족 앞에 나설 채비를 갖춘 것이다. 탐험의 성격상 마젤란은 전투를 피하려고 생각했지만 그렇다고 해서 이 원정이 코르테츠가 1519년 여름 부하들을 데리고 인구 백만의 나라를 점령하였던 때보다 전투 규모가 떨어지는 것은 아니었다. 이제 스페인에는 영웅의 시대가 열렸다.

마젤란의 신화를 완성시킬 안토니오 피가페타

마젤란은 지치지 않는 인내심을 가지고 한 번 더 다섯 척의 배에 대한 항해 능력과 선적 상태, 장비들을 조사했다. 이제는 승무원에 신경 써야 했다. 그들을 모집하는 것이 결코 쉽지 않아서 항구의 뒷골목이나 선술집에서 끌어내는 데만도 몇 주가 걸렸다. 넝마를 걸친 꾀죄죄한 모습으로 소집

되어 온 이들은 규율도 엉망진창이었다. 서로 주고받는 말 또한 스페인어, 이탈리아어, 프랑스어, 포르투갈어, 카탈란어, 독일어들로 뒤죽박죽이었다. 이 각양각색의 건달들이 성실하고, 믿음직스럽고, 규율이 잡힌 승무원으로 만들어지기까지는 시간이 한참 걸릴 것이다. 그러나 갑판에서 한두 주일만 보내면 모두들 손아귀에 넣을 수 있으리라. 7년을 일반사병으로, 선원, 전투사로 보냈던 사람이니 선원이 무엇을 필요로 하고, 이들한테서 어느 정도까지 요구해야 되고, 어떻게 그들을 다루어야 하는지는 충분히 알고 있었다. 승무원은 사령관에게 전혀 걱정거리가 아니었다.

그러나 다른 배의 지휘관으로 임명된 3명의 스페인 함장을 볼 때마다 느껴지는 불쾌한 긴장감은 담즙같이 끓어올랐다. 자기도 모르게 싸움을 앞둔 레슬링선수처럼 근육이 팽팽해졌다. 차갑고 오만한 표정을 서투르게 감추고, 아니 어쩌면 일부러 감추는 데 능숙하지 못한 척하며, 경멸하는 표정으로 왕궁 감독관 후안 데 카르타헤나는 그의 곁을 지나쳐 간다. 팔레이루 대신에 산안토니오 호의 지휘권을 맡은 사람이었다. 물론 그는 경험과 명성이 있는 항해자이고 그의 개인적인 정직성은 명예심만큼이나 의심할 여지가 없었다. 그러나 이 카스티야 귀족이 명예심을 제어할 수 있겠는가. 왕이 팔레이루 대신에 '부사령관직'을 넘겨주었지만 이 부르고스 주교의 사촌이 정말 맹세한 대로 그에게 복종할 것인가.

마젤란은 알바레스가 속삭여준 말을 자꾸만 되새겨본다. 다른 사람들도 전권을 부여받았고, 그가 알아차릴 때면 이미 그의 명예는 끝난 것이라고 하지 않았던가. 적대심이라면 빅토리아 호를 지휘하고 있는 루이스 데 멘도사도 뒤지지 않았다. 이미 세비야에서부터 건방지게도 복종을 거부했지만 이 내부의 적을 해고시킬 수는 없었다. 황제가 재무담당으로 딸려보냈기 때문이었다. 장교들 모두 산타마리아 데 라 빅토리아 사원의 깃발 아래서 그에게 충성과 신의를 엄숙하게 맹세했지만 그것은 그다지 큰 의미가 없었다. 마음 깊은 곳에서는 그들 모두가 적이고 시기하는 자였기 때문이다. 그나마 국왕의 훈령과 카사 데 콘트라타시온의 짜증스러운 반대를 피해가며 포르투갈인들을 30명이나 배 안으로 끌어들일 수 있었던 것은 다행이었다. 그 중에는 믿을 만한 친구들과 친인척들도 있었다. 무엇보다 어린 나이에도 불구하고 항해 경험이 풍부한 매제 두아르테 바르보사와 친척인 알바로 데 메스퀴타, 포르투갈 제일의 키잡이인 에스테바웅 고메스가 있었다. 스페인인으로 명단에 올라 있는 후아웅 세하웅은 피자로와 페드로 다리아스가 이끄는 스페인 함대를 타고 카스티야델오로에도 간 사람이지만 마젤란의 친구인 프란시스코 세하웅의 친척이니 고향 사람인 셈이었다.

커다란 소득은 후아웅 코르발요였다. 그는 이미 수년 전에 브라질에 살았었고, 이번에는 그곳 여인과의 사이에 낳은 아들까지 데리고 왔다. 두 사람은 언어와 지리에 밝았기 때문에 그 지역에서 최고의 안내자가 될 수 있었다. 만일 브라질에서 말라야 언어권인 향료군도와 말라카로 넘어가면 마젤란의 노예인 엔리크가 통역 실력을 발휘할 수 있을 것이었다. 그가 절대적으로 신뢰할 수 있는 사람이라고 해봐야 전체 265명 중에서 기껏해야 반 타스에서 한 타스 정도였다. 많은 숫자는 아니었다. 그러나 다른 방법이 없으니 수적으로, 시간적으로 불리하다 할지라도 시도를 해야 하는 것이다.

마젤란은 한 사람, 한 사람씩 따져보면서 결정적인 순간에 누가 그의 편이 되고, 누가 적이 될 것인가를 점검해보았다. 긴장감은 어느새 이마에 주름을 만들어놓았지만, 그러다가 갑자기 긴장이

풀리면서 미소가 피어나왔다. 맙소사, 이 사람을 거의 잊어버릴 뻔했네. 마지막 순간에 불현듯 나타난 이 사람은 원래 계획에 따르면 별로 소용이 없는 사람이었다. 조용하고 겸손하며 나이도 어린 안토니오 피가페타는 이탈리아 빈세차의 오랜 귀족가문 출신이었다. 그런 그가 명예와 황금에 눈이 멀고, 사회의 온갖 낙오자들로 구성된 이 잡다한 조직에 끼어든 것은 실로 우연이었다.

그는 교황청 비서장의 수행원으로 칼 5세의 왕궁이 있는 바르셀로나로 오게 되었다. 아직 수염도 나지 않은 어린 기사는 그곳에서 비밀스러운 탐험여행에 대해 들었는데, 이 여행은 낯선 항로를 통해 지금까지 도달할 수 없었던 목적지로 향한다는 것이었다. 그는 고향인 빈센차에서 1507년에 발간된 베스푸치의 책을 읽었음에 틀림없었다. 아니면 같은 고향사람인 로도비코 바르테마가 지은『이티네라리오』가 이 젊은 이탈리아인을 열광시켰는지도 모른다. 외경심을 불러일으키는 위대한 대양을 직접 체험하고 싶다는 생각이 그를 흥분시켰다. 그래서 원정에 참여하게 해달라고 칼 5세에게 청원을 했고, 황제는 마젤란에게 추천했던 것이다. 갑자기 기이한 이상주의자가 전문적인 항해자, 돈벌이에 나선 사람, 모험객들 사이에 들어선 것이다. 명예나 돈 때문이 아니라 지구를 탐험해보고 싶다는 순수한 정열에 사로잡힌 이 아마추어 항해자는 단지 보고, 느끼고, 놀라고, 감탄하는 즐거움을 위해서 자신의 목숨을 내던진 것이다.

그러나 실제로 평범하고, 불필요하기조차 했던 이 사람이야말로 마젤란의 항해에서 가장 중요한 인물이 되기에 이른다. 아무리 위대한 업적이라도 기록되지 않는다면 무슨 의미가 있을 것인가. 역사적인 행위는 행해진 순간에 완성되는 것이 아니다. 후세에 전달되어서야 비로소 업적으로 남는 것이다. 아킬레우스도 그를 묘사해준 호메로스가 없었다면 아무것도 아니었다. 그들을 역사로 고정시켜 주는 사가들이 없었고, 그들을 새롭게 창조해내는 예술가들이 없었다면 역사상의 인물들은 그림자에 불과했고 역사상의 행위도 알려지지 않게 되었을 것이다. 마찬가지로 페터 마티어의 작품이나 막시밀리안 트란스실바누스의 간략한 편지와 키잡이들의 무미건조한 수기나 선상일지 몇 편만 가지고는 마젤란이나 그의 행위가 거의 알려지지 않았을 것이다. 뜻밖의 참가자였던 어린 기사 덕분에 마젤란의 행위가 후세에 전달된 것이다.

우리의 피가페타는 물론 타키투스나 리비우스 같은 사학자는 아니었고, 작가는 더더욱 아니었다. 인간에 대한 판단력 또한 그의 강점이라고 할 수 없었다. 그의 기록에는 마젤란과 다른 함장들 사이의 심적인 긴장관계 따위는 없었기 때문이다. 그저 항해의 잡다한 이야기들을 고등학생이 주말 소풍을 주제로 글짓기 숙제를 하듯이 즐겁고도 꼼꼼하게 기록해 나갔다. 나이먹은 키잡이들은 그의 순진함을 이용하여 종종 허무맹랑한 이야기들을 떠벌리곤 하였다. 그러면 피가페타는 꾸며진 이야기들을 정말로 알아듣고는 모든 것을 상세하게 기록했다. 호기심이 많은 그는 파타고니아인들에게 그 나라 말에 대하여 열심히 질문을 하여 자기도 모르게 최초로 아메리카 토착어 사전을 만들어내는 공을 세우기도 했다. 그러나 이 모든 것들보다 더 큰 명예를 얻었는데, 그것은 다른 사람도 아닌 셰익스피어가 희곡『폭풍』의 한 장면에 피가페타의 여행기를 인용한 것이었다. 한 평범한 작가에게 이보다 더 굉장한 일이 있을 수 있겠는가. 한 천재가 불멸의 작품을 만들기 위해 자신이 써놓은 글을 인용했고, 보잘것없는 한 젊은이의 이름은 그렇게 해서 후세에까지 널리 알려지게 되었다.

출항 전 유서를 쓰다

마젤란은 점검을 끝냈다. 이제 그는 편안한 마음으로 말할 수 있었다. 계산하고 예측할 수 있는 한도 내에서는 최선을 다했노라고. 그러나 탐험여행이란 계산하고 추정할 수 있는 현실적인 것보다도 훨씬 센 도전을 받는 법이다. 성공 가능성들을 모두 확인해보지만 항해에서 일어날 만한 가장 현실적인 사태도 고려하지 않을 수 없었다. 다시 돌아올 수 없는 경우였다. 따라서 마젤란은 실제적인 작업이 끝난 다음 출항 이틀 전 유서를 작성하였다.

마젤란의 유서는 감동 없이는 읽을 수 없다. 일반적으로 유서를 작성하는 사람은 적어도 자신의 전재산을 대략이나마 기입한다. 그러나 유산을 얼마나 남길지 마젤란이 어떻게 알 수 있단 말인가. 1년 안에 거지가 될지, 세상에서 가장 큰 부자가 될지, 모든 것은 운명에 달려 있을 뿐이었다. 그의 전재산이란 스페인 왕가와의 계약에 달려 있었다. 항해가 성공하여 전설의 '파소'를 발견한다면 향료군도로 나아가서 물품을 가득 싣고 돌아올 것이다. 그러면 가련한 모험가로 떠났다가 세상의 대부호가 되어서 돌아올 수 있었다. 게다가 중간에 새로운 섬이라도 발견한다면 자손대대로 재산뿐만 아니라 총독이나 귀족의 칭호가 세습되는 것이었다. 그러나 그의 함대가 길을 잃는다거나 난파한다면 아내와 자식들은 굶어죽지 않으려면 교회의 자비를 바라는 수밖에 없었다. 바로 저 높은 곳에서 바람과 파도를 조절하는 신들에게 모든 것이 달려 있었다. 마젤란은 독실한 기독교인으로서 오묘한 신의 뜻 앞에 머리를 조아렸다. 유서를 쓰는 마젤란은 처음에는 기독교인이었고, 다음엔 귀족이었고, 맨 마지막에는 남편이고 아버지였다.

그러나 살아 있을 때나 마찬가지로 죽고 없는 경우에 대비해서도 그는 세심한 성격답게 조목조목 처리해야 할 일을 밝혀놓았다. 만일 그의 '이승의 삶이 끝나고, 영원이 시작된다면' 그가 바라는 것은 '세비야의 산타마리아 수도원에 묻히는 것'이라고 하였다. 그러나 항해 중에 죽어 시신을 고향으로 보낼 수 없다면 '성모 마리아를 모시는 가까운 교회에 안치시켜 달라'고 했다. 또 정확하게 교회에 유증도 했다. 계약에 따라 5분의 1을 받게 되는 이윤배당금에서 10분의 1은 산타마리아 데라 빅토리아 수도원과 산타마리아 몬세라트 수도원, 오포르토의 산 도밍고 수도원에 똑같이 나누어주고, 출항 전에 성찬식을 받았던 세비야 예배당에 1천 마라베디를 헌금하라고 했다. 만일 신의 섭리로 무사히 귀향하면 그곳에서 다시 성찬식을 받고 싶다고 했다. 은화 1레알을 성십자단에 상속하고, 1레알은 이교도로부터 기독교인을 구출하는 데 쓰도록 했고, 1레알은 산라자로의 구빈원에, 그리고 오스피탈 데 라스부바스와 카사 데 산세바스티안 병원에 각각 1레알씩을 전해 이 구호금을 받는 사람들이 그의 영혼을 위해 신께 기도드려 주길 바란다고 했다. 그리고 산타마리아 데 라 빅토리아 교회에서 그의 시신을 놓고 30번 미사를 읽어주고, 장사 후에도 30일 간 미사를 올려주길 바라며, 장례식엔 가난한 사람 3명을 불러 저고리와 모자, 셔츠, 그리고 신발 한 켤레씩 주어 치장한 다음 그의 영혼을 위해 신 앞에 기도하게 하라고 했다. 또한 이 세 사람 외에도 12명을 더 불러 식사를 대접하여 신께 기도하게 해달라고 덧붙였다. 그리고 연옥의 영혼들을 위해 금화 1두카텐을 헌납하겠다고 끝맺었다.

교회에 유산을 분배한 다음에는 아내와 자식들을 언급하리라고 생각할 것이다. 그러나 신심이 두터운 이 남자는 감동적이게도 한 번 더 노예인 엔리크의 운명을 염려하였다. 아마도 그의 양심이 진정한 기독교인으로서 노예를 부린다는 것이, 그것도 세례를 받아 교우가 되었고 불멸의 영혼을 지닌 존재를 땅뙈기나 저고리처럼 자신의 소유물이라고 부를 수 있다는 사실에 회의를 품었는지도 모른다. 마젤란은 영혼이 불안한 상태로 신 앞에 나서고 싶지 않았다. 따라서 그가 죽는 날부터 말라카인 포로이자 노예인 스물여섯 살의 엔리크는 노예 신분에서 벗어나고 원하는 대로 행동할 자유를 허용한다고 했다. 또한 유산에서 현금 1만 마라베디를 지원해줄 것을 바란다고 덧붙였다. 이 유산은 그가 기독교인이 되었으므로 신에게 마젤란의 영혼의 안식을 빌어줄 것을 바라기 때문에 주는 것이라 했다.

그는 이같은 내용을 밝힌 다음에야 비로소 가족으로 시선을 돌렸다. 여기에서도 돈이나 재물에 대한 걱정보다는 비물질적인 것에 대한 지시가 우선했다. 어떻게 문장과 가문의 이름을 보존할 것인가에 대한 것이었다. 2대, 3대에 이르기까지 마젤란은 만일 아들이 먼저 죽을 경우엔 누가 가문을 이을지에 대해 언급했다. 기독교인으로서 그러했듯이 마젤란은 귀족으로서도 불멸하기를 이 유언에서 간절히 바라고 있었다.

마지막으로 얼마가 될지 모르는 재산을 아내와 자식에게 분배한 다음 자신의 성격처럼 곧고 딱딱한 필체로 에르난도 데 마가야네스라고 서명하였다. 그러나 결과적으로 마젤란이 지시한 모든 사항들은 단 하나도 이루어지지 않았다. 그의 유언은 결국 아무 짝에도 소용없는 휴지조각에 불과했던 것이다. 상속자로 지정했던 자들은 아무도 상속받지 못했고, 그가 염두에 둔 가난한 자들은 아무 도움도 받지 못했다. 그의 육신도 원했던 장소에 묻히지 못했고, 문장도 사라져 버리고 말았다. 단지 그가 이루어놓은 세계일주라는 행위만이 인간의 삶보다 오래 계속될 것이고, 후대의 인류만이 물려준 유산에 대해 감사할 것이었다.

고향에서의 마지막 의무도 다 치렀고 이제 작별의 시간이 다가왔다. 아내는 몸을 떨면서 서 있었다. 딱 일 년 반 동안만 생애 처음으로 행복하게 살았던 것이다. 두 번째 아이를 가진 그녀는 아들을 안은 채 흐느끼고 있었다. 마지막으로 한 번 더 그녀를 안아보고, 장인인 바르보사와 악수를 나누었다. 장인에게는 사랑하는 외아들을 빼앗아가는 것이었다. 마젤란은 아내의 눈물을 보지 않으려고 서둘러서 보트를 저어 함대가 기다리고 있는 산 루카로 떠나갔다. 산 루카 교회에서 한 번 더 전 승무원들과 함께 고해성사를 하고 성찬식을 받았다.

1519년 9월 20일 화요일 아침이 밝아왔다. 세계사적으로 기억되어야 할 날이었다. 닻이 올려지고, 돛이 펄럭이고, 대포가 울려 퍼지는 가운데 육지는 점점 멀어져 갔다. 인류 역사상 가장 용감하고, 가장 원대한 탐험여행이 시작된 것이다.

착 오

리우데자네이루를 거쳐 라플라타강까지, 그러나 파소는 없었다

1519. 9. 20 ~ 1520. 4. 1

1519년 9월 20일, 마젤란 함대는 육지를 떠나갔다. 이 당시 스페인은 이미 유럽을 벗어나 세계로 뻗어가고 있었다. 다섯 척의 배가 엿새 후 신선한 물과 식량을 보충하기 위해 테네리파의 카나리아 제도에 도착했을 때까지도 그들은 여전히 칼 5세의 영토 내에 있었다. 세계일주자들은 미지의 세계로 떠나기 전에 한 번 더 소중한 고향땅을 밟아볼 수 있었고, 같은 언어권에서 숨쉴 수 있었다.

마지막으로 허용된 휴식은 곧 끝났고 마젤란은 출발 준비에 나섰다. 그때 멀리서 손짓을 하며 스페인 카라벨선 한 척이 뒤따라 와서는 장인인 디에고 바르보사의 밀서를 전해주었다. 비밀문서란 언제나 나쁜 소식을 의미하는 법이다. 바르보사는 스페인 함장들이 항해 중에 마젤란의 명령에 불복종하려는 음모를 꾸미고 있다고 사위에게 경고했다. 그 음모의 우두머리는 부르고스 주교의 사촌인 후안 데 카르타헤나라는 것이었다. 이 경고의 정직성과 정확성을 의심

할 이유는 없었다. 이 편지는 알바레스의 경고를 증명해주고 있지 않은가? 다른 사람들도 국왕에게서 따로 명령을 받았고, 마젤란이 이를 알게 되는 때는 이미 그로서는 끝장이라고 하지 않았던가? 그러나 주사위는 던져졌고, 이 명백한 위험을 대하고 마젤란의 냉혹함은 더욱 굳어질 뿐이었다.

그는 당당하게 세비야로 답장을 보냈다. 무슨 일이 일어난다 해도 황제를 위한 임무를 계속할 것이고, 자신의 생명을 담보로 내놓겠노라고 하였다. 그는 편지의 내용에 대해 아무도 눈치채지 못하도록 하면서 닻을 올리라고 명령하였다. 그리고 몇 시간 후 테네리파의 산봉우리는 아스라이 사라져 갔다. 배에 탄 대부분의 이들에게 이것이 고향땅을 마지막으로 보는 것임을 당시에는 알지 못했다.

항해를 해나가면서 가장 어려운 과제는 무게도 틀리고 속력도 다른 다섯 척의 배를 계속해서 한 대열로 묶어놓는 일이었다. 한 척의 배라도 잃는 날에는 함대로서는 이 거대하고 길도 없는 대양에서 끝장이었다. 그래서 마젤란은 떠나기 전에 카사 데 콘트라타시온의 합의하에 계속적으로 연락할 수 있는 특별한 방식을 고안해냈다. 물론 배의 함장과 키잡이들에게도 배의 항로를 알려주었지만 공해상에서는 맨 앞에 나아가는 기함 트리니다드의 뒤를 쫓아오라고만 하였다. 낮에는 그냥 뒤쫓아가는 것이 별문제가 아니었다. 폭풍이 몰아칠 때도 배들은 서로 시야를 유지할 수 있었다. 그러나 밤에는 다섯 척의 배들이 계속해서 서로를 감지하는 것이 어려울 수밖에 없었다. 그래서 불빛 신호체계를 만들어 서로 연락하기로 하였다. 어두워지기 시작하면 트리니다드의 고물에는 등잔불이 타오르고, 배들은 이를 보고 뒤따라가면 되었다. 트리니다드에 횃불 외에도 다른 불빛 두 개가 보이면 이는 천천히 항해하라거나, 풍향이 좋지 않으니 진로를 바꾼다는 신호였다. 불빛이 세 개면 스콜이 예상되니 아래쪽 돛을 잡아당기라는 것이고, 네 개는 모든 돛을 걷어내라는 것이었다. 기함에 횃불이 펄럭거리거나 대포소리가 들리면 근처에 깊은 수렁이나 모래톱이 있으니 주의하라는 의미였다. 이러한 독창적인 신호체계를 사용하여 돌발사태나 재난에 대비해 밤에도 범선들 간에 대화가 이루어졌다.

불빛을 사용하는 이 원시적인 전보방식은 바로 뒤따르는 배가 같은 방식으로 되받아 전달했기 때문에 총사령관은 자기 명령이 제대로 전해졌는지, 수행되는지 알 수 있었다. 게다가 매일 저녁 어둠이 내리기 전 네 척의 배는 기함으로 다가와서 사령관에게 "총사령관님께 저녁인사를 올립니다"라는 말로 인사를 하고 야간 경호를 위한 명령을 하달받았다. 네 명의 함장들이 매일같이 사령관 앞에서 보고하는 형식으로 규율은 처음부터 확립된 듯이 보였다. 기함이 이끌면 다른 배들은 따르고, 총사령관이 항로를 명령하면 다른 함장들은 아무 이의 없이 따랐다.

그러나 지휘권이 그토록 독선적으로 한 사람의 손에 놓여 있다는 사실이 다른 네 척의 함장들의 심기를 건드리고 말았다. 게다가 이 말이 없고 음흉스러운 포르투갈인은 매일같이 자기들을 신병처럼 모여들게 하고는, 단순한 하수인인 양 명령을 주어서 다시 보내는 것이 아닌가. 그들이 바란 것은(그들에게 그럴 권리가 없는 것도 아니었다) 계획에 대한 자세한 설명이었다. 마젤란이 스페인에서 그토록 항해의 목적지에 대해 입을 다문 것은 '파소'의 비밀이 첩자의 귀에 들어갈 것을 우려한 때문이라고 이해했다. 그러나 이제 공해상에서는 더 이상 조심할 필요가 없을 테니 자기들을 기함으로 불러모아 지도를 가지고 지금껏 감추고 있던 계획에 대해서 설명해주었으면 하는 것이었다. 그러나 마젤란의 입은 열릴 줄 몰랐다. 오히려 더 냉정하게 사람들을 멀리했다. 그들은 주인을 쫓는 강아지처럼 그저 멍청하게 낮에는 깃발만을, 밤에는 불빛만을 쫓아가야 했다. 스페인 장교들은 며칠 동안은 아무 말 없이 당연하다는 듯 마젤란을 쫓아갔다. 그러나 사령관이 남서향으로 직진하여 브라질로 가는 대신에 예정 항로보다 훨씬 더 남쪽으로 방향을 잡으면서 시에라레모네까지 아프리카 해안에 바싹 붙어가자 후안 데 카르타헤나는 저녁 점호시간에 항로가 변경된 이유를 알고 싶어했다.

첫 번째 저항과 마젤란의 철퇴

이 공공연한 질문은 사실 후안 데 카르타헤나 쪽에서 본다면 전혀 무례할 것이 없었다(이 점을 강조할 필요가 있는 것이 대부분의 기록에는 마젤란을 변호하기 위하여 후안이 처음부터 흑심을 품은 배반자였다고 되어 있기 때문이다). 국왕이 임명한 창고계장이요, 함대에서 가장 큰 배의 함장으로서 사령관에게 지정된 항로를 왜 변경했는지 공손하게 물어본다는 것은 합법적이고 당연했다. 게다가 항해술에 있어서도 후안 데 카르타헤나가 옳았던 것이, 새로 명령한 항로는 14일 간을 불필요하게 소모하고 말아 아무 쓸 데 없는 우회항로로 판명되었기 때문이었다.

마젤란이 어떤 이유에서 항로를 변경했는지는 알려지지 않았다. 기니아까지 아프리카 해안을 계속 따라 내려가 그곳에서 올바른 무역풍을 만나려고 했는지도(아마도 스페인인들은 모르는 포르투갈 항해의 비법이었는지도 모른다), 아니면 마누엘 왕이 자신의 함대를 나포하라고 브라질로 보낸 배들을 피하려고 했는지도 모른다. 어쨌든 마젤란이 다른 함장들에게 공정하고 친절하게 그 이유를 설명하는 것은 어려운 일도 아니었다. 그러나 마젤란은 달리 생각하고 있었다. 몇 마일을 남서로 가느냐, 남남서로 가느냐의 문제가 아니라 처음부터 함대의 규율이 보장되어야 한다는 확신이었다. 장인이 알려준 대로 배 안에 반란자들이 있다면 차라리 정면으로 마주치겠다는 것이었다. 자기 모르게 두 가지 명령이 내려졌다면 자신의 권위를 가지고 하나로 만들어야겠다는 것이었다. 그러므로 그에게는 지금 후안 데 카르타헤나의 질문이 절호의 기회였다. 이 스페인 귀족이 자기와 동등한 위치에 있는지, 아래에 있는지를 분명히 해야 했다.

실제로 이들의 직책상의 관계가 모호하기는 했다. 후안 데 카르타헤나는 원래 황제가 창고계장으로 보낸 사람이었다. 이 점에서나 산안토니오 호의 함장이라는 위치로 볼 때 아랫사람으로서 총사령관에게 충고하거나 질문할 권리는 없었다. 그러나 마젤란이 자신의 파트너인 팔레이루를 밀어내고 그 대신 후안 데 카르타헤나를 부사령관으로 임명했기 때문에 상황은 달라졌다. 부사령관이란 병렬적인 관계이기 때문이었다. 두 사람은 서로 왕이 보낸 문서를 증거로 제시할 수 있었다. 마젤란은 자신에게 함대의 전권과 지휘권을 부여한 왕의 칙서를, 후안 데 카르타헤나는 '세둘라'를 들이밀 수 있는데, 거기에는 항해상의 과실이 발견되고 상대방의 판단력이나 이해력이 부족한 경우 이를 감독한다고 되어 있었다. 그렇다면 이 부사령관은 사령관에게 책임을 물을 권리가 있지 않은가? 그러나 마젤란은 이러한 질문을 한순간도 떠올리고 싶지 않았다. 그래서 후안 데 카르타헤나에게 퉁명스럽게 대답했다. 아무도 사령관에게 설명을 요구할 권리가 없고, 모두 그의 뒤만 쫓아오면 된다고. 너무도 무례한 말이었다. 그러나 마젤란은 오랫동안 협박하거나 서로 협상하는 대신에 몽둥이로 바로 내려치기를 원했다. 스페인 함장들에게는 (아마도 반란자들이었겠지만) 대놓고 분명히 못 박아 둔 셈이었다.

"공연히 착각에 사로잡히지 마라. 키는 나 혼자서 단단히 붙잡고 있을 것이다."

단단하고 강한 주먹이긴 했으나, 마젤란에게는 한 번 힘차게 휘어잡은 다음 다시 노련하게 무마하는 능력이 부족했다. 마젤란은 어려운 문제를 친절하게 말하면서 상관이나 아랫사람들과 우호적으로 대처해나가는 법을 배운 적이 없었다. 그러므로 그의 주위에는 언제나 팽팽하고 적의에 찬 분위기가 조성될 수밖에 없었다. 이 잠재된 불평불만은 후안 데 카르타헤나가 문제삼은 항로 변경이 실제로 마젤란의 명백한 실책으로 드러났을 때 첨예화되었다. 바람을 받으려던 계획은 실패로 끝났다. 배들은 2주일이나 꼼짝 못하고 묶여서 바람도 없는 바다에 서 있어야 했다. 그러다 곧 거센 폭풍우 속으로 휩싸였는데, 피가페타는 수호신인 성 안젤름, 성 니콜라우스, 성녀 클라라의 성체 덕분으로 간신히 모면할 수 있었다고 낭만적으로 보고하고 있다.

마젤란이 독선적으로 코스를 변경한 때문에 14일이나 소비되자 후안 데 카르타헤나는 더 이상 참지 않았다. 마젤란이 조언을 무시하고 비난을 견디지 못하니 이제 나 후안 데 카르타헤나는 이 형편없는 항해자를 전혀 존경하지 않는다는 것을 모든 함대에 보여주고 말겠다! 그는 매일 저녁처럼 보고를 하고 마젤란의 명령을 하달받기 위해 산안토니오 호를 타고 기함에 다가갔다. 그러나 처음으로 후안 데 카르타헤나는 지정된 인사를 하러 갑판에 모습을 드러내지 않았다. 대신 당직장교를 보내 저녁인사를 올리도록 했다. 그 당직장교는 "함장님께 저녁인사를 올립니다"고 했다. 사령관이란 말 대신 함장이란 말을 쓴 것이다.

마젤란은 단 1분도 이 잘못된 저녁인사가 우연한 실수였다고 생각하지 않았다. 그를 사령관이 아닌 함장으로 부르게 했다면 이는 전 함대 앞에서 부사령관인 후안 데 카르타헤나가 마젤란을 상관으로 인정하지 않는다는 각오를 보여준 것이었다. 곧바로 그는 후안 데 카르타헤나가 앞으로는 규정대로 정확하게 인사할 것을 바란다고 전하도록 하였다. 그러자 후안 데 카르타헤나는 할 수 없노라고 차갑게 답변했다. 덧붙여 지금은 그래도 배에서 가장 높은 사람을 시켜 인사하게 했지만 다음번에는 견습선원을 시키겠노라고 하였다. 사태는 더욱 심각해진 것이다. 사흘간이나 산안토니오 호는 (전함대가 멀리서부터 볼 수 있도록) 인사를 중단함으로써 모든 사람에게 산안토니오 호의 함장이 포르투갈사령관의 독재를 인정하지 않겠다는 것을 공표했다. 이 스페인 귀족은 철저히 드러내놓고(종종 묘사되었듯이 눈치를 보면서 계략을 꾸미는 배반자가 아니라는 점이 바로 후안 데 카르타헤나의 명예를 지켜준다) 마젤란에게 도전장을 던진 것이었다.

위험이 닥쳐야 비로소 성격과 능력이 밖으로 드러나는 법이었다. 마젤란이 위험에 처했을 때 보이는 반응은 언제나 똑같았다. 중대한 결정을 앞두면 언제나 섬뜩할 정도로 침묵하며 냉정해졌다. 이를테면 얼어붙는 것이었다. 가장 무례한 모욕조차도 그의 수북한 눈썹 뒤에 숨겨진 눈동자를 번뜩이게 하지도 못했고, 수염 뒤로 감춰진 입 주위의 근육 하나도 움직이게 하지 않았다. 그는 자신의 기질을 완전히 제어하고 있었다. 그리고 그 얼음과도 같은 냉혹함으로 사건을 냉정하게 바라보고 있었다. 살아오면서 마젤란은 한 번도 화가 나서 성급하게 싸워본 적이 없었다. 언제나 길고도 숨막힐 듯 무거운 침묵이 구름처럼 몰려들고는 그러다가 번개가 내리꽂히는 것이었다.

이번에도 마젤란은 침묵했다. 그를 모르는 사람들은(스페인인들은 아직 그를 알지 못했다) 그가 후안 데 카르타헤나의 도전을 무시했다고 생각했다. 실제로 마젤란은 다음 전투를 준비하고 있었다. 그는 무장이 잘된 커다란 배의 함장을 망망대해에서 폭력으로 끌어내릴 수는 없다는 것을 알고 있었다. 그러므로 참아야 했다. 마젤란은 이 모욕에 대한 최선책으로 침묵할 뿐이었다. 사람들은 마젤란이 트리니다드 호에서 침착하게 오르내리는 모습을 보았다. 겉으로 보기에는 배 위에서 별로 중요하지도 않은 하찮은 일에 매달려 있는 듯싶었다. 산안토니오 호로부터 저녁인사가 전달되지 않았다는 것도 그를 전혀 화나게 만들지 않는 듯 보였다. 그래서 다른 함장들은 이 수수께끼 같은 사람을 보면서 놀라워하다 못해 갑자기 화해하고 싶은 기분까지 드는 것이었다.

그때 사병이 풍기문란죄를 범하자 사령관은 네 명의 함장들을 상의 명목으로 불러들였다. 사람들은 그도 다른 동료들과 적대관계에 있는 것이 유쾌하지만은 않았구나라고 생각했다. 또한 자기가 바꾼 항로가 잘못된 것으로 판명됐으니 차라리 노련한 함장들의 자문을 구하는 편이 낫다는 것을 알아차렸으리라 여겼다. 후안 데 카르타헤나도 기함으로 왔고, 이제 오랫동안 거부되었던 의견 교환의 기회가 주어지자 그는 다시 한 번 항로를 변경한 이유를 물어보았다. 그러나 마젤란의 태도는 변하지 않았고, 의도적으로 냉담했다. 카르타헤나는 왕의 최고 관리로서 자유롭게 비판할 권리가 있다고 믿었기에 마젤란의 태도에 격렬하게 분노했다. 공공연한 명령 불복종의 양상이 빚어지게 된 것이다. 마젤란은 바로 이 순간을 기다렸다. 카르타헤나의 격분을 유도한 마젤란은 칼 5세가 부여한 절대재판권으로 그의 반발을 되받아쳤다. 후안 데 카르타헤나의 가슴을 움켜쥐고 "그대는 포로다"라고 말하면서 알 구아실(무기대장이자 경찰장교)에게 반란자를 구속하라고 명령했다.

다른 스페인 함장들은 놀라서 바라만 보고 있을 뿐이었다. 몇 분 전만 해도 그들은 완전히 후안 데 카르타헤나의 편이었다. 지금도 마음속으로는 동향인의 편을 들어 외국인 독재자에 대항하고 있었다. 그러나 대적자를 마치 범법자처럼 붙잡아서 구속시키는 신속한 행동과 악마 같은 에너지를 대하고 그들의 의지는 마비가 되어버렸다. 후안 데 카르타헤나가 원조를 요청했건만 아무 소용도 없었다. 어느 누구도 한 발자국도 움직일 수 없었고, 이 땅딸막하고 다부진 남자에게 감히 눈도 쳐들 수 없었다. 처음으로 그가 가진 무시무시한 에너지를 느낄 수 있었다. 후안 데 카르타헤나를 감옥으로 끌고 가려고 하자 비로소 한 사람이 마젤란에게 최고의 예를 갖추어 호소했다. 스페인 귀족인 후안 데 카르타헤나에게 쇠고랑을 채우는 것만은 막아달라는 것이었다. 자신의 명예를 걸고 지키겠으니 카르타헤나를 그들 중 한 사람에게 포로로 넘겨달라고 부탁했다. 마젤란은 루이스 데 멘도사가 그를 감독하는 임무를 맡고, 언제라도 사령관의 뜻을 따르는 조건이라면 이에 동의하겠노라고 했다.

이로써 모든 것은 해결되었다. 한 시간 후 다른 스페인 장교 안토니오 데 코카가 산안토니오 호를 지휘하게 되었고, 그날 저녁 그는 정확하고 틀림없이 자기 배에서 사령관에게 인사를 하였다. 더 이

브라질 인디오.
프랑스에서 발간된 풍속사 (1567)에서 발췌한 목판화.

상 다른 돌발사태 없이 항해는 계속되었다. 11월 29일, 돛대에서 브라질 해안이 보인다고 전하였다. 그러나 다섯 척의 배는 쉬지도 않고 페르남부코 근방을 지나 항해를 시작한 지 11주 만인 12월 13일,

마침내 리우데자네이루에 입항했다.

첫 기착지 리우데자네이루 만

리우데자네이루 만의 빼어난 경관은 화려한 도시 위용을 자랑하는 오늘날보다 결코 떨어지지 않았을 테니 항해에 지친 승무원들에게는 진정한 파라다이스처럼 보였음에 틀림없다. 성자 자누아리우스의 날에 발견되었다고 리우데자네이루라고 불리는 이 만은 이미 포르투갈 영역에 속해 있었다. 사람들은 이 복잡한 섬들 저편으로 거대한 강의 하구가 있다고 생각했기 때문에 이것을 강(리우)이라고 잘못 부르고 있었다. 규정대로라면 마젤란은 상륙을 해서는 안 되었다. 그러나 포르투갈인이 그곳에 정착하지 않았고 요새도 쌓지 않았기 때문에 이 번잡한 만은 아직 소유자가 없는 셈이었다. 스페인 함대는 해안에 꽃이 만발한 매력적인 섬들을 지나서 안심하고 닻을 내렸다.

상륙보트가 가까이 오자마자 원주민들은 오두막과 숲에서 달려나와 이 무장한 군인들을 아무 의심 없이 반겨주었다. 그들은 마음씨 좋고 붙임성 있는 민족이었으나, 피가페타는 나중에 이들이 때때로 적의 시체를 창에 꽂아서 황소처럼 불에 구워먹는 식인종이라는 것을 알고는 마음이 상해버렸다. 그러나 과라니인들은 신과 같은 백인 이방인에게는 이런 욕심을 내지 않았다. 군인들은 거추장스런 차총과 무거운 창을 사용할 필요가 없었다. 몇 시간 후에는 벌써 활발한 교역이 이루어졌다. 이제 착실한 피가페타는 본연의 과제를 발견하고 활기에 가득 찼다. 11주나 항해하는 동안에 이 공명심이 강한 기록자는 쓸 것을 별로 발견하지 못했다. 상어떼에 대한 몇 가지 에피소드와 특이한 조류에 대한 수다거리가 전부였고 후안 데 카르타헤나의 구금도 전혀 관심의 대상이 되지 못했다. 이제 이 모든 광경을 일지에 적으려면 펜대가 부족할 정도였다. 비록 그가 주변의 경이로운 자연에 대해서는 아무 언급도 하지 않았지만, 대신 그는 새로운 과일들에 대한 묘사로 정신이 없었다. 커다랗고 둥근 솔방울처럼 생긴 '파인애플'은 엄청나게 달고 맛이 있었고, '바타테'라는 밤 비슷한 과일과 '사탕수수'가 있었다.

이 활발한 젊은이는 주민들이 멍청하게도 엄청나게 싼값으로 식료품을 팔고 있는 것을 보고 신이 나서 어쩔 줄을 몰랐다. 원주민들은 작은 낚싯대를 받고 닭 대여섯 마리를 내주었고, 빗 하나에 거위 두 마리, 작은 거울 하나에 색깔이 화려한 앵무새 열 마리, 가위 하나에 한 타스의 장정이 배불리 먹을 만큼 물고기를 내주었다. 작은 종 하나를 주고(이 배가 적어도 2만 개 이상의 종을 싣고 왔음을 기억할 것이다) 광주리 가득 바타테를 끌고 왔고, 낡은 트럼프의 '킹'카드 한 장을 주고는 닭 다섯 마리를 얻었다. 그러면서도 과나리인들은 이 경험 없는 기사를 속여먹었다고 믿는 것이었다. 피가페타의 섬세한 표현에 따르면 옷이라고는 긴 머리카락이 전부였던 어린 처녀들도 예상외의 싼 가격으로 구할 수 있었다. 칼 하나, 도끼 한 자루만 주면 처녀 두세 명을 일생동안 차지할 수 있었다.

이렇듯 피가페타는 열심히 현지 보고를 하고, 선원들은 음식을 먹고 낚시를 하거나 처녀들과 시간을 보내는 동안 마젤란은 항해만 생각했다. 그는 승무원들이 활력을 되찾을 수 있도록 풀어놓았지만 기강이 해이해지는 것만은 막았다. 스페인 왕에 대한 자신의 의무를 생각하고 브라질 전 해안에 걸쳐 노예를 사는 것도 금했으며

브라질의 권투선수들.
다페르의 아메리카 대륙 여행기(1673)에서 발췌한 동판화.

폭력을 사용하는 것도 금함으로써 포르투갈인들이 불평할 만한 핑계거리를 만들지 않도록 했다.

이런 공정한 태도 덕분에 마젤란은 특별한 성공을 거두었다. 자기들에게 사소한 해도 입히지 않자 원주민들은 곧 두려움을 버렸다. 해변에서 미사를 거행할 때면 선량하고 어린애 같은 주민들은 언제나 무리를 지어 다가와서는 호기심에 차서 이 기묘한 의식을 지켜보았다. 이 백인 이방인들이 오랫동안 기다리던 비를 몰고 왔다고 믿게 되자 높이 쳐든 십자가 앞에 두 손을 마주대고 꿇어앉기도 했다. 경건한 스페인인들에겐 그들이 자신도 모르게 기독교 신앙의 신비를 받아들였다는 확실한 징후로 해석되었다. 13일 간의 체류가 끝나고 12월 말경 함대가 이 잊을 수 없는 만을 떠날 때 마젤란은 다른 어느 정복자들보다도 마음 편하게 항해를 계속할 수 있었다. 비록 그가 황제를 위해 이 나라를 정복할 수는 없었지만, 경건한 기독교인으로서 천상의 주를 위해 새로운 신자들을 확보했기 때문이었다. 어느 누구에게도 아주 작은 피해도 주지 않았고, 원주민 한 사람도 완력을 써서 탈취해내지 않았다. 마젤란은 평화롭게 도착해서 다시 평화롭게 떠난 것이었다.

그곳은 파소가 아니었다

선원들은 낙원 같은 리우데자네이루를 떠나야 하고, 브라질의 수많은 해안들이 계속 손짓함에도 불구하고 상륙도 해보지 못한 채 전진해야 하는 것이 썩 내키지 않았다. 하지만 마젤란은 더 이상 휴식을 허용할 수 없었다. 겉으로는 태연해 보였으나 내심 그는 초조했다. 파소가 나타나지 않았기 때문이다. 이 통로는 그 포르투갈 키잡이의 이야기나 마틴 베하임의 지도에 표시된 위도가 정확하다면 산타마리아 곶 바로 뒤에서 시작될 것이다. 마젤란은 쉬지 않고 이 목적지를 향해 나아갔다. 1월 10일, 그들은 광활한 평지에서 작은 구릉이 솟아 있는 것을 발견하고는 몬테비디(현재의 몬테비데오)라고 이름 지었다. 날씨가 거칠어지자 그들은 끝없이 서쪽으로 뻗어 있는 거대한 만으로 피신했다.

이 거대한 만은 라플라타 강의 하구일 뿐이었다. 그러나 마젤란이 이 사실을 알 리가 없었다. 비밀의 보고서에 적혀 있는 바로 그 자리에 거대한 물줄기가 서쪽으로 밀려나가는 것을 보면서 그는 마음속으로 만족감을 억누를 수 없었다. 이것이야말로 그토록 찾아헤매던 약속의 해협, 파소임에 틀림없으리라. 생긴 모양과 위치가 리스본에서 들었던 묘사와 정확히 일치해 보였다. 그 신문에 따르면 20년 전 포르투갈인들이 서쪽으로 항해하면서 통과하려고 했던 바로 그 곳이 분명했다. 피가페타는 다른 사람들도 하나같이 이 광대한 물길을 보고 그 열망의 통로를 발견했다고 믿었다고 적고 있다. 라인 강이나 포우 강, 에브르 강, 테쥬 강처럼 좌우로 강변이 놓여 있는 느린 하구와 비교할 때 이곳에서는 강물의 폭이 끝없이 펼쳐져 있었다. 지브랄타 해협이나, 도버 해협, 다다넬스 해협처럼 이 만에서 대양과 대양을 연결시켜 주는 해협이 틀림없이 시작될 것이다. 그들은 지휘자를 절대적으로 신뢰하면서 벌써부터 며칠 내로 이 새로운 해협을 통과해서 다른 남쪽의 바다, 그 전설적인 남대양에 도달할 것을 꿈꾸고 있었다. 그런 다음 인도로, 일본으로, 중국으로, 향료군도로 이어지고, 그러면 골콘다의 보물과 지상의 모든 보물이 그들의 차지가 되리라!

마젤란은 이곳에서 통로를 발견할 수 있으리라고 믿었다. 들이닥친 폭풍이 약간 잦아들자 마젤란은 함대를 분리하였다. 작은 배들은 해협을 찾기 위해 서쪽으로(실제로는 강 상류쪽으로) 보냈다. 큰 배 두 척은 이 방향으로 얼마나 멀리까지 뻗어 있는지 알아보기 위하여 자기가 직접 통솔하면서 라플라타 강의 하구를 가로질러 남쪽으로 이끌고 갔다. 작은 배들이 서쪽으로 떠나 있는 동안 그는 만의 남쪽 지역을 샅샅이 훑어보았다. 그러나 실망뿐이었다. 보름이 지나자 멀리서 돌아오는 정탐선의 돛이 반짝거렸다. 그러나 돛대에서는 환호의 신호를 보내지 않았고 함장들도 낙심천만의 보고를 하는 것이었다. 해협이라고 성급하게 생각했던 방대한 물길은 거대한 담수해였고, 이곳에서 말라카로 가는 길을 찾다가 죽음을 맞은 후안 데 솔리스를 기념하여 리우데솔리스(솔리스 강)라고 부른다고 했다(나중에 이 강은 라플라타 강이라고 명명된다). 결국 보름이나 이곳에 머물면서 통로를 찾아헤맸으나 헛되이 날짜만 지나가 버린 셈이었다.

이제 마젤란은 온몸의 근육을 힘껏 잡아당겨야 했다. 함장이나 승무원 중의 어느 누구도 이 실망이 자신의 확신을 얼마나 여지없이 무너뜨렸는지 눈치채서는 안 되었다. 그는 마틴 베하임의 지도가 잘못되었고, 그 통로를 발견했다던 포르투갈인들의 보고가 성급한 착각이었음을 알아차렸다. 그에게 세계일주라는 계획을 세우게 해준 모든 정보들이 거짓이었고, 팔레이루의 계산도, 그가 스페인 왕과 참모들 앞에서 한 언약도 모두 거짓이었던 것이다. 만약 이 통로가 존재하기만 한다면(지금까지 철저히 확신에 찼던 이 사람은 여기서 처음으로 '만약'이라는 가능성에 대해 생각한다) 아마 남쪽으로 더 깊숙하게 놓여 있을 것이다. 그러나 남쪽으로 계속 항해한다는 것은 열대를 향해 가는 것이 아니고 이미 적도를 지나왔기 때문에 다시 극지대에 가까워지는 것이었다. 적도의 남반구에서는 2월과 3월은 고향인 북반구처럼 겨울이 끝나는 때가 아니라 반대로 겨울이 시작되는 시점이다. 때문에 남아메리카를 일주하기에 적당한 절기를 이미 놓쳐버린 것이었다. 지금 곧 남대양으로 가는 통로가 열리지 않는다면, 그토록 헛되이 찾아헤매던 파소가 발견되지 않는다면, 남은 가능성은 다시 따스한 지대로 돌아가거나 이곳 어디에선가 겨울을 나는 것뿐이었다.

정탐선이 실망을 안고 돌아온 순간부터 어두운 생각들이 마젤란의 영혼을 뒤덮었음이 틀림없다. 그의 마음 깊숙한 곳처럼 바깥세상도 점점 어두워지기 시작했다. 보이는 해안마다 점점 더 벌거숭이처럼 황량하고 차갑기만 했고, 하늘은 점점 더 음침해지기 시작했다. 남쪽 지방의 환하고 밝은 빛은 사라지고, 파란 하늘에는 이제 잿빛 구름이 몰려들기 시작했다. 멀리서부터 해안에 다가가는 배를 맞이하던 숨막힐 정도로 달콤하던 열대 숲의 향기도 사라져 버렸다. 그 따사롭던 브라질의 자연 풍경과 무성한 나무들, 주렁주렁 매달린 과일, 바람에 휘날리는 야자수며 각양각색의 동물들, 그 친절한 원주민들이 영원히 사라져 버린 것이다. 모래만 가득한 이 황량한 해안에는 사람들이 다가가면 겁에 질린 펭귄만이 뒤뚱거리고, 절벽 위에는 해표들이 멍청하고 게으르게 굴고 있었다. 그 밖엔 아무리 둘러보아도 생물이라곤 보이지 않았고, 사람도 동물도 모두 이 심장을 조이는 듯한 불모지에서 죽어버린 듯싶었다.

언젠가 한번은 커다란 야만인들이 에스키모처럼 털가죽을 뒤집어쓰고 이리저리 도망다니고 있었다. 종을 가지고도, 알록달록한 두건으로도 그들을 꼬여낼 수는 없었다. 사람들이 가까이 다가가기만 하면 불친절하고 냉담하게 도망쳐 버렸다. 그들이 어디에 살고 있는지 흔적을 찾을 수도 없었다. 항해는 점점 더 고달파지고 느려지기만 하였다. 마젤란이 철두철미하게 해안을 따라갈 것을 고집했기 때문이었다. 작은 만 하나, 작은 항구 하나도 철저히 정탐했다. 마젤란은 자신을 항해로 이끌어내고는 도중에 배반하고 만 그 신비의 지도를 더 이상 신뢰하지 않았다. 그러나 어쩌면 기적이 일어나서 기대하지 못했던 위치에서 파소가 나타날지도 모르고, 그렇게 되면 겨울이 시작되기 전에 남대양으로 건너갈 수도 있으리라. 이미 확신을 잃은 마젤란은 마지막으로 남은 희망에 절망적으로 매달리고 있었다. 어쩌면 그 지도나 포르투갈인들이 위도를 착각했을지도 모른다. 그 해협은 아마도 그들이 호언장담했던 것보다 몇 마일 더 아래

남아메리카 대륙. 세바스티안 뮌스터가 만든 우주형상지.
바젤(1544)에서 발췌.

쪽에 있을지도 모른다.

함대가 2월 24일 넓고도 끝이 안 보이는 산마티아스 만에 다다랐을 때 폭풍에 뒤흔들리는 촛불처럼 한 번 더 희망이 타올랐다.

마젤란은 이곳이 몰루켄으로 가는 통로인지 알아보기 위해 작은 배들을 다시 정탐하러 보냈다. 그러나 이번에도 아니었다. 그것은 막혀 있는 만에 불과했다. 또다시 2개의 다른 만을 정탐했다. 그곳에 살고 있는 수많은 펭귄 때문에 바이아데로스파토스라고 불리는 만과(그곳에 상륙한 승무원이 겪어야 했던 엄청난 고통을 되새기며) 바이아데로스트라바호스라는 만이었다. 그러나 그토록 기다리던 소식 대신 반쯤 얼어죽은 정탐원들이 가져온 것은 도살된 해표의 시체뿐이었다.

얼어붙은 하늘 저편으로 항해는 해안을 따라 계속되었다. 주위는 점점 삭막해지고 낮 길이는 점점 짧아만 가고, 밤은 점점 길어만 갔다. 고요한 바다, 잔잔한 바람은 기대할 수도 없었다. 날카로운 폭풍우가 돛을 잡아채고 눈과 우박이 휘몰아쳤으며 바다는 잿빛으로 거세게 끓어올랐다. 악천후와 싸우면서 라플라타 강에서 산훌리안 항까지의 짧은 거리를 오는 데만도 무려 두 달이 걸렸다. 거의 매일같이 선원들은 악명 높은 돌풍 '팜페로스'와 싸워야 했다. 바람은 급격하게 일어나서 돛대를 꺾고 돛을 찢어버렸다. 날이 갈수록 기온은 내려가고 어두워져 갔다. 파소는 여전히 보일 생각을 하지 않았다. 이제는 헛되이 보내버린 나날들이 앙갚음을 하고 있었다. 함대가 만이나 좁은 틈새를 구석구석 조사하고 있는 동안 겨울이 성큼 다가온 것이다. 위험천만인 적이 그들 앞에 심술궂게 버티고 서서는 폭풍우를 몰아와 길을 막아버리고 말았던 것이다. 반년이 덧없이 흘러가 버렸다. 마젤란은 어떻게 목적지에 도달해야 할지 세비야를 떠나오던 날보다 더 혼란스러워졌다.

선원들도 점점 불만을 드러내기 시작했다. 무엇인가가 잘못되고 있다는 것을 직감으로 느꼈다. 세비야에서 모집할 때 뭐라고 했던가? 목적지가 향료군도라고, 그 찬란한 남쪽의 낙원 같은 세상으로 떠난다고 하지 않았던가? 노예 엔리크는 자기 고향이 놀고먹는 세상이라고, 맨손으로도 그 값진 향료를 땅에서 주울 정도라고, 그래서 부자가 되어 돌아올 거라고 하지 않았던가? 하지만 이 음침한 사람은 말도 없이 계속 춥고 한심한 망망대해로 데리고 가는 것이 아닌가? 가끔씩 빛을 잃은 태양이 희미하게 구름 사이로 나타나곤 했다. 그러나 하늘은 언제나 구름으로 뒤덮여 있고 숨만 쉬어도 눈 맛이 느껴졌다. 바람은 칼날이 되어 볼을 찢고 넝마가 된 옷 속을 헤집고 다녔다. 얼어붙은 밧줄을 잡고 있으면 손까지 마비되었고, 내쉬는 입김은 안개처럼 하얗게 앞을 가로막았다.

주위는 그저 삭막하고 참담하기만 했다. 식인종조차 추위를 피해 달아나 버렸다. 뭍에서도 보이는 것은 조개나 물개뿐, 짐승이나 과일은 찾아볼 수도 없었다. 살아 있는 것이라고는 모두 폭풍에 쫓기고 황량한 바닷가에 있느니 차라리 얼음같이 차가운 물속에 머무르려고만 하였다. 이 미친 포르투갈인이 그들을 속여서 데리고 온 곳이 대체 어디란 말인가? 어디로 계속 데려가겠다는 것인가? 결국 한대지역까지, 남극까지 가겠다는 것인가?

마젤란은 이들이 불평하는 소리를 잠재우려고 했지만 아무 소용이 없었다. 조금 춥다고 해서 그렇게 놀라거나 용기를 잃지 말라고 설득하였다. 노르웨이나 아이슬란드의 해안은 위도가 상당히 높지만 초봄에도 스페인 앞바다처럼 항해하기가 수월하지 않느냐. 며칠만 더 용감하게 참아 달라, 비상시에는 이곳에서 겨울을 보내고 날이 조금 따스해지면 항해를 계속할 수도 있다고 달래보았다. 그러나 승무원들은 이런 헛된 말에 누그러지지 않았다. 아니 그런 식으로 비교해서는 안 되는 일이었다. 왕이 그들을 그런 극지방으로 보낼 리가 없었다. 사령관이 아무리 노르웨이나 아이슬란드에 대해 떠들어대도 그건 별개의 일이었다. 그곳 사람들은 어릴 때부터 추위에 적응되어 있고 집에서 멀어진다 해도 기껏해야 1, 2주 정도밖엔 안 된다. 그렇지만 그들은 기독교인이라고는 한 번도 온 적이 없는 이런 황무지로 끌려온 것이었다. 하다못해 이교도도, 식인종도 보이지 않고, 곰이나 늑대도 살지 않았다. 대체 여기서 할 일이 무엇인가 말이다. 향료군도로 간다면서 동인도 항로처럼 얼음바다도 없고 끔찍한 지역도 없는 좋은 길을 제쳐두고 왜 하필 이런 외딴 항로를 찾아와야만 했느냐는 것이다.

그렇게 분명하게 승무원들은 사령관의 설득에 대응하였다. 자기들끼리만 있는 선실의 어두움 속에서는 좀더 격렬하게 불평을 토로했을 것이다. 다시금 옛날 세비야에 떠돌았던 의심이 고개를 쳐들었다. 악마에게 혼을 판 포르투갈인이 이중첩자 노릇을 하는 것이나 아닌가? 그가 포르투갈 왕한테 다시 대접받으려고 다섯 척의 훌륭한 스페인 배와 승무원까지 구렁텅이로 몰아넣는 것은 아닌가? 스페인 함장들은 내심 기뻐하면서 승무원들의 불만이 점점 커지는 것을 지켜보았다. 그들은 마젤란과 어울리지 않았다. 사령관과 이야기하는 것도 피하였고, 눈에 띌 정도로 말을 아꼈다. 그러나 그들의 침묵은 선원들이 큰소리로 불만을 토로하는 것보다 더욱 위험했다. 그들은 항해술을 알고 있기 때문에 마젤란이 잘못된 지도를 사용했고 이제는 그도 확신을 못하고 있다는 것을 눈치챘던 것이다. 이 사람이 정말로 파소의 위도와 경도를 정확히 알았다면 무엇 때문에 보름이나 라플라타 강으로 정탐을 보냈겠는가, 무엇 때문에 귀중한 시간을 허비하면서 작은 만 하나하나를 다 조사하도록 시켰겠는가, 마젤란은 이 파소의 위치를 안다고 하면서 왕을 속였거나 아니면 자신도 속은 것이다, 아무튼 한 가지는 확실한데, 그가 길을 찾고 있지만 그 길이 어딘지를 스스로도 모르고 있다는 것이다.

그러므로 그들은 회심의 미소를 지으면서 마젤란이 해안이 시작될 때마다 모래사장만을 뚫어지게 바라보고 있는 것을 지켜보았다. 어디 함대를 이 혹한 속으로 더 멀리 끌고 가기만 해봐라! 더 이상 그에게 반항할 필요도, 불평할 필요도 없었다. 그 스스로 더 이상 못하겠다, 더 이상 어찌할지 모르겠다고 시인할 수밖에 없는 시간이 곧 닥쳐올 것이다. 그 순간이 닥쳐오면 사령권을 빼앗고, 이 거만한 자의 목을 부러뜨리리라.

봄까지 견뎌야 한다

마젤란은 참담했다. 그는 통로를 발견하리라는 희망이 잔인하게 사라져버린 순간부터(첫 번째는 라플라타 강 하구였고 두 번째는 산마티아스 만에서였다) 오류를 범하게 되었음을 스스로 인정할 수밖에 없었다. 베하임의 지도와 이름도 모르는 키잡이의 주장을 너무 쉽게 믿었기 때문에 생긴 오류였다. 최고로 운이 좋아 파소가 실제로 존재한다고 하더라도 파소는 남쪽 깊숙이, 그러니까 남극 쪽으로 놓여 있을 테니 올해는 통과할 수 있는 기회를 이미 놓친 것이었다. 겨울이 그의 모든 계산을 엉망으로 만들어놓았다. 봄이 오기 전까지는 이 지친 배와 불만스러운 승무원들을 데리고 그 항로를 사용할 수 없는 상황이었다. 설혹 그 항로를 지금 발견한다 해도 아홉 달이 아무 성과 없이 흘러가 버렸다. 성급하게 약속했던 대로 몰루켄에 도달하지도 못한 것이었다. 아직도 그의 함대는 길도 없는 곳을 헤매면서 목숨을 위해 돌풍과 싸워야 했다.

지금 진실을 고백하는 것이 가장 합리적이었다. 함장들을 불러모아 지도와 헛된 이야기가 그를 바보로 만들었고, 봄이 되어서나 다시 그 통로를 찾아나설 수밖에 없다고 설명하는 것이 최선이었다. 차라리 폭풍우를 피해 지금 회항하여 해안을 따라 브라질까지 가서 그곳의 따스하고 쾌적한 기후에서 겨울을 나야 했다. 배도, 승무원들도 회복되고 나면 봄에 다시 남쪽으로 떠나는 것이었다. 이것이 가장 분명한 길일 테고 가장 인간적인 행동방식이었을 것이다.

그러나 마젤란은 돌아가기엔 너무 멀리 나와버렸다. 너무 오랫동안 몰루켄으로 가는 더 빠른 항로를 안다고 다른 사람들을 기만하였고, 스스로도 기만당한 것이었다. 누군가 그의 비밀을 의심하기라도 하면 너무나 격렬하게 처벌하였다. 스페인 장교들을 모욕하였고, 왕의 최고 관리를 강등시키고 범법자처럼 다루었다. 이 모든 것은 단지 커다란, 결정적인 성공을 통해서만 용서받을 수 있었다. 고향에서 군주에게 약속했던 그의 장담이 확실하지 않은 것을 알게 되면 함장들이나 승무원들은 단 1분도 그에게 지휘권을 맡기지 않을 것이었다. 최말단 견습선원까지도 그의 앞에서는 모자도 벗지 않을 것이었다. 마젤란은 되돌릴 방법이 없었다. 항로를 브라질로 돌리게 하는 순간부터 그는 장교들의 명령자가 아니고 포로가 되는 것이었다.

그러므로 그는 대담한 결심을 했다. 그해 코르테츠가 병사들이 고향에 돌아가지 못하게 하기 위하여 배를 불태운 것처럼 마젤란도 배와 승무원을 외딴 곳에 붙잡아두어서 원한다 하더라도 더 이상 돌아갈 수 없도록 하려는 것이었다. 봄에 통로를 발견한다면 이기는 것이고, 발견하지 못한다면 끝나는 것이었다. 마젤란으로서는 중간이란 있을 수 없었다. 맹목적으로 고집하는 것만이 그에게 힘을 줄 수 있었고, 대담함만이 그를 구할 수 있었다.

날이면 날마다 겨울은 깊어만 가고, 폭풍은 점점 더 거세게 함대에 몰아쳤다. 전진하는 것도 힘들어서 위도상으로 겨우 12도 정도 남쪽으로 움직이는 데만도 두 달이 지나가버렸다. 3월 31일, 텅 빈 해안으로 다시 만이 하나 나타났다. 만이 열려 있는가, 이것이 그 통로인가? 사령관은 제일 먼저 그의 마지막 희망을 확인했다. 만은 닫혀 있었다. 그럼에도 불구하고 마젤란은 입항하라고 명령했다. 그리고는 신선한 샘물도 있고 물고기도 보이자 닻을 내리라고 명령하였다. 함장과 승무원들은 사령관이 누구의 의사도 묻지 않고 산훌리안 항에서 겨울을 나겠다고 결정을 내리자 놀라움과 경악을 금치 못했다. 위도 49도의 사람도 살지 않고, 어떤 항해자도 발 디뎌 보지 못한, 지구상에서 가장 음산하고 외딴 이곳에서 겨울을 보낸다는 것이었다.

반 란

스페인 함장들의 반란을 힘으로 제압하다

1520. 4. 2 ~ 1520. 4. 7

구름만 잔뜩 뒤덮인 외딴 겨울의 감옥 산훌리안 만에서의 격앙된 대립은 공해에서보다 더 격렬한 충돌을 낳을 수밖에 없었다. 마젤란은 여전히 비타협적이고 완고했다. 그는 그처럼 팽팽하게 맞서 있는 분위기에서도 서슴지 않고 불만을 고조시킬 수밖에 없는 조처를 취했다. 마젤란은 함대가 아무리 빨라도 몇 달이 지나서야 풍요로운 열대지방에 닿을 수 있으리라는 것을 잘 알았기 때문에 가지고 간 식품을 더더욱 엄격하게 분배했다. 세상의 끝에 갇혀버린 첫날부터 그는 매일 먹는 빵과 포도주를 줄일 수밖에 없다는 말로 사람들을 화나게 한 것이다. 참으로 대담한 조처였다.

결과적으로 이 강인한 조처만이 함대를 구하긴 했다. 이토록 엄격하게 배급량을 줄이지 않았다면 그들은 백여 일이 넘는 태평양 항해 동안 살아남지 못했을 것이다. 그러나 그 정체불명의 원정에는 전혀 관심도 없던 승무원들은 이 조처를 받아들일 마음의 자세가 되어 있지 않았다. 그들은 식량이 충분하지 않으면 돌아가면 되지 않느냐고 투덜댔다. 어차피 자기들은 그 어느 배보다도 남쪽으로 가장 멀리 온 셈이니 고향에 돌아가도 직무를 유기했다고 비난받지는 않을 것이다, 몇몇은 벌써 추위에 얼어죽었다, 자기들은 향료군도에 가려고 고용되었지 이 빙해로 오려고 한 것이 아니라고들 했다.

이런저런 불만들에 마젤란은 긴 연설로 답했다고 스페인 사가들은 기록하고 있다. 이 연설을 마젤란이 했으리라고는 믿기지 않는데, 그의 간결하고 냉정한 성격에 전혀 어울리지 않았고, 그리고 너무나 플루타르크나 투키디데스 흉내를 내고 있었다. 그는 그들이 카스티야인으로서 그렇게 비겁한 모습을 보이다니 그저 놀라울 뿐이라고 했다. 그리고 이 항해가 국왕과 조국을 위한 것이라는 사실을 잊었느냐고 다그쳤다. 통수권을 맡았을 때 그는 대원들에게서 스페인 민족을 지탱하는 참된 용기를 볼 수 있으리라고 믿었다는 것이었다. 자기는 그렇게 치욕스럽게 돌아가느니 차라리 죽음을 택하겠노라고 하였다. 그러니까 그들도 인내심을 갖고 이 겨울이 지나갈 때까지 기다려달라고 했다. 그들의 고통이 크면 클수록 왕은 더 큰 보답을 해줄 것이라고 호소하였다.

그러나 그 어떤 멋진 연설도 굶주린 배를 잠재울 수 없다는 것은 진리이다. 이 위기의 상황에서 마젤란을 구한 것은 웅변술이 아니라 타협하지 않겠노라는, 한 치도 양보하지 않겠다는 결연함이었다. 그는 처음부터 의도적으로 저항을 끌어냈고, 그 다음 이를 철퇴 같은 손으로 때려 부수었다. 계속 시간을 끌면서 고통을 당하느니, 차라리 맞서겠다는 판단이었다. 마젤란은 결정적인 대결이 머지않아 곧 일어나고야 말 것이라는 사실을 예감했다. 최근 몇 주 사이에 그와 함장들 사이에 침묵의 대결은 너무도 팽팽하게 맞서 있었다. 더 이상 견디기 어려울 정도로 서로 차갑게 외면하고 있었다. 날이면 날마다, 매일같이 좁은 배 안에서 시간을 보내야만 했다. 언젠가는 이 침묵이 소동이나 폭동으로 폭발할 것이었다.

불꽃 튀는 감정들의 대립

이 위험한 상황에 대한 책임은 일차적으로 다른 함장들이 아닌 마젤란에게 있었다. 그래서 함장들은 기본적으로 그의 의도에 대해 물어볼 권리가 있었고, 그건 의무이기조차 하였다. 그들의 목숨만 문제되는 것이 아니었기 때문이다. 승무원들 역시 왕의 신하였다. 칼 5세가 카르타헤나와 멘도사, 안토니오 데 코카를 특별히 함대의 감독관으로 임명했다면 그 직책과 봉급과 함께 책임도 부여한 것이다. 그렇기 때문에 그들은 왕의 소유물인 배 다섯 척을 감독할 의무가 있는 것이고, 이 스페인 왕의 소유물이 위험에 처하면 그를 보호할 의무도 있었다. 그런데 지금이야말로 치명적인 위험이 닥친 것이다. 몇 달이 지났건만 마젤란은 약속했던 항로를 발견하지도 못했고, 몰루켄은 보이지도 않았다. 그러니까 어찌할 바를 모르는 마젤란을 보고 왕의 녹을 먹고 있는 재무담당관으로서 그 혼자 간직하고 있는 항해에 대한 비밀을 털어놓고, 자기 처지를 밝히라고 요구하는 것은 전혀 잘못된 일이 아니었다.

그러나 불행한 마젤란은(이것이 바로 그의 고통이며 실수였다) 자신이 이긴다고 확신하지 않는 한 절대로 자기 카드를 내보이지 않았다. 그는 자신을 엄호하기 위해서 결코 마틴 베하임의 포르토레인을 보여줘서는 안 되었다. 그곳에는 파소가 엉뚱하게도 위도

40도에 그려져 있기 때문이었다. 그러므로 후안 데 카르타헤나를 강등시켜 놓은 지금에 와서 자기가 잘못된 서류에 홀렸고, 그들을 잘못 인도했다는 사실을 자백할 수는 없었다. 그 통로가 어디에 있느냐는 질문을 허용할 수가 없었던 것은 자신 역시 아직까지도 모르고 있기 때문이었다. 그래서 눈멀고, 귀먹은 시늉을 해야만 했고, 입을 굳게 다물고, 누가 가까이 오기만 하면 칠 태세로 주먹을 잔뜩 쳐들고 있었다. 결론적으로 왕의 감독관들은 고집스럽게 피하기만 하는 사람의 소매를 잡아당기며 앞으로의 계획을 들어나 보자는 것이었고, 마젤란은 마젤란대로 예측이 빗나가 버렸기 때문에 파소가 발견되지 않는 한 절대로 답을 할 수 없는 형편이었다.

마젤란은 위기에 처하고 말았다. 함장들이 그에게 닦달하는 것도 할 일 없는 호기심 때문이 아니라, 의무 때문이었다. 함장들은 결코 계략을 꾸며 마젤란을 덮친 것이 아니었다. 마지막으로 한 번 더 자기들의 인내심도 한계에 달했다는 암시를 주었고, 원하기만 했다면 마젤란도 이를 알아차렸을 것이다. 마젤란은 자기가 독자적으로 내린 명령에 분노하는 함장들을 사교적이고 예의 바르게 달래주기 위하여 함께 부활절 미사를 올린 뒤 식사초대를 하였다. 그러나 그 정도의 제안에 고분고분 물러설 스페인의 귀족들이 아니었다. 기껏해야 허풍으로 산티아고 기사훈장을 손에 넣은 주제에 항해 경험도 많고 왕의 관리인 자기들과 아홉 달 동안이나 함대의 업무에 대해서 단 한 번도 상의하지 않더니 이제 와서 점심을 같이 하자고? 이들은 고맙지만 사양하겠노라고 하였다. 아니, 고맙다는 말도 없었다. 최소한의 예의도 차리지 않았다. 거절하는 수고조차 하지 않고 세 명의 함장들은 사령관의 초대를 건성으로 들었거나 고의로 잊어버렸다. 의자는 비었고, 접시의 음식은 그대로 식었다. 마젤란은 자신의 권위로 부사령관으로 임명한 사촌 알바로 데 메스퀴타와 단둘이서 음식이 차려진 식탁에 처량하게 앉아 있었다. 화해의 축제로 준비했던 부활절 만찬은 입에 쓰기만 했다. 세 사람은 한꺼번에 불참하면서 마젤란에게 도전장을 내민 것이다. 마젤란에 대한 공공연한 선포였다.

한밤의 반란과 허를 찌르는 진압작전

"활시위는 당겨졌다. 조심해라, 아니면 정신을 차리든가!"

마젤란은 경고를 알아들었다. 그러나 아무것도 무쇠같이 굳센 이 남자를 당황하게 만들 수는 없었다. 전혀 화난 표시도 하지 않고 조용히 메스퀴타와 식사를 했다. 언제나처럼 침착하게 명령을 하달했고, 밤이 되자 피곤에 겨운 육중한 몸을 천천히 침대에 뉘었다. 곧 불빛이 모두 꺼지고, 다섯 척의 배는 잠들어 있는 커다랗고 시커먼 짐승처럼 만의 어둠 속에 놓여 있었다. 서로의 윤곽을 구별할 수 없을 정도로 이 기나긴 겨울의 구름 덮인 밤은 깜깜하기만 하였다. 칠흑 같은 어둠과 파도소리 때문에 아무것도 보이지도, 들리지도 않았다. 자정 무렵 어떤 배에서 사람을 실은 보트 하나가 떨어져 나오더니 소리도 없이 산안토니오 호로 노를 저어갔다. 세 명의 함장이 이 수상한 보트에 타고 있다는 것을 아는 사람은 아무도 없었다.

서로 동맹을 맺은 장교들의 계획은 단호하고도 치밀했다. 그들은 마젤란같이 뻰뻰스러운 상대를 궁지에 몰아넣으려면 자기들이 우위를 점해야 한다는 것을 알고 있었다. 칼 5세는 신중하게도 이 스페인 함장들이 우세에 놓이도록 하였다. 그래서 출발할 때 마젤란의 기함만 포르투갈인이 맡고 다른 배들은 스페인인이 통솔하게 함으로써 균형을 맞추어놓았던 것이다. 황제가 원했던 힘의 균형을 마젤란은 그동안 독자적으로 뒤집어놓았는데, 처음에는 후안 데 카르타헤나, 나중에는 안토니오 데 코카에게서 산안토니오 호의 지휘권을 빼앗았고, 이 두 번째로 중요한 배를 자기 사촌인 메스퀴타에게 넘겨버린 것이었다. 큰 배 두 척만 확실하게 장악하고 있으면 비상사태가 생겨도 함대를 군사적으로 총지휘할 수 있었다. 함장들의 계획은 마젤란이 만들어놓은 힘의 불균형을 무너뜨리는 것이었다. 그러기 위해서는 산안토니오 호를 차지하고 이 불법의 메스퀴타를 무용지물로 만들어야 했다. 성공을 거둔다면 스페인인 세 명에 마젤란 쪽은 두 명뿐이니 원하는 정보를 받기 전까지는 출항을 막을 작정이었다.

계획은 완벽했고, 노련한 함장들은 신중하게 실행에 옮겼다. 무장한 승무원 30명을 태운 보트는 조심스럽게 잠들어 있는 산안토니오 호에 다가갔다. 항구에는 보초도 없었다. 적이 온다고 누가 생각이라도 하겠는가. 공격자들은 줄사다리를 타고 갑판으로 올라갔다. 후안 데 카르타헤나와 안토니오 데 코카가 선두에 섰다. 예전에 이 배의 함장이었기 때문에 그들은 어둠 속에서도 함장실로 가는 길을 쉽게 찾을 수 있었다. 잠들어 있던 알바로 데 메스퀴타는 채 정신을 차리기도 전에 무장한 사람들에게 둘러싸이고 말았다. 그는 곧 발에 쇠고랑이 채워진 채 서기의 방으로 내던져졌다. 이제야 몇몇 선원들이 잠에서 깨어나기 시작했다. 그중 하나인 후안 드 엘로리아가는 모반의 낌새를 알아차렸다. 그는 케사다에게 대체 이 밤중에 여기서 뭐하는 거냐고 거칠게 물었다. 그러나 케사다는 여섯 번이나 단도를 휘두르는 것으로 대답을 대신했고, 엘로리아가는 피를 흘리며 쓰러졌다.

배에 있던 포르투갈인들은 모두 쇠고랑을 찼다. 이로써 마젤란이 신뢰할 수 있는 부하들은 모두 제거된 셈이었다. 다른 선원들을 자기들 편으로 만들기 위해 케사다는 식품창고를 열게 하고는 선원들에게 모처럼 술과 빵을 배불리 먹도록 허락해주었다. 단도를 휘둘러서 단순한 납치사건을 피비린내 나는 모반으로 만들어버린 사고를 빼고는 스페인 함장들의 기습은 성공리에 끝났다. 후안 데 카르타헤나와 케사다, 그리고 데 코카 세 사람은 비상사태에 대비해 전투태세를 갖추고자 유유히 각자의 배로 되돌아갔다. 산안토니오 호는 후안 세바스티안 델 카노라는 자에게 맡겨졌다. 이제 처음으로 이름이 등장하는 이 남자는 바로 이 순간 마젤란의 웅지를 방해하기 위하여 부름을 받은 것이었다. 그러나 운명은 먼 훗날 마젤란의 과업을 완성하기 위하여 바로 이 사람을 선택했다. 배들은 거대한 짐승이 잠들고 있는 것처럼 여전히 만의 그림자 속에 조용히 놓여 있었다. 소리도 없고, 불빛도 없이 무슨 일이 일어났는지 아무도 짐작조차 할 수 없었다.

겨울답게 느지막이 이 황량한 지대의 아침이 밝아왔다. 다섯 척의 배는 어제 그 자리에 그대로 놓여 있었다. 마젤란은 그의 사촌과 모든 포르투갈인들이 산안토니오 호에서 사슬에 묶여 있고, 메스퀴타 대신에 반란군 함장 하나가 배를 지휘하고 있다는 것을 알 수 없었다. 돛대에는 어제와 다름없는 깃발이 나부끼고 있었고, 멀리서 보면 모든 것이 아무런 변화도 없는 것처럼 보였다. 매일 아침처럼 마젤란은 일과를 지시했다. 리니다르에서 보트를 뭍으로 보내서 그날 사용할 나무와 물을 구해오라고 했다. 매일 아침처럼 이 보트는 다른 선원 몇 명을 데리고 가려고 맨 먼저 산안토니오 호로 다가갔다. 그러나 이상하게도 오늘은 보트가 다가갔는데도 산안토니오 호에서 줄사다리가 내려오지 않았고, 선원도 모습을 보이지 않았다. 좀 서두르라고 배에 대고 소리치던 선원은 놀라운 대답을 들었다. 이 배는 이제부터는 마젤란이 아니라 가스파 케사다의 명령에 따른다는 것이었다. 너무나 놀란 보트의 선원은 곧바로 기함으로 돌아가 사령관에게 보고했다.

마젤란은 상황이 어찌되었는지 바로 알아차렸다. 산안토니오 호는 이제 반란군의 수중에 놓였고, 그는 당한 것이었다. 그러나 그 어떤 놀라운 사건도 그의 피를 거꾸로 솟게 한다거나 생각을 마비시킬 수는 없었다. 무엇보다 급선무는 이 위험의 정도를 파악하는 것이었다. 몇 척의 배가 아직도 그의 편인가? 그리고 그의 적은? 그는 즉시 보트를 이 배에서 저 배로 모두 보내보았다. 보잘것없는 산티아고호 외에 다른 세 척의 배, 산안토니오, 콘셉시온, 빅토리아 호가 모두 반란군의 편임이 드러났다. 3대 2, 아니 어쩌면 3대 1일 수도 있었다. 산티아고 호는 싸움이 일어날 때 별 도움이 되지 않기 때문이었다. 승부는 이미 기울었고, 다른 사람 같으면 포기했을 것이 분명했다. 몇 년에 걸쳐 쌓아올린 사업이 하룻밤 사이에 수포로 돌아갈 상황에 놓인 것이다. 자신의 기함만 가지고는 탐험을 계속할 수 없었다. 다른 배들을 단념한다는 것도 말이 안 되고, 그렇다고 그들에게 복종을 강요할 수도 없었다. 유럽의 배라고는 발도 들여놓지 않는 이 지역에서는 어디에서도 도움을 기대할 수 없었다.

이 소름끼치는 상황에서 마젤란이 할 수 있는 일이라고는 단 두 가지뿐이었다. 그의 열세를 생각할 때 당연한 것이겠지만, 고집을 꺾고 스페인 함장들과 합의를 보는 것이었다. 그리고 두 번째는 철저히 불합리하지만 영웅적인 것이었다. 한 장의 카드에 모든 것을 걸고, 희망이라고는 전혀 없는 상황에서 반란군들을 궁지에 몰아넣기 위해 결정적인 반격을 가하는 것이었다.

어느 모로 보나 마젤란이 양보하는 것이 사태수습을 위해 옳은 결정이었다. 스페인 함장들은 아직도 마젤란을 개인적으로 위협한 것이 아니었고, 특별한 요구조건을 내세우지도 않았기 때문이었다. 배들은 꼼짝도 하지 않았고, 공격을 해올 조짐도 보이지 않았다. 스페인 함장들도 비록 그들이 우세하긴 했으나 고향땅에서 수천 마일이나 떨어진 이곳에서 무의미한 내부 전쟁을 원하지는 않았기 때문이었다. 그들은 세비야의 교회에서 맺은 서약을 잘 기억하고 있었고, 반란과 탈영에 대해 치러야 할 형벌이 얼마나 치욕적인지 너무도 잘 알고 있었다. 국왕이 참모로 임명한 이들 후안 데 카르타헤나와 루이스 데 멘도사, 가스파 케사다, 그리고 안토니오 데 코카 같은 귀족들은 명예롭게 귀환하고 싶지, 배반자의 오명을 쓴 채 돌아가고 싶지 않았다. 그러므로 그들은 자신들이 수적으로 우세하다고 뻐기지 않았고, 처음부터 평화협상을 할 용의가 있노라고 밝혔다. 산안토니오 호를 압류할 때만 해도 처음부터 유혈반란을 꾀한 것이 아니고, 단지 약간의 압력을 가하여 이 고집쟁이한테서 다음 항로에 대한 분명한 답을 듣고자 했을 뿐이었다.

그러므로 가스파 케사다가 스페인 함장들의 중개자로서 마젤란에게 보낸 편지는 결코 도전장이 아니었다. 오히려 청원서라는 겸손한 제목을 달고 있었다. 최대로 예의를 갖추어 지난밤의 조처에 대하여 변명하고 있었다. 사령관에게서 받은 불만스러운 대우 때문에 왕이 함장으로 임명해준 배를 부득이 압류할 수밖에 없었다고 했다. 그러나 이 작전으로 인해 왕이 수여한 마젤란의 사령권을 인정하지 않는 것은 아니라고 밝혔다. 그들은 단지 앞으로 처우개선을 요구하며, 만일 그들의 정당한 요구를 수락한다면 의무대로 복종할 뿐 아니라 최대한의 경의를 표하겠노라고 하였다.

스페인 함장들이 군사적으로 우월한 위치에 있는 것이 명백한 상황에서 이 호소문은 멋진 제안이었다. 그러나 마젤란은 이미 오래전에 영웅적인 다른 해결책으로 마음을 정했다. 그는 재빨리 반란자들의 약점을 간파했다. 마젤란은 편지의 어투에서 반란군의 우두머리가 내심으로는 극단적인 행동까지 결심하고 있지 않다는 것을 눈치챘으며, 수적으로 우세함에도 불구하고 무력한 그들의 처지를 보았다. 이 약점을 이용해서 번개처럼 기습하면 상황을 역전시킬 수도 있을 테고 과감하게 대처함으로써 잃었던 판을 다시 일으켜 세울 수 있을지도 모르는 일이었다.

그러나 마젤란에게 있어서 과감하게 행동한다는 것은 결코 격정적으로 움켜쥐거나 충동적으로 돌진한다는 의미가 아니었다. 오히려 그 반대로 전대미문의 위험한 일을 최대한의 신중함과 치밀한 계산을 통해서 이루어낸다는 것이었다. 마젤란은 깨달았다. 자신도 그 함장들과 같은 방법을 사용해야 한다고, 선수를 치기 위해서는 적어도 배 한 척만이라도 다시 자기 것으로 만들어야 한다고. 다른 함장들은 그토록 손쉽게 해냈지만 마젤란은 얼마나 힘이 들 것인가!

그들은 어두운 밤을 도와 아무것도 모르고 있던 배를 덮쳤다. 함장도, 선원들도 모두 잠들어 있는 사이에. 무장도 하지 않았고, 무기도 들고 있지 않았다. 그렇지만 지금은 환한 대낮이다. 세 척의 배에서 함장들이 의심의 눈초리로 마젤란 기함의 일거수일투족을 지켜보고 있다. 대포도 포환도 준비되어 있고, 차총도 장전되어 있다. 이들은 마젤란의 용기에 대해서 충분히 알고 있기 때문에 그가 대담하게 공격해오리라고 각오하고 있었다.

그러나 그들은 그의 용기만 알았지, 그의 계략은 몰랐다. 그들은 이 신속한 계산가가 대낮에 부하 몇 명을 데리고 중무장을 한 세 척의 배가 보는 앞에서 공격을 하는, 상상하기 힘든 일을 감행하리라고는 예측하지 못했다. 그가 사촌인 메스퀴타가 묶여 있는 산안토니오 호를 목표로 하지 않았다는 것만 해도 이미 천재적이었다. 사람들은 그가 당연히 이곳을 가장 먼저 공격해오리라고 예상했던 것이다. 그러나 오른편 공격을 기대하고 있는 때에 마젤란은 왼쪽으로 쳐들어가는 식으로, 산안토니오 호가 아닌 빅토리아 호로 쳐들어갔다.

세세한 부분까지 감안하며 생각에 생각을 거듭한 역습이었다. 우선은 그에게 케사다의 청원서를 가지고 온 선원들을 보트와 함께 붙잡아두었다. 이로써 두 가지 효과를 기대할 수 있었다. 첫 번째는 충돌이 일어날 경우 반란자들의 승무원이 몇 명 줄어든 셈이고, 두 번째는 이렇게 하면 보트 두 대를 확보할 수 있는 것이다. 보기에는 별것 아닌 이런 장점들이 공격할 때 결정적인 것이 되었다. 마젤란은 나포한 보트에 절대 신임하는 병기장인 곤살로 고메스 데 에스피노자와 부하 다섯 명을 실어 빅토리아 호로 보내 반란군 측의 함장인 루이스 데 멘도사에게 편지를 전하라고 했다.

반도들은 잘 무장된 배의 갑판에서 조그만 보트가 다가오고 있는 것을 아무런 의심도 없이 바라보고 있었다. 어떻게 다섯 명을 태운 보트가 60명이나 되는 병사들이 무장하고 있고, 포환도 장치되어 있는 범선을 공격할 수 있단 말인가? 그것도 멘도사같이 듬직한 함장이 있는데. 물론 이들 다섯 명이 옷 속에 무기를 감추고 있는 것을 아무도 알 수 없었다. 게다가 고메스 데 에스피노자는 특별임무까지 맡고 있었다. 천천히, 아주 느릿느릿하게 의도적으로 시간을 끌면서 에스피노자는 다섯 명의 병졸 뒤를 따라 갑판으로 올라왔고, 루이스 데 멘도사에게 협상을 위해 기함으로 오라는 마젤란의 서신을 전달했다.

멘도사는 편지를 읽었다. 그러나 그는 언젠가 후안 데 카르타 헤나가 트리니다드 호에서 범죄자처럼 체포되었던 장면을 너무도 잘 기억하고 있었다. 안 되지, 이 루이스 데 멘도사가 쥐덫에 걸릴 만큼 어리석은 줄 아나! 그는 편지를 읽으면서 '나를 끌어내지는 못할 걸'이라며 웃어댔다. 그러나 이 웃음은 외마디소리와 함께 뚝 그쳤다. 병기장의 단도가 그의 목에 꽂힌 것이다.

바로 이 위기의 순간에(마젤란은 이 배에서 저 배까지 노 저어 가는 시간을 일 분, 일 초까지 정확히 계산해놓았다) 두아르테 바르보사가 중무장을 한 대원 15명을 데리고 트리니다드 호의 보트를 타고 빅토리아 호로 다가와서 갑판을 타고 올라왔다. 승무원들은 병기장이 단도로 처치해버린 함장의 시체를 보고 멍하니 어찌할 바를 모르고 서 있었다. 이때 두아르테 바르보사가 지휘권을 인수하면서 자기 부하들을 요소에 배치시키고 명령을 내리자 승무원들은 겁에 질려 따를 수밖에 없었다. 순식간에 닻이 올려지고, 돛이 올라갔다. 다른 두 배의 반도들이 이 마른 하늘의 날벼락을 제대로 알아차리기도 전에 빅토리아 호는 사령관의 합법적인 포획물로서 기함 쪽으로 나아가고 있었다. 트리니다드와 빅토리아, 그리고 산티아고호, 이들 세 척의 배가 이제 산안토니오, 콘셉시온 두 척과 대치하면서 반란자들이 도주하는 것을 막기 위해 만의 입구를 봉쇄해 버렸다.

이 번개 같은 기습으로 저울대는 다시 기울었고 잃었던 승부판은 다시 회복되었다. 단 5분 만에 함장들은 수세에 몰린 것이다. 이제 그들에게는 세 가지 길밖에 없었다. 도망치거나 싸우거나, 아니면 싸우지 않고 항복하는 것이었다. 그러나 싸움은 이루어질 수가 없었다. 마젤란의 기습공격으로 용기가 완전히 꺾인 때문이다. 가스파 케사다는 완전무장을 하고 한손엔 창을, 다른 한손엔 칼을 들고 부하들을 싸우도록 몰아댔지만 아무 소용이 없었다. 겁이 나서 아무도 그의 명령을 따르려고 하지 않았다. 마젤란의 승무원들이 탄 보트 한 척이 다가오자, 콘셉시온에서도 산안토니오에서도 아무도 저항하지 않았다. 몇 시간 만에 알바로 데 메스퀴타는 풀려났고, 이 충실한 마젤란의 부하를 욕보였던 바로 그 사슬에 이제 반란군 함장들이 묶이게 되었다.

황량한 땅에서 거행된 냉혹한 처벌

번쩍 하고 번개가 내리꽂히듯 음모는 순식간에 뿌리째 박살나 버렸다. 남은 것은 해상법과 전쟁법규에 따른 처벌뿐이었다. 마젤란에게는 엄청난 갈등이 시작되었다. 물론 왕에게서 무제한적인 생사결정권을 부여받기는 하였다. 그러나 주범들은 어쨌든 왕이 신뢰하는 사람들이었다. 자신의 권위 때문에라도 엄격하게 처벌해야겠지만, 그렇다고 해서 이 반란자들을 모두 벌줄 수는 없는 일이었다. 그가 전쟁법규에 따라 승무원의 5분의 1이나 처벌한다면 어떻게 항해를 계속한단 말인가. 고향에서 수천 마일이나 떨어진 먼 곳에서, 더구나 이토록 극악한 상황에서 사령관으로서 1백 명이나 되는 일꾼들을 잃을 수는 없는 일이었다. 반란자들이지만 계속해서 데리고 가야 했다. 그러면서 그들을 다시 자기편으로 만들어야함과 동시에 엄한 징계로 본때를 보여주어야 했다.

마젤란은 사람들에게 겁을 줌으로써 자신의 권위를 드러내 보이기 위해 단 한 사람만을 희생시키기로 결정했다. 단도를 휘둘러 충실한 키잡이 엘로리아가를 죽였던 함장 가스파 케사다가 바로 그 대상이었다. 이 고통스러운 재판은 엄숙하게 진행되었다. 서기들이 대령했고, 증인들도 진술을 위해 불려왔다. 서기들은 이 황량한 파타고니아 해안(남아메리카 대륙의 남단)이 마치 세비야나 사라고사나 되는 것처럼 이곳에서는 구할 수도 없는 귀한 종이에 장황한 문구를 늘어놓으면서 진술을 적어나가고 있었다. 메스퀴타는 좌장으로서 함장이었던 가스파 케사다의 살인 및 반란에 대한 재판을 열었다. 마젤란이 판결을 내렸다. 가스파 케사다는 사형을 선고받았고, 사령관이 이 스페인 귀족에게 베푼 은총은 그를 죽이는 데 밧줄 대신 칼을 사용한다는 것이었다.

그러나 누가 형리가 될 것인가. 선원 중에서는 누구도 자진해서 나서려고 하지 않았다. 간신히 한 사람을 구했는데 그 대신 잔인한 대가를 지불해야만 했다. 케사다의 하인은 엘로리아가를 덮치는 데 가담했기 때문에 사형이 확정되었다. 그렇지만 그가 케사다의 목을 치겠다면 사면해주겠노라고 제의했다. 자신이 처형당하든가, 아니면 주인을 자기 손으로 죽여야 한다는 양자택일을 놓고 케사다의 하인은 극심한 내면의 갈등을 일으켰음에 틀림없다. 결국 그는 결심을 하고 단칼에 주인의 목을 베고 대신 자신의 목을 건졌다. 당시의 참혹한 관습에 따라 케사다와 멘도사의 시체는 사등분이 되어 하나씩 장대에 꽂혔다. 런던타워나 유럽의 여러 처형장에서 보아왔던 소름끼치는 풍습이 처음으로 파타고니아 해안에 이식되었다.

재판은 거기서 끝나지 않았다. 이 반란의 원칙적 지휘자였던 후안 데 카르타헤나와 반란을 계속 선동해왔던 신부도 유죄 선고를 받았다. 그러나 대담한 마젤란조차도 이때만큼은 사형 선고를 내리는 데 주저하지 않을 수 없었다. 왕이 부사령관으로 붙여준 사람을 처형한다는 것에 자신이 없었고, 성유로 축성한 사제의 피를 흘리게 한다는 것도 독실한 가톨릭인으로서 양심에 걸리는 일이었다. 두 주동자를 사슬에 묶어 지구의 반을 끌고 다닌다는 것도 마찬가지로 불가능한 일이었다. 그래서 마젤란은 두 명을 이곳에 내버리기로 하면서 결정을 회피하였다. 함대가 다시 항해를 시작하면 두 사람을 얼마동안 필요한 술과 음식물과 함께 산훌리안 해변가에 남겨놓도록 하였다. 죽든지 살든지 신의 섭리에 따른다는 것이었다.

이 산훌리안 항의 판결이 정당했을까 아니면 부당했을까? 그의 사촌이 산훌리안에서 기록하도록 명한 조서는 흠잡을 데가 없는 것일까? 한마디도 변호하는 말을 허용하지 않았는데도? 아니면 훗날 스페인 장교들이 세비야에서 한 진술이 옳은 것일까? 그 진술에 따르면 마젤란이 병기장과 그의 부하들에게 멘도사를 습격하는 대가로 12두카텐을 약속했고, 귀족들이 죽은 다음엔 소지품을 차지해도 된다고 했다는 것이다. 마젤란이 죽었으니 더 이상 반박할 수도 없는 이 진술은 올바른 것인가? 어느 사건이라도 한동안은 그에 대한 평가가 이중적일 수밖에 없다. 그리고 훗날 사가들이 마젤란이 옳다고 했더라도 역사란 언제나 패배한 자보다는 승리한 자를 옳다고 한다는 것도 잊어서는 안 된다. 헵벨은 언젠가 멋진 말을 하였다.

"역사는 어떻게 그 일이 일어났는지 아무 관심이 없다. 역사는 단지 이루어내는 자, 완성해놓는 자의 편에 서는 법이다."

마젤란이 통로를 발견하지 못했다면, 자신의 업적을 이루어내지 못했다면 스페인 함장들을 제거한 것은 단순한 살인으로 평가

프랜시스 드레이크. 18세기 동판화.

되었을 것이다. 그러나 업적은 마젤란에게 정당성을 부여했고, 불멸의 명예를 안겨주었다. 명성이 없이 죽은 사람들은 잊혀지고 말 뿐이다. 어쨌든 마젤란의 성공은 비록 도덕적이지는 않았지만 역사적으로나마 그가 가졌던 냉혹함과 완고함을 추가로 정당화시켜 준 것이었다.

마젤란의 이 잔인한 판결은 훗날 바로 똑같은 자리에서 다른 이에 의해 되풀이되었다. 그의 후세대 중에서 가장 천재적이라고 할 수 있는 프랜시스 드레이크가 바로 그였다. 마젤란의 판결로부터 57년이 지난 후 이 영국의 영웅 해적은 힘든 항해 중에 승무원들이 반란을 일으키자 진압한 후 이 불운의 산훌리안 항에 도착했다. 이곳에서 그는 마젤란의 용맹스러운 처치법을 기념했다. 프랜시스 드레이크는 과거 이곳에서 어떤 사건이 벌어졌는지, 판결조서도, 마젤란이 반란군에게 내린 가혹한 형벌도 모두 잘 알고 있었다. 그는 산훌리안 항에서 57년 전 당시 반란군에 대한 형이 집행된 단두대도 발견했다고 한다. 그에게 반역한 함장은 토마스 도티였는데, 그도 카르타헤나처럼 항해 중에 쇠사슬에 묶여 있었다. 그리고 바로 이 해변, 산훌리안의 '포르토 네그로'에서 그에게 선고가 내려졌다. 판결은 사형이었다. 프랜시스 드레이크는 자신의 옛 동지에게 가스파 케사다처럼 빠르고도 명예로운 참수형을 당할 것인지, 아니면 후안 데 카르타헤나처럼 이곳에 버려지고 싶은지 둘 중 하나를 택하라고 하였다. 마찬가지로 마젤란 이야기를 읽은 도티는 카르타헤나와 신부의 흔적은 아무 곳에서도 찾을 수 없었다는 것을 너무도 잘 알고 있었다(그들은 끔찍한 고통 속에서 최후를 맞았음에 틀림없다). 그래서 차라리 확실하면서도 신속하고 남자답고 명예로운 참수형을 선택했다. 잘려나간 머리가 한 번 더 모래사장을 굴러갔다.

가장 기억될 만한 인간의 행위란 언제나 피로 물들여지고, 바로 그 때문에 가장 냉혹한 자들만이 위대한 성공을 이루어낼 수 있다면, 이는 인류가 영원히 겪어야 할 숙명인 것일까!

발 견

절망의 시간, 마지막 순간에 통로를 찾아내다

1520. 4. 7 ~ 1520. 11. 28

마젤란의 함대는 삭막한 불행의 항구에서 넉 달, 다섯 달 간이나 겨울에 갇혀 있었다. 소름끼치는 적막 속에서 시간은 공허하고 무겁게 거북이걸음을 하고 있었다. 무료함이 얼마나 사람들을 불만스럽게 만드는지 잘 아는 사령관은 처음부터 선원들에게 계속 힘든 일거리를 안겨주었다. 거의 1년간이나 바다를 떠돌던 배들을 밑바닥부터 돛대까지 말끔히 수리하도록 시켰고, 각목을 짜기 위하여 새로 나무를 베어오라고 시켰다. 곧 항해가 시작될 테고, 그러면 이 지긋지긋한 겨울나라에서 벗어나 대망의 남대양 제도로 가게 될 것이라고 선원들을 현혹시키기 위하여 공연히 불필요한 일거리를 만들어냈는지도 모른다.

마침내 봄기운이 느껴졌다. 자욱한 안개 속에서 추위에 얼어붙은 나날을 보내며 승무원들은 인간도 동물도 떠나버린 이 오지에 자신들이 버림을 받았다고 느껴왔다. 인간세계에서 떨어져 흡사 원시인들처럼 이 암흑의 동굴에 살아야만 한다는 두려움은 그들의 마음을 더더욱 음울하게 만들었다. 어느 날 아침, 언덕 위에 한 기묘한 형상을 한 사람이 나타났다. 처음 보았을 때는 너무도 놀라 자기네와 같은 사람이라고는 전혀 생각할 수 없었다. 피가페타는 다음과 같이 전한다.

"그는 굉장히 키가 커서 우리는 그의 허리 정도밖에 되지 않을 정도였다. 몸집이 컸고, 불그스레한 얼굴은 넓적했으며 눈 주위에는 노란 원이 그려져 있었고, 뺨에는 심장 모양을 두 개나 그려놓았다. 머리털은 짧고 하얗게 물들였고, 짐승 가죽을 이어 만든 옷을 입고 있었다."

스페인인들이 특히나 놀랐던 것은 이 거인의 엄청나게 큰 발이었다. '큰 발(파타가옹)' 때문에 이 원주민들을 파타고니아 사람이라고 불렀고, 이 나라도 파타고니아라고 불렀다. 그러나 에나그의 자손(역주 : 가나안 지방에 살았다고 하는 전설의 거인족)을 처음 보았을 때 느낀 놀라움은 곧 수그러들었다. 가죽을 덮어쓴 이 거인은 희죽거리면서 팔을 벌려댔고, 춤추고 노래하면서 머리에 계속 모래를 뿌려대는 것이었다.

미개인들의 풍습을 어느 정도 경험해본 마젤란은 이것을 서로 친구가 되자는 의미로 해석하고 한 선원에게 같이 춤을 추면서 모래를 머리에 뿌리라고 명령했다. 실제로 이 야만인은 환영의 인사로 받아들이고 온순하게 다가와서 고된 일로 피곤에 지친 선원들에게 기쁨을 안겨주었다. 이제 이들은 폭풍이 끝난 다음 드디어 그들의 캘리밴(역주 : 셰익스피어의 희곡 풍에 나오는 반인반수)을 만나게 되었고, 지금껏 무료함에 지친 가련한 선원들은 이 삭막한 곳에서 처음으로 신나는 여흥을 맛볼 수 있었다. 사람들이 이 선량한 거인의 눈앞에 금속거울을 갑자기 갖다 대자 자기 얼굴을 처음으로 대한 그는 놀라서 뒷걸음질을 쳤는데, 뛰는 바람에 선원이 네 명이나 딸려갈 정도였다. 또한 식욕이 얼마나 왕성한지 선원들은 먹는 것도 잊어버릴 지경이었다. 그들은 눈을 크게 뜨고 이 거인이 단숨에 물 한 양동이를 마시고 비스킷 반 광주리를 마치 과자 한 쪽을 먹듯이 삼켜대는 것을 바라보고만 있었다. 그리고 그의 끝없는 식욕을 시험해보려고 앞에 갖다놓은 들쥐 몇 마리를 끔찍하게도 산 채로 삼켜버리는 것을 보고 소리를 질러대며 즐거워했다. 먹는 사람이나 선원들 사이에는 호감이 싹텄고, 마젤란이 종 몇 개를 선물하자 그는 곧 다른 거인들을 데리고 왔다. 그러나 이들은 스스로 봉변을 당하리라는 것을 알지 못했다. 마젤란은 콜럼버스나 다른 정복자들과 마찬가지로 카사 데 콘트라타시온에게 식물이나 광석뿐 아니라, 항해 중에 발견하는 새로운 인종이 있으면 몇 명을 데려오라는 지시를 받았었다. 그러한 거인족을 산 채로 포획하는 것이 선원들에게는 고래 지느러미를 잡는 것보다도 어려웠다. 조심스럽게 발이 큰 거인족들 주변을 맴돌았지만, 마지막 순간엔 언제나 용기가 무너져 버리는 것이었다. 결국 비열한 계략을 사용해야 했다. 거인들 중 두 명에게 두 손을 다 사용할 수밖에 없을 정도로 선물을 잔뜩 안겨주었다. 그리고 행복감에 젖어 웃고 있는 거인들에게 더욱 번쩍이면서 소리도 요란한 물건을 보여주었는데, 바로 족쇄였다. 그러면서 그것을 발에 차겠느냐고 물어보았다. 그러자 가련한 거인족들은 입이 찢어져라 좋아하면서 고개를 끄덕였다. 이 물건을 발에 차면 걸을 때마다 얼마나 근사한 소리가 쩔렁댈 것인가. 그들은 아마도 그런 생각을 했을 것이다.

거인들은 팔에 안은 물건들을 단단히 움켜쥔 채 그토록 재미있는 소리를 내는 이 멋진 쇠스랑을 발목에 채우는 것을 호기심에 차서 내려다보고 있었다. 찰칵 소리가 나고 그렇게 그들은 생포되고 말았다. 이제 거인들을 아무 걱정 없이 모래푸대처럼 내던져도 되었다. 묶여 있는 거인들은 이제 더 이상 위험하지 않았던 것이다. 속임수에 당한 거인들은 울부짖고, 몸을 구르고, 주먹을 휘두르면서 그들의 마법의 신인 세테보스를 불러댔지만 아무 소용도 없었다(훗날 셰익스피어는 이들의 이름을 작품에 사용한다). 카사 데 콘트라타시온이 진기한 물건을 필요로 하는데 어쩌랴! 때려잡은 황소처럼 선원들은 이 무기력한 거인들을 배로 질질 끌고 갔다.

거인들은 곧 영양실조로 처참하게 죽어갔다. 이 '문명인'들의 간악한 습격으로 인해 협력관계는 끝장나고 말았다. 파타고니아인들은 이 사기꾼들에게서 멀어져 갔다. 스페인인들이 여자 거인들을 잡으려고, 아니면 그냥 만나보려고(이 부분에서 피가페타의 보고서는 묘하게도 뒤죽박죽이 된다) 그들의 뒤를 쫓자, 그들은 저항을 했고 선원 중 한 명은 목숨을 잃었다고 한다.

그러나 원주민들처럼 스페인인들에게도 이 불운의 산훌리안 항구는 재난밖에 가져다준 것이 없었다. 이곳에서 마젤란은 성공을 거두지 못했고, 아무것도 이루지 못했다. 이 피로 얼룩진 해안에는 저주가 내려진 듯싶었다. 선원들은 빨리 이곳을 떠나 집으로 돌아갈 수만 있다면 하고 신음하였다. 마젤란 역시 어서 이곳을 벗어나 전진하게 되기를 갈망했다. 이들의 초조함은 날이 길어질수록 더욱 커져갔다. 가장 혹독했던 겨울 폭풍이 잦아들자마자 마젤란은 전진을 시도했다. 배 중에서 가장 빠르고 민첩한 산티아고 호를 충직한 함장 세하웅에게 맡겨 노아의 비둘기처럼 정탐을 내보냈다. 세하웅은 남쪽으로 내려가 만을 샅샅이 훑고 정해진 기간이 지나면 다시 돌아오라는 지시를 받았다. 시간은 곧 흘러갔고 마젤란은 불안과 초조에 싸여 바다만 바라보고 있었다.

그러나 소식은 바다가 아닌 육지에서 날아왔다. 어느 날 멀리 언덕에서 괴상한 모습을 한 두 명의 인간이 비틀거리며 다가오고 있었다. 처음에 그들은 파타고니아인들이라고 생각하고 방어할 준비를 하고 있었다. 그러나 반쯤은 얼어붙어 비쩍 마르고 귀신같이 초췌한 모습의 그들은 스페인어로 소리치고 있었다. 다름 아닌 산티아고 호의 선원들이었다. 그들이 가져온 것은 나쁜 소식이었다.

세하웅은 하구도 완만하고 물고기도 많은 산타크루스 강에 무사히 도달했는데, 계속해서 정탐해나가는 도중에 폭풍이 일면서 배가 해안으로 내던져져 부서지고 말았다는 것이다. 흑인 한 사람을 빼고는 전 승무원이 모두 살아났는데 그 강가에서 극도의 어려움을 견디면서 구조를 기다리고 있노라고 했다. 그들 두 사람은 해안을 따라 산훌리안까지 오게 되었고, 지금까지 열하루 동안을 나무뿌리와 풀로 연명했다는 것이었다.

마젤란은 곧바로 보트를 보냈고 난파자들은 귀환했다. 그러나 사람들이 돌아온들 무슨 소용이 있으랴! 배 한 척이, 그것도 가장 경쾌하고, 가장 순발력이 있는 배가 손실되었는데! 이것은 최초의 손실이었고, 이 지구의 또 다른 끝에서는 다른 것들과 마찬가지로 보상할 수가 없었다. 8월 24일, 마침내 출발 명령을 내리고 두 명의 반란자들을 마지막으로 일별한 후 이 불운의 산훌리안 만을 떠났다. 마젤란은 마음속으로 이곳에 상륙한 그날을 저주하고 있었을지도 모른다. 배 한 척을 잃어버렸고, 세 명의 함장은 여기서 목숨을 버렸다. 무엇보다도 1년이라는 시간을 소비했지만 아무것도 발견하지 못했으니, 한 일이라고는 아무것도 없는 셈이었다.

이때가 마젤란의 생애에서 가장 절망적인 시기였을 것이다. 또한 평소에는 신념에 가득 찬 사람이었건만 남모르게 용기를 잃은 나날이기도 했을 것이다. 산훌리안 항을 떠나면서 이제 파타고니아 해안을 따라 필요시엔 위도 75도 지점까지 내려가 보겠다고, 그리고 그곳에서도 통로가 발견되지 않는다면 희망봉을 돌아가는 알려진 항로를 선택하겠노라고 자신의 결심을 단호하게 전했다. 그러나 이 '필요시에'라든가 '어쩌면' 등의 어휘는 이미 그가 동요하고 있음을 보여주기에 충분했다. 마젤란은 처음으로 퇴진의 가능성을 열어놓았고, 처음으로 그의 장교들에게 그들이 찾고 있는 통로가 어쩌면 전혀 존재하지 않거나, 아니면 극빙양에나 있을 거라는 사실을 시인한 셈이었다. 분명히 그는 확신을 잃고 있었다. 그리고 파소를 찾을 수 있으리라는 희망도 점점 사라져감을 느끼고 있었다.

해협 발견을 위한 마지막 시도

마젤란은 이틀간의 항해 뒤에 세하웅이 발견한 산타크루스 강 어귀에 도착해서 또다시 두 달 동안 겨울잠을 자도록 지시했다. 역사상 그 어느 상황도 마젤란의 상황보다 더 역설적이고 심술궂은 경우는 없을 것이다. 부정확하고도 잘못된 정보에 자극을 받아 대서양에서 태평양으로 가는 통로를 발견하여, 지구상의 제일인자로 지구를 일주하겠다는 것을 생의 목표로 세운 한 남자가 있다. 초인적인 의지 덕분에 모든 물리적 저항을 이겨냈고, 거의 비현실적인 계획을 도와줄 동지를 발견했고, 외국의 군주에게서 그 이념이 시사하는 마력 덕분에 함대를 얻었고, 이 함대는 운 좋게 그 어느 항해자보다도 더 멀리까지 남아메리카 대륙을 항해해 내려왔다. 그는 바다의 불가항력도 극복했고, 반란도 이겨냈다. 어떤 방해도, 어떤 실망도 지금껏 그의 광신적인 신념을 깨

희망봉. 1670년경의 네덜란드 동판화.

지 못했고, 이제 그는 꿈의 목적지인 파소에 가까이 와 있음에 틀림 없다. 그런데 이제 갑자기 승리를 목전에 두고 지금껏 그토록 밝기만 하던 이 사람의 투시력이 어두워지고 만 것이다. 그것은 마치 그를 사랑하지 않는 신들이 심술궂게 그의 눈 주위에 안대를 감아버린 것과 같았다.

1520년 8월 26일, 마젤란이 승무원들에게 한 번 더 두 달 간 이곳에서 기다린다는 지시를 내렸을 때, 그는 이미 목적지에 도달해 있었던 것이다. 3백 일 간의 항해를 해온 지금 단 이틀만 더, 아니 위도상으로 2도만 더 항해했다면 갈피를 못 잡고 있던 영혼은 환호성을 울렸을 것이다. 그러나 이 불행한 자는 그가 얼마나 목적지에 가까이 와 있는지를 알 수도, 예감할 수도 없었다. 괴로움과 불신의 공허하고 기나긴 두 달을 이 작은 강어귀에서 봄이 오기만을 기다리고, 또 기다렸다. 인간에게서 버림받은 이 황량한 해안에서 그냥 기다리고만 있을 뿐이었다. 마치 눈보라 속에서 자신의 오두막을 코앞에 두고도 추위에 떨며 웅크리고 앉아 있는 사람처럼. 한 발자국만 내딛는다면 오두막을 발견할 수 있다는 사실을 전혀 예감하지 못했다. 마젤란은 이 황량함 속에 주저앉아 끝도 없고, 의미도 없는 두 달 동안의 시간을 도대체 파소에 다다를 수 있을 것인가, 없을 것인가로 노심초사하며 보냈다. 그런데 이틀 정도만 더 나아간다면 그곳에서 자신의 이름을 영원토록 간직하게 될 통로가 기다리고 있는 것이었다! 최후의 순간까지 프로메테우스처럼 지구로부터 마지막 비밀을 탈취하려는 이 남자는 독수리같이 날카로운 의심의 발톱을 느껴야만 하는 것이었다.

그러나 매듭이 풀린다는 것은 얼마나 경이로운 일이랴! 언제나 그 복락은 절망의 나락에서 힘차게 솟구쳐 오르는 감정에게만 베풀어진다. 1520년 10월 18일, 두 달 간의 덧없고 불필요했던 휴지기간을 보내고 마젤란은 다시 항해를 계속할 것을 명령했다. 엄숙하게 미사를 보고, 승무원들은 다시금 성체식을 거행하였다. 그런 다음 돛에 바람을 받으며 남으로 향했다. 그런데 거센 바람이 몰아쳐 왔다. 이 적의에 찬 바람에 맞서서 한 걸음, 한 걸음을 싸워나가야만 했다. 아직도 온화한 푸른 자연은 나타날 기미가 없었다. 텅 비고 황량한 인적도 없는 해안만이 평평하게 뻗어 있을 뿐이었다. 모래와 바위, 그저 바위와 모래뿐이었다.

셋째날인 1520년 10월 21일, 드디어 멀리서 하얀 절벽으로 된 곳 하나가 이상한 톱니바퀴 같은 해안가에 솟아 있었다. 마젤란은 그날의 수호성자에 따라 '비르힌 곶'이라고 명명했다. 돌출부 뒤로는 시퍼런 물이 출렁이는 깊은 만이 놓여 있었다. 배들은 가까이 다가갔다. 묘하면서도 힘차고 매서운 산세였다. 거칠게 깎여진 구릉은 불안스러운 골짜기들을 만들어놓고 있었고, 멀리서는(오랫동안 볼 수 없었던 광경이었다) 산등성이에 눈이 덮여 있었다. 그러나 이 광활한 자연은 죽어버린 것만 같았다. 인적도 눈에 띄지 않았고, 나무 하나 풀포기 하나 보이지 않았다. 그저 바람만이 귀신처럼 텅 빈 만의 얼어붙은 침묵 속을 헤집으며 쌩쌩거리고 있었다.

산으로 둘러싸인 만과 시커먼 지옥의 강물이 평평한 해변이나 환하고 햇빛 찬란한 남태평양으로 연결될 수 있다는 생각이 오히려 어처구니없게 느껴졌다. 키잡이들은 이 깊은 틈바구니는 북극의 피요르드와 같은 것임에 틀림없다면서 이 막힌 만을 측심연으로 조사해본다거나 배로 정탐한다는 것은 시간낭비라고 입을 모았다. 벌써 몇 주 동안을 파타고니아 해안을 정탐하느라고 허비했고, 어디에서도 통로는 나타나지 않았다. 이제 더 이상 머뭇거릴 여유가 없다, 그러니 어서 빨리 항해를 계속하고 그 통로가 바로 나타나지 않으면 기회를 보아서 집으로 돌아가거나 희망봉을 통해서 인도양으로 나아가자는 것이었다.

그러나 숨은 항로에 계속 사로잡힌 마젤란은 그래도 이 묘한 만을 철저히 정탐해볼 것을 명령했다. 사람들은 불만을 간직한 채 명령에 따랐다. 그들은 모두 그것이 막힌 만인 줄로만 생각했던 것이다. 기함과 빅토리아호 두 척은 바깥쪽의 만을 조사하기 위해 남아 있었다. 다른 두 척인 산안토니오와 콘셉시온은 가능한 한 멀리까지 가보되, 늦어도 닷새 안에는 돌아오라는 지시를 받았다. 시간이 아깝고, 식량도 얼마 남지 않았기 때문이다. 라플라타 강처럼 보름이라는 시간을 허용할 수 없었다. 닷새간의 정탐, 이 출동은 그가 정세를 바꾸어놓을 수 있는 마지막 시도였다.

드디어 통로를 발견하다

이제 극적인 순간이 도래했다. 마젤란의 두 배 트리니다드와 빅토리아 호는 산안토니오와 콘셉시온이 돌아올 때까지 앞쪽의 만을 둘러보기로 했다. 그러나 자연은 한 번 더 그들에게 저항하였다. 이는 마치 최후의 비밀을 폭로하지 않으려는 것과 같았다. 갑자기 바람이 일더니 폭풍우가 몰아치고 얼마 지나지 않아 거센 허리케인으로 변해버렸다. 순식간에 만은 하얗게 거품을 일으키며 소용돌이쳐 갔다. 파도가 덮쳐오자 이미 닻줄은 풀려버렸고, 두 배는 돛을 접고 아무 저항도 못한 채 파도에 몸을 내맡기는 수밖에 없었다. 그저 다행이라면 이 성난 파도가 그들을 절벽에 내동댕이치지 않은 것이라고나 할까. 하루가 지나고 이틀이 다 가도록 폭풍은 잠잠해질 줄을 몰랐다.

그러나 마젤란을 괴롭힌 것은 자기들 배의 운명이 아니었다. 이리저리 무섭게 요동한다고는 해도 어쨌든 그들은 드러나 있는 만에 있는 것이다. 따라서 해안에서 떨어져 있을 수 있는 것이다. 그러나 정탐을 떠난 배들은 어떻게 하랴! 이 배들은 막힌 만에서 폭풍을 만났음에 틀림없었다. 진로를 바꿀 여유도 없고 닻을 내리거나 피신할 수도 없는 이 좁은 공간에서 고스란히 거친 허리케인을 겪어야만 했을 것이다. 기적이 일어나지 않는다면 두 배는 폭풍에 떠밀려 해안의 절벽에 부딪쳐 산산조각이 났을 것이었다.

열병을 앓는 듯한 두렵고도 애타는 기다림의 연속이었다. 하

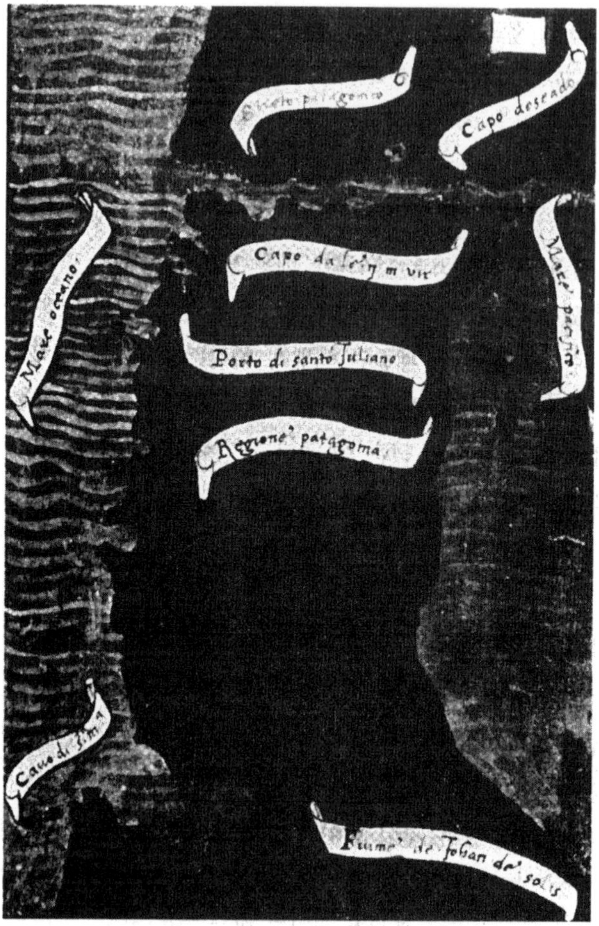

피가페타의 필사본에 그려진 마젤란 해협. 위:남쪽 아래:북쪽
밀라노의 성 암부로시우스 도서관 소장.

루가 지나도 아무런 소식이 없었다. 또 하루가 지나도 떠나간 배들은 돌아오지 않았다. 사흘이 지나고, 나흘이 지났지만 여전히 돌아올 줄을 몰랐다. 마젤란은 두 배가 좌초되어 승무원들이 모두 죽어버린다면 모든 것이 끝이라는 것을 알았다. 배 두 척만 가지고는 항해를 계속할 수 없는 것이다. 그의 업적, 그의 희망이 이 낯선 해안 절벽에 부서져 버리고 마는 것이었다.

마침내 돛대에서 신호를 보내왔다. 그러나 이 당혹감이란! 돛대에서 발견한 것은 돌아오는 배가 아니라 멀리서 피어오르는 연기 신호였다. 공포의 순간이었다. 이 연기 신호는 난파자들이 구조를 청하는 신호였기 때문이었다. 산안토니오가 난파했구나! 콘셉시온도! 두 배 모두 난파되었고, 그동안 쌓아올린 계획이 모두 이 이름 모를 만에서 무너지고 만 것이었다. 마젤란은 벌써 보트를 내리라고 명령했다. 만의 내부로 가서 생존자들을 구해와야만 했다.

그러나 바로 이 순간 상황이 바뀌었다. 낙심과 절망의 순간이 기쁨과 환희의 순간으로 바뀐 것이다. 돛이 보인다! 배다! 배가 보인다! 천주여 감사합니다, 배 한 척이라도 건지게 해주셔서! 아니, 배가 두 척이네, 두 척이야! 산안토니오와 콘셉시온 모두 아무 탈 없이 무사히 돌아오고 있는 것이다. 그런데 아니 무슨 일인가? 그들은 마젤란과 함대가 보이자마자 갑판에서 대포를 쏘아대는 것이었다. 한 번, 두 번, 세 번씩이나. 대포소리는 먼 산에 메아리가 되어 울려 퍼졌다. 무슨 일이 일어난 것일까. 평소엔 그렇게 탄약을 아껴왔는데 대체 무슨 일로 대포를 한 번도 아닌 여러 번이나 쏘아대는 것일까. 마젤란은 믿을 수가 없었다. 대체 깃발이란 깃발은 무슨 일로 저렇게 나부끼고 있는 것인가. 함장도, 선원들도 손을 흔들어대며 소리를 질러대는 이유가 대체 뭐란 말인가. 대체 뭐라고 손짓하는 것이고, 뭐라고 소리치는 것인가. 멀리서부터 외쳐대는 소리는 아직도 무슨 말인지 들리지 않았고, 이유조차 알 수 없었다. 그러나 모두들, 그 중에서도 마젤란은 가장 먼저 알아차렸다. 승리를 말하고 있다는 것을!

이 두 배가 가지고 온 소식은 진정으로 축복이었다. 가슴을 활짝 열고 마젤란은 세하웅의 보고에 귀를 기울였다. 처음의 상황은 별로 좋지 못했다고 했다. 그 만의 내부로 이미 깊숙하게 들어갔는데 폭풍이 일기 시작했다는 것이다. 모든 돛을 재빨리 내렸는데도 물결의 소용돌이 속에서 하염없이 밀려다니다가 결국은 점점 더 만의 깊숙한 곳으로 들어오고 말았다는 것이다. 이제는 절벽에 부딪쳐서 죽는 수밖에 없구나 하고 체념하고 있는데 갑자기 눈앞에 보이는 거대한 절벽의 틈이 벌어지면서 튀어나온 바위 뒤쪽으로 통로가 이어지고 있더라는 것이었다. 그래서 이 풍랑이 덜한 통로를 따라 들어가니, 좁은 만이 하나 나타나면서 그 폭이 점점 넓어지더라는 것이었다. 사흘간이나 계속해서 배를 타고 갔지만 이 해로의 끝이 나타나지 않았다고 했다. 그 물길이 끝나는 지점은 발견하지 못했지만 이 묘한 물길이 강이 아닌 것은 분명하다고 하였다. 물맛이 짜디짰고, 해안에는 규칙적으로 썰물과 밀물이 반복되더라는 것이었다. 강어귀에서부터 배를 타고 올라가도 라플라타 같은 강물처럼 폭이 좁아지기는커녕 그 반대라는 것이었다. 올라가면 갈수록 수면이 점점 더 바다처럼 광활해지기만 하더라는 것이었다. 모르긴 몰라도 확실히 이 협만(峽灣)은 누녜즈 데 발보아가 파나마에서 처음으로 내려다본 바로 그 넓은 바다로 통하는 해협이라는 것이었다.

오랜 역경을 겪은 마젤란으로서 지난 1년 간 이보다 더 복된 소식은 없었을 것이다. 이 희망의 소식이 그의 어둡고 굳어진 마음을 얼마나 밝게 만들어주었는가를 짐작할 수 있으리라. 이미 내심으로는 체념하고 있었고, 희망봉을 통해 귀항하는 것도 생각하고 있었다. 그가 하느님과 성자들 앞에 무릎 꿇고 앉아 기도와 서원으로 얼마나 애태웠는지는 아무도 모른다. 그런데 신념이 사라져 버리려고 하는 바로 이 순간에 망상이 진실로 변하고, 꿈이 현실이 되어버린 것이었다. 이제 한순간도 지체할 수 없었다. 닻을 올려라! 돛을 달아라! 한 번 더 국왕폐하를 위해 축포를 쏘고, 한 번 더 천상의 주께 기도를 올리고, 이제 씩씩하게 이 미로 속으로 들어가는 일만 남았다! 이 지옥의 강에서 다른 대양에 이르는 길을 발견만 한다면 그는 처음으로 지구를 도는 항로를 발견하는 것이다. 이제 네 척의 배를 끌고 마젤란은 용감하게 해협으로 배를 저어갔고, 이날을 기념하면서 토도스로스산토스 해협이라는 이름을 붙였다. 후세대는 그에 대한 감사의 뜻으로 마젤란 해협이라고 명명하였다.

이 네 척의 배가 영겁의 시간 이래로 인간의 발자취가 닿지 않은 검은 침묵의 해협으로 소리도 없이 들어서는 것은 기묘하고도 괴기스러운 광경이 아닐 수 없으리라. 몸서리쳐지는 듯한 적막의 세계가 그들을 기다리고 있었다. 해안의 구릉들은 마치 자석의 산처럼 차갑게 굳어 있었고, 구름이 잔뜩 낀 하늘은 음울하게 드리워져 있었다. 수면은 어두운 빛에 덮여 있었다. 저승의 강을 저어가는 카론의 배처럼 여기저기 망령의 그림자 사이를 지나 네 척의 배는 묵묵히 이 지하세계를 지나가고 있었다. 저 멀리에는 눈 덮인 산등성이가 하얗게 빛나고 있었고, 밤에는 얼음장 같은 바람이 불어왔다. 아무리 둘러보아도 생명체라고는 보이지 않았지만 인간들이 어딘가에 숨어 살고 있음에는 틀림없었다.

밤이면 어둠 속으로부터 모닥불빛이 새어나왔기 때문에 마젤란은 이 땅을 테라데푸에고(불의 땅)라고 이름지었다(이 불은 몇백 년이 가도록 꺼지지 않고 계속 타오르고 있었다. 이 불의 땅 원주민들은 문화적으로 미개한 종족으로 불을 지피는 방법을 몰랐기 때문에 밤낮으로 계속해서 화덕에 나무나 건초로 불을 피우고 있었다고 한다).

그러나 항해자들이 불안해하면서 사방을 둘러보아도 목소리 하나, 움직이는 물체 하나 감지할 수 없었다. 마젤란이 선원들을 보트에 태워 해안가로 보냈지만 그곳에서도 집이라든가 삶의 흔적은 발견되지 않고, 오직 몇십 개의 무덤들만 버려진 채 놓여 있었다. 그들이 찾아낸 동물이라고는 이미 죽어버린 고래뿐이었는데, 파도에 쓸려 해안으로 실려온 것이었다. 죽기 위해서 영원한 가을만 지배하는 이 덧없는 해안까지 온 듯했다. 항해자들은 놀란 눈으로 이 괴괴한 정적 속을 응시할 뿐이었다. 마치 불타 버리고, 모든 것이 죽어버린 어느 별나라 속으로 들어선 것만 같았다.

계속 가자! 계속 가기만 하자! 다시 천천히 미풍을 받으며 배는 그 어느 배도 닿아본 적이 없는 칠흑 같은 물을 헤치고 미끄러져 나갔다. 계속해서 측심연을 물 속에 내려뜨려 보아도 깊이를 알 수가 없었다. 마젤란은 이러다가 만이 갑자기 막혀버려서 이 펼쳐진 해협이 끝나버리는 것은 아닌가 겁을 내면서 열심히 좌우를 살펴보았다. 해로는 계속해서 이어지고 있었고, 그때마다 나타나는 징후는 이 길이 대양으로 이어지고 있다는 것을 증명해주었다. 그러나 그토록 기다리는 순간은 나타나지 않았고, 길은 험난하기만 했으며, 아직도 영혼은 평온을 찾지 못하고 있었다. 계속해서 배는 마법에 걸린 암흑을 지나고 있었고, 산속에서 윙윙거리는 바람의 거칠고도 알 수 없는 노래만이 이들을 동반해주고 있을 뿐이었다.

이 암흑 속의 여행은 위험한 여행이기도 했다. 열려 있는 해협은 저 우직한 지도제도사들이나 쇠너와 베하임 등이 자신들의 안락한 방에서 그려놓았던 곧게 뻗은 이상적인 해협과 전혀 닮은 점이

마젤란 해협도.
홀지우스의 여행기 (1626)에서 발췌한 목판화.

없었다. 그러므로 이곳을 하나의 해로라고 간단하게 말하기에는 너무 변화와 굴곡이 많았다. 실제로 이 해로는 수없이 얽히면서 꺾이는 교차로와 같아서 이리저리 굽은 미로처럼 보였다. 협만이 있는가 하면, 그 보다 더 큰 물굽이가 있고, 절벽으로 둘러싸였는가 하면 모래사장이 계속되기도 했으며, 물줄기가 서로 뒤엉키기도 했다. 이 속을 배가 무사히 빠져나온 것은 그들의 기술이 노련했고 운이 좋았던 때문일 수밖에 없었다. 기묘한 형태로 뾰족하거나 둥근 모습인가 하면, 깊이도 예측할 수 없었고, 넓이 또한 마찬가지였다. 수많은 섬들이 옹기종기 모여 있는가 하면 여울물처럼 얕아지기도 했다. 세 번, 네 번씩이나 오른쪽으로 길이 갈라졌는가 하면, 다시 또 왼쪽으로 길이 바뀌어서 대체 어느 길이 맞는지 알 수가 없었다. 서쪽으로 뻗은 길이 옳은 건지, 아니면 북쪽이, 또 아니면 남쪽이 맞는 것인지. 모래톱을 비껴가야만 했고, 절벽을 돌아야 했다. 그런가 하면 바람이 적의를 품고 달려들어 이 거친 해협을 뚫고 소위 '빌리바우'라는 돌개바람을 만들면서 물을 휘저어놓고, 돛을 꺾어놓았다.

훗날 항해자들이 기록해놓은 것을 보면 이 마젤란 해협이 왜 그토록 수세기 동안 선원들에게 두려움의 대상이 되었는지를 알 수 있다. 이곳에서는 매서운 북풍이 사방에서 몰아쳐 왔기 때문이었다. 한 번도 조용하고 햇살 따사로운 바다를 건너가는 평온한 항해는 있을 수 없었다. 그 다음의 탐험에서도 수십 척의 배들이 오늘날까지도 제대로 개발되지 않은 이 황폐한 해협에서 좌절했다. 그러므로 마젤란이 처음으로 이 험난한 항로를 개척한 이후 수년이 지나도록 이 해협을 단 한 척의 배도 잃어버리지 않고 통과한 사람이 그뿐이었음을 생각한다면 그의 항해술이 얼마나 뛰어난 것이었나를 잘 알 수 있다. 불룩한 돛과 나무로 만들어진 키 외에는 아무 도움도 없이 수백 개의 큰 물길과 사잇길들을 정탐하면서 나아가야 했다. 또 정탐 후 특정 장소에서 만나기 위해서는 계속해서 전진과 후진을 반복해야 했다. 1년 중 가장 황량한 절기에 지쳐빠진 승무원들을 이끌고 나가야 하는 것을 생각하면 이 항해를 무사히 마칠 수 있었다는 것은 기적일 수밖에 없었다.

그러나 그 어느 영역에서와 마찬가지로 마젤란 항해술의 진정한 천재성이라면 그것은 인내와 흔들림 없는 신중함, 그리고 선견지명이었다. 한 달 내내 그는 책임감 있는 정탐을 위해 기다리고 있었다. 서두르지 않았고, 조급한 기대 속에서 앞질러 나가지 않았다. 이미 내심으로는 드디어 이 남대양을 볼 수 있게 될 거라는 어떤 확신 같은 것이 그를 들뜨게 하고 있었지만 길이 갈라질 때면 언제나 함대를 분산시켰다. 두 척의 배가 북 해협을 정탐하면 다른 두 배는 남쪽을 살펴보았다. 불운을 타고 태어난 이 고독한 남자는 자신이 결코 행운을 믿어서는 안 된다는 것을 알고 있는 듯싶었다. 수많은 가능성들 중에서 선택을 해야 할 때면 동전을 던져 결정하듯이 우연에 맡기지 않았다.

언제나 단 하나의 올바른 길을 위하여 모든 길을 끝까지 수색했다. 천재적인 상상력과 함께 그를 승리로 이끈 것은 그가 가진 미덕 중에서 가장 평범하면서도 가장 본질적인 불굴의 인내였다. 해협의 전반부는 다행스럽게 극복되었고, 이제 후반부만 남았다. 한 번 더 마젤란은 교차로를 만나게 되었다. 넓어진 만이 좌우로 나뉘고 있었다. 이 중에서 어느 길이 대양으로 뻗어가고 어느 길이 막다른 골목이 될지는 아무도 모르는 일이었다. 다시금 마젤란은 함대를 둘로 나누었다.

산안토니오와 콘셉시온 호는 이 만을 남동으로 따라가고 자신은 기함과 빅토리아 호를 데리고 남서쪽을 조사하겠노라고 했다. 늦어도 닷새 후에는 물고기가 풍부해서 정어리강이라고 이름 붙인 강어귀에서 만나기로 하고 함장들에게 상세한 명령을 하달했다. 배들은 벌써 돛을 올리려고 하였다. 그러나 바로 이때 함대에서 아무도 예견하지 못한 엄청난 일이 일어났다. 마젤란은 작전에 들어가기 앞서서 함장들을 모두 기함으로 불러모았다. 식품의 재고 상태에 대해 보고하게 한 다음 마젤란은 뜻밖에도 각자 이 항해를 계속할 것인지, 아니면 정탐을 마치면 귀향할 것인지에 대해 의견을 물어보았다.

의견을 물어본다고? 대체 무슨 일이 일어난 거지? 사람들은 놀라서 묻지 않을 수 없으리라. 갑자기 이 무슨 민주적인 몸짓이란 말인가? 지금껏 함장들에게 한 번도 질문한다거나 자기 명령에 이의를 제기할 권리도 인정하지 않던 단호한 독재자가 무슨 일로 이 대수롭지 않은 작전을 앞두고 부하 부리듯하던 장교들을 친구처럼 대접하는 것인가? 그러나 그의 격변한 태도는 충분히 이해할 수 있는 것이었다. 독재자들은 여한없는 승리를 거둔 다음에는 오히려 인도주의를 인정해주는 법이다. 권력을 장악한 다음에는 언론의 자유도 쉽사리 허용해주지 않는가. 파소를 발견한 지금 마젤란은 어떤 질문도 두려울 것이 없었다. 으뜸패를 손에 쥔 이상 다른 사람이 원하면 손에 든 패를 보여줄 수도 있는 것이다. 행운이 들어올 때는 불행할 때보다 공정하게 행동하기가 더 손쉬운 법이다. 따라서 이제야 그토록 폐쇄적이고 이를 악물며 침묵으로 일관하던 이 완고한 사람은 부드럽게 풀어진 것이었다. 그의 비밀이 더 이상 비밀이 아니고 공공연한 사실로 드러나자 마젤란은 사람들에게 속을 터놓을 수도 있었던 것이다.

함장들이 나타났고 보고를 했다. 물론 그들의 보고가 그리 만족스러운 것은 아니었다. 비상식량은 위험수위에 달해서 기껏 해야 석 달이나 지탱할 수 있을지 모르겠다고 했다. 마젤란은 이제 항해의 목적지인 파소, 즉 남태평양으로 가는 통로는 찾은 거나 다름

없다고 강조했다. 그러므로 함장들이 의견을 자유롭게 말해주기를 바란다는 것이다. 함대는 이 정도의 성공에 만족하고 돌아갈 것인가, 아니면 황제에게 약속했던 대로 과업을 완수하여 향료군도에 도달해 스페인을 위해 점령할 것인가. 그들이 임무를 마치면 기다리고 있는 명예나 부는 엄청날 것이다, 자기는 용기를 잃지 않고 있다, 그러나 결정을 내리기에 앞서서 여기에서 그만둘 것인지, 아니면 명예롭게 전진할 것인지의 여부를 장교들에게 묻고 싶다는 것이었다.

함장들과 키잡이들이 각자 무슨 대답을 했는지는 알려져 있지 않지만 대부분이 침묵을 지키고 있었으리라는 것은 분명하다. 그들은 산훌리안 해변과 능지처참된 옛 동료들을 너무도 잘 기억하고 있었다. 아직도 이들에게는 강철 같은 포르투갈인의 뜻을 거스른다는 것이 불안하기만 했다. 단 한 사람, 산안토니오 호의 키잡이며 포르투갈인으로, 아마도 마젤란의 친척인 에스테바웅 고메스만이 짧고 명확하게 의구심을 표현했다. 그는 이제 모든 정황을 보건대 파소가 정말로 발견된 것 같으니 차라리 스페인으로 돌아가서 함대를 새로 정비한 다음 이 개척된 해협을 통해서 향료군도로 가는 것이 좋을 것 같다는 생각을 솔직하게 털어 놓았다. 자기 배는 더 이상 항해를 견뎌낼 것 같지도 않고, 식량도 충분하지 않은 터에 이 남태평양이 얼마나 멀리 놓여 있는지도 모르지 않느냐고 했다. 그리고 만약이 미지의 바다에서 방향을 잘못 잡기라도 해서 가까운 항구를 발견하지 못한다면 함대는 파멸할 수밖에 없노라고 했다.

에스테바웅 고메스의 말은 이성적이었다. 이제 명예롭게 귀향하여 제2의 탐험대를 이끌고 목적지로 가자는 그의 제안은 논리적이고도 객관적인 관점에서 나온 것이었다. 그렇게 하였다면 마젤란도 2백여 명의 목숨은 구할 수 있었을 것이다. 그러나 마젤란에게 중요한 것은 죽어야 할 육신이 아니라 불멸의 업적이었다. 영웅적으로 사고하는 자는 필연적으로 비이성적으로 행동할 수밖에 없다. 마젤란은 서슴지 않고 반대론을 펴나갔다.

물론 그들 앞에 위험이 놓여 있기는 하다. 아마도 굶주림과 온갖 고난을 겪어야 할 것이다, 그러나 (이상하게도 예언과도 같은 말이었다) 그들이 돛대에 잡아맨 가죽끈을 먹는 일이 있더라도 항해를 계속해서 대망의 나라를 발견하는 것을 자신의 의무라고 생각한다고 말하였다. 모험을 계속하자는 부르짖음으로, 심리학적으로 볼 때 기묘하기 짝이 없는 회의는 이미 결론이 난 듯싶다.

이제 이 배에서 저 배로 마젤란의 명령이 전달되고 항해는 계속되었다. 그러나 마젤란은 함장들에게 식량이 얼마 남지 않았다는 말을 선원들에게 비밀로 하라고 은밀히 지시하였다. 이 사실을 흘리는 사람은 목숨이 온전치 않으리라고 못을 박았다. 아무 말 없이 함장들은 명령을 받아들였고, 정탐 임무를 맡은 두 척의 배는 곧 남쪽 해협을 따라 떠나갔다. 산안토니오는 메스퀴타가, 그리고 콘셉시온은 세하웅이 맡아 굽이굽이 펼쳐진 좁은 만을 빠져나갔다. 남아 있던 기함 트리니다드 호와 빅토리아 호가 맡은 일은 손쉬운 편이었다. 정어리강 어귀에 닻을 내린 다음 마젤란은 서쪽으로 뻗은 해협을 직접 조사하는 대신 작은 보트 한 척에게 정탐 임무를 맡겼다. 이곳은 비교적 물살이 잔잔하여 위험이라고는 없어 보였으므로 늦어도 사흘째 되는 날에는 돌아오라는 명령을 내렸을 뿐이었다.

남은 두 배는 이제 '콘셉시온'과 '산안토니호'가 돌아올 때까지 이곳에서 충분한 휴식을 취할 수 있었다. 마젤란도 조금은 아늑하기조차 한 자연 속에서 승무원들과 함께 모처럼 부담없는 시간을 가질 수 있었다.

그런데 묘하게도 그들이 서쪽으로 멀리 나아가면 갈수록 주변 경관은 더욱 아름다워졌다. 깎아지른 듯한 사암 절벽 대신에 초원이 나타났고 숲이 보였다. 구릉은 좀더 완만해져 갔고, 멀리서 눈 덮인 산봉우리가 반짝이고 있었다. 기온은 따스해졌으며 맑은 샘물이 솟아나 몇 주 동안 냄새나는 저장용수밖에 모르던 선원들의 갈증을 풀어주었다. 이제 사람들은 부드러운 풀밭에 누워 물고기들이 공중으로 날아오르는 것을 바라보며 게으름도 피웠다. 그러다가는 믿을 수 없을 만큼 엄청난 정어리떼를 잡느라고 소동을 피우기도 했다. 도처에 향내 나는 약초들도 있었고, 이제 그들은 몇 달 만에 처음으로 맘껏 배불리 먹어볼 수 있었다. 시원한 그늘을 만들어놓는 한없이 아름다운 자연 속으로 흠뻑 빠져 들어갔다.

그러나 이 안락과 평온의 짧은 행복이란 마젤란을 향해서 곧 들이닥칠 어마어마한 행복에 비하면 소소한 것에 불과했다. 사흘째 되던 날 보트는 명령대로 돌아왔다. 그런데 선원들이 멀리서부터 토도스로스산토스 해협으로 들어오는 입구를 발견했던 바로 그날처럼 환호성을 지르고 있는 것이었다. 마침내 해협의 출구를 발견한 것이다. 그리고 이 해협과 이어지는 미지의 남대양을 눈으로 직접 보았다는 것이다. 탈라사, 탈라사! 1천 년 전 옛 그리스인들이 오랜 항해를 끝내고 돌아오면서 외쳤던 바로 그 환희의 외침이 이제 비록 언어는 다르지만 똑같은 열정의 소리로 되풀이되었다. 이 외침은 인간의 목소리가 한 번도 닿아본 적이 없는 낯선 하늘 높이 복음의 소리가 되어 울려퍼졌다. 마젤란의 생애에 있어 가장 위대한 순간이었다. 한 인간이 일생동안 단 한 번만 경험할 수 있는, 두 번 다시 허용될 수 없는 무아경의 순간이었던 것이다. 모든 것은 이제 다 이루어졌고, 황제와 맺은 약속도 지킨 것이었다. 자기 앞의 수천 명이 꿈만 꾸어

왔던 것을 이제 그가 처음으로 실현시켰다. 그가 다른 대양으로 가는 통로를 발견한 것이다. 마젤란은 자신의 삶이 바로 이 순간을 통해 정당성을 인정받았고 불멸의 것이 되었음을 느꼈다.

바로 그때 이 냉혹하고 가까이 하기 힘든 사람에게서 아무도 감히 생각조차 할 수 없었던 일이 일어났다. 한 번도 자신의 감정을 드러내본 적이 없던 이 엄격한 군인은 이제 안으로부터 솟구치는 격정을 어찌할 수가 없었다. 눈물은 홍수가 되어 흘렀고, 타는 듯한 뜨거운 눈물방울은 무성한 수염 위로 흘러내리고 있었다. 생애 처음이자 마지막으로 이 강철 같은 사나이 마젤란은 행복에 겨워 울고 말았다.

스페인으로 도망친 산안토니오호

그의 어둡고 고난에 찬 생애에서 단 한 순간, 아주 짧은 한 순간 동안 마젤란은 창조적인 인물에게 허용된 최고의 행복을 느꼈다. 자신의 필생의 과제가 이루어진 것이다. 그러나 이 사람은 쓰라린 대가를 지불하지 않고는 한 순간의 행복도 누릴 수 없는 운명이었다. 그의 승리에는 언제나 고통이 붙어 다녔다. 언제나 행복을 바라만 볼 뿐 한 번도 얼싸안아 보거나 간직할 수는 없었다. 그의 생에서 가장 풍요로운 환희의 순간이 제대로 느껴보기도 전에 벌써 사라져 버리는 것이었다. 대체 다른 두 배는 어디서 무얼 하고 있는 것인가. 왜 그토록 오랫동안 꾸물대고 있는 것일까. 이제 보트가 대양으로 통하는 출구를 발견한 이상 다른 경로를 찾아다닌다는 것은 시간낭비일 뿐이었다. 아, 돌아

마젤란에 대한 우의적 묘사.
드 브리의 여행기(1594)에서 발췌한 동판화.

오기만 해다오, 이렇게 기쁜 소식이 기다리고 있는데! 어서 돌아와 다오! 점점 초조해져서 마젤란은 만의 안쪽을 열심히 살펴보고 있었다. 약속한 시간이 지난 지는 오래였다. 벌써 닷새나 지났건만 아무런 종적도 없는 것이었다.

사고가 일어난 것일까. 길을 잃은 것일까. 마젤란은 너무나 흥분하여 약속 장소에서 무료하게 기다리고 있을 수만은 없었다. 그는 늦어지는 배를 맞이하기 위하여 돛을 올리고 해협으로 나아갈 것을 명령하였다. 그러나 아무리 나아가도 수평선은 텅 비었고, 검은 강물만 흐르고 있을 뿐이었다. 어디에도 표지 하나, 흔적 하나 보이지 않았다.

찾아나선 지 이틀째 되던 날 마침내 멀리서 범선 한 척이 반짝이고 있었다. 그건 세하웅이 지휘하는 콘셉시온이었다. 산안토니오는 어디 있단 말인가. 그 배는 규모가 제일 크기 때문에 가장 중요한 배인데. 그러나 세하웅은 대답할 수 없었다. 첫날 이미 산안토니오 호는 자기들을 앞질러 나갔고, 그 다음부터 보이지 않는다는 것이었다. 처음엔 마젤란도 악의가 있음을 짐작하지 못했다. 아마도 산안토니오는 길을 잃었거나 합의사항을 잘못 알고 있었는지도 모른다. 그래서 '제독해협'을 샅샅이 뒤지기 위해 여러 방향으로 배를 보냈다. 연기를 피워 신호를 보냈고, 깃발에는 혹시 배가 길을 잃을 것을 염려하여 지침서를 꽂아놓도록 하였다. 그러나 어디에도 배의 흔적은 없었다. 끔찍한 일이 일어났음에 틀림없었다. 산안토니오 호가 난파해서 배도, 승무원도 모두 침몰했을 수가 있다. 그러나 그럴 가능성은 없는 것이 요 며칠 사이에는 이상하게도 바람이 잔잔했었다. 아니면 (좀더 가능성이 있는데) 산안토니오 호의 키잡이는 바로 돌아가자고 했던 에스테바웅 고메스였으니 사령관을 거역하면서 자신의 요구를 관철했을 수도 있다. 그와 배에 있던 스페인 장교들이 함장을 윽박질러서 식량을 모두 챙겨가지고 도주한 것이었다.

마젤란은 이 당시 정확하게 어떤 일이 일어났는지는 알 수 없었다. 그가 아는 것이라고는 무서운 일이 닥쳤다는 것뿐이었다. 가장 크고 성능이 좋은 배가 사라져 버렸고. 그 안에 보관해두었던 비상식량도 모두 사라져 버린 것이었다. 그러나 대체 어디로 사라진 것일까. 무슨 일이 일어난 것일까. 인적도 없는 이 외딴 곳에서는 아무에게도 물어볼 수가 없었다. 바다 속으로 가라앉았는지, 아니면 스페인으로 도망쳐 버렸는지를. 마젤란은 팔레이루 대신 따라온 점성사 안드레스 데 산 마틴을 불렀다. 그는 다른 사람들처럼 점성술을 믿고 있었다. 하늘의 저 많은 별들만이, 유독 빛나는 저 남십

자성만이 이 비밀의 목격자였을 것이다. 그래서 산안토니오가 어디로 사라졌는지 대답해줄 수 있는 것은 저 별들뿐이리라. 안드레스라면 별들의 답을 읽을 수 있을 것이었다. 마젤란은 안드레스에게 산안토니오 호에 무슨 일이 일어났는지 점을 쳐보라고 하였다. 이번에는 점성술이 예외적으로 옳은 답을 해주었다. 에스테바웅 고메스가 지난번 회의석상에서 어떤 태도를 취했는지 잘 알고 있던 이 용감한 점성술사는 예언을 하기를 (이는 사실로 판명되었다) 배가 함장을 가두고 탈주했다는 것이었다. 묘하게도 마젤란에게 일어난 사건은 나중에 그의 후세대인 프랜시스 드레이크에게서 되풀이된다. 드레이크도 부하인 윈터가 밤사이에 가장 좋은 배를 훔쳐 달아나 버리는 일이 있었다.

마젤란은 너무 빨리 환호했고, 너무 쉽게 기뻐했다. 한 번 더, 이제 마지막으로 결단을 내려야만 했다. 이제 함대에 식량마저 부족하니 상황은 너무도 위급했다. 비상식량은 산안토니오 호에 가장 많이 실려 있었다. 게다가 배를 기다리고 찾아다니는 동안 엿새간의 식량을 축내기까지 했다. 이 남대양으로 전진하는 것이 일주일 전만 되었어도 상황이 좀더 좋았을 테니 한번 도전해볼 만한 시도였겠지만, 산안토니오 호가 도망한 지금 이를 감행한다는 것은 자살행위와도 같았다.

확신에 차서 당당하게 서 있던 마젤란은 이제 단숨에 절망의 나락으로 떨어지고 말았다. 바로스가 우리에게 전하는 말을 빌릴 필요도 없을 것이다. 여기에는 "마젤란은 너무도 당황하여 어떤 결정을 내릴지 모르고 있었다"라고 씌어 있었다. 마젤란이 이 혼란의 순간에 함대의 장교들에게 내린 명령에서 (우리가 알고 있는 단 하나의 명령인데) 그의 심리적 동요를 명확하게 읽을 수 있다. 며칠 사이에 그는 두 번째로 장교들에게 항해를 계속할 것인지 돌아갈 것인지 의견을 말해보라고 하였다. 이번에는 서면으로 답을 하라고 했다.

마젤란은 알리바이가 필요했다. 다시 말해 자기가 함장들에게 물어보았다는 증명을 문서로 남기고 싶어 했던 것이다. 그는 (이것도 나중에 사실로 드러나지만) 이 산안토니오 호의 반란군들이 세비야에 도착하자마자 불복종에 대한 탄핵을 피하기 위해 먼저 마젤란을 고소하리라는 것을 너무도 잘 알고 있었다. 그들은 그곳에 없는 마젤란을 폭군으로 만들면서 과장된 묘사를 통해 스페인인들의 민족감정을 자극할 것이 분명했다. 이 포르투갈 이방인은 함대를 자기네들끼리 장악하기 위해서 왕이 보낸 관리들을 쇠사슬에 묶어놓았고, 카스티야 귀족들의 목을 베고, 사지를 찢어놓고, 굶겨죽였노라고 할 터였다. 마젤란이 명령문을 내려 서면의 답을 요구한 것은 그가 항해 내내 장교들의 자유로운 의사표현을 잔인한 공포정치로 억눌렀다는 사실을 뒤집어엎기 위해서였다.

"산티아고 수도회 기사이자 본 함대의 사령관인 나 페르디난드 마젤란은 그대들 모두가 시간이 이미 많이 흘러버렸기 때문에 항해를 계속하려는 결정에 책임을 지겠다는 것을 받아들인다. 본인은 다른 사람의 의견이나 충고를 업신여기지 않고 안건이 있을 때에는 모든 사람들과 합의하여 수행하려고 하는 사람이다."

그의 명령은 설문이라기보다는 자기 변호문이라고 해야 옳았다. 이 명령을 접한 장교들은 그 기묘한 내용에 슬그머니 웃었을지도 모른다. 마젤란의 특성이라면 통솔하고 명령하는 데에서 남이 꺾어놓을 수 없는 자만심이 아니었던가. 그들은 바로 이 사람이 다른 함장들이 이의를 제기할 때마다 철퇴로 치듯 내리친 것을 너무도 잘 기억하고 있었다. 그러나 마젤란 또한 그들이 자신의 무자비한 독재를 기억하고 있으리라는 것을 잘 알았다. 그는 계속했다.

"산훌리안 해변의 사건 때문에 아무도 두려워할 필요는 없다. 각자는 무엇이 우리 함대의 안전을 위한 길인지 아무 두려움 없이 자신의 의견을 말할 의무가 있다. 만일 그대가 나에게 자신의 뜻을 감추려고 한다면 그것은 그대들의 서약과 의무를 저버리는 것이다."

그러면서 그는 계속 항해할 것인지, 돌아갈 것인지에 대한 의견을 이유와 함께 서면상으로 분명하게 알려달라고 하였다. 그러나 몇 달에 걸쳐 잃은 신뢰를 한 시간 만에 되찾을 수는 없었다. 아직도 장교들에게는 솔직하게 돌아가자고 요구하기에는 두려움이 뼛속 깊이 자리잡고 있었다. 오늘날 남아 있는 단 하나의 대답은 점성사 산 마틴의 것이었는데, 엄청난 책임이 요구되는 이 시점에서 그들이 마젤란과 함께 공동책임을 지고 싶어 하지 않았음을 잘 보여주고 있다. 이 점성사는 자신의 직업에 걸맞게 이쪽과 저쪽이 모두 좋다는 식의 애매모호한 답을 하였다.

그는 토도스로스산토스를 통해 향료군도에 갈 수 있을지 의심스럽다고 하였다. 그렇지만 계속 항해하는 것이 더 바람직하다고 생각하는데, 이유는 '하트가 손에 들어왔기 때문'이라는 것이다. 한편으로 너무 멀리까지 나가지 말고 1월 중순경에는 귀향하는 것이 좋은데, 선원들이 너무 지쳤고 병들었기 때문이라고 했다. 어쩌면 서쪽으로 가지 말고 동쪽으로 향하는 것이 좋겠지만 마젤란이 옳다고 생각하는 쪽으로 가라고도 했다. 신이 올바른 길을 제시해줄 것이라는 것이었다. 다른 장교들의 답변도 이와 크게 다르지 않았을 것이다.

아무튼 마젤란이 장교들에게 물어본 것은 답을 듣기 위해서

마젤란 해협을 통과하는 광경.
소멸된 목판화를 본따서 그린 그림(1801).

가 아니고, 단지 자기가 물어보기는 했다는 것을 증명하기 위해서였다. 그는 후퇴하기에는 너무도 멀리 나와 버렸음을 알았다. 개선장군으로 돌아갈 수 없다면 자신은 파멸인 것이다. 설혹 그 수다스러운 점성사가 그에게 죽음을 예언했다 하더라도 그는 영웅으로서의 길을 나아가야 했다.

1520년 11월 22일, 그의 명령에 따라 배는 정어리강의 항만을 떠났고, 며칠 후 마젤란 해협을 통과하였다(앞으로는 마젤란 해협이라고 불린다). 그리고 해협이 끝나는 지점에서 마젤란은 캅 데 세아도(열망의 곶)라고 명명한 곶 뒤쪽으로 유럽의 배가 아직 항행해본 적이 없는 새로운 바다가 끝없이 넘실대고 있는 것을 바라보았다. 감동적인 순간이었다. 서쪽 수평선 뒤로 보물의 섬인 향료군도가 놓여 있을 것이었다. 그 뒤로는 동양의 제국들, 중국, 일본과 인도가 있을 것이고 계속해서 가다 보면 고향인 스페인과 유럽대륙이 나타날 것이다. 지구가 개벽한 이래 그 누구도 통과해보지 못한 대양으로 돌진하기에 앞서 한 번 더, 마지막으로 휴식을 취했다. 1520년 11월 28일, 닻을 올리고 깃발이 올려졌다. 축포를 쏘아올리면서 세 척의 작은 배는 마치 생사의 결투를 앞둔 투사가 위대한 적수에게 인사하듯 이 낯선 바다에 경의를 표했다.

도 착

130일간의 죽음의 항해, 마침내 동방의 섬에 다다르다

1520. 11. 28 ~ 1521. 4. 7

아직은 이름이 없는 이 대양('인간의 정신이 미칠 수 없을 만큼 광활한 바다'라고 막시밀리안 트란스 실바누스는 말하고 있다)의 횡단사는 인류가 보여준 불멸의 영웅적 업적 가운데 하나다. 무한한 공간으로 떠난 콜럼버스의 항해만 해도 당시뿐만 아니라 후세대에 와서도 비교할 바 없는 용감한 행위라고 받아들여진다. 그러나 콜럼버스의 항해도 치러진 희생을 두고 볼 때 말할 수 없는 어려움을 겪으면서 자연과 싸워서 이루어냈던 마젤란의 승리와 비교할 수는 없다. 콜럼버스는 완벽하게 새로 치장된 최상의 범선을 끌고 전부 합해야 33일을 항해했다. 또 그가 상륙하기 일주일 전부터 이미 바다에 떠 있는 해초들과 낯선 나무들, 그리고 새들이 그가 어떤 대륙에 가까이 다가가고 있음을 알려주었다. 그의 선원들은 건장했고, 휴식도 충분히 취했으며, 배에는 비상식량도 충분했기 때문에 만약의 경우 목적을 이루지 못하고도 귀항할 수 있었다. 미지의 땅은 그의 앞에만 놓여 있을 뿐, 등 뒤

로는 최후의 수단으로 고향이 있었다.

그러나 마젤란은 철저히 허공 속으로 떠나고 있었다. 유럽의 항구와 집을 떠나온 것이 아니었고, 낯설고도 삭막한 파타고니아에서 출발해 온 것이다. 승무원들은 몇 달 간에 걸친 강행군으로 기진맥진이 되었다. 배고픔과 궁핍이 그들을 따라오는가 하면, 저기 앞에서 또 그들을 기다리고 있었다. 의복은 낡았고, 돛이란 돛은 갈기갈기 찢어졌고, 밧줄은 삭아버렸다. 벌써 몇 주일이나 사람이라고는 만나보지도 못했고, 술도, 여자도, 신선한 고기와 빵은 구경도 못하였다. 이런 망망대해에 버려져 있자니 적시에 고향으로 도주해버린 대담한 동료들이 내심 부럽기도 했으리라. 세 척의 배는 20일, 30일, 40, 50, 60일 동안 계속해서 나아가기만 할 뿐이었다. 아직도 육지는 나타나지도 않고, 육지가 가까워 온다는 희망도 보이지 않았다. 다시 또 일주일이 지나고, 또 한 주일, 또 한 주일, 그렇게 해서 1백 일이 지났다. 콜럼버스가 대양을 세 번 횡단한 시간이었다. 수천, 수만의 무의미한 시간을 흘려보내며 마젤란의 함대는 그저 텅 빈 공간 속으로 나아가고 있는 것이었다.

11월 28일, 그 열망의 곶을 떠나온 이래 수평선상은 점점 어두워져 갔고, 이제는 지도도, 척도도 아무 소용이 없었다. 팔레이루가 고향에서 측정한 거리는 모조리 거짓으로 드러났다. 마젤란은 이미 오래전에 지팡구(일본)를 지나쳤다고 믿었지만 실제로는 이제 겨우 이 낯선 대양의 3분의 1을 지났을 뿐이었다. 마젤란은 그 잔잔한 바람 때문에 이 바다를 '일 파시피코(태평양)'라고 이름을 붙였다.

그러나 이 평화로움은 얼마나 잔인하였으며, 이 죽음 같은 고요가 주는 단조로움은 또 얼마나 고통스러웠겠는가. 바다는 그저 파랗게 빛나고만 있었다. 하늘은 언제나 구름 한 점 없이 뜨겁게 타오르고 있었고, 공기의 움직임도 없이 모든 것이 침묵하고 있을 뿐이었다. 수평선은 언제나 저 멀리서 둥글기만 하고, 언제나 금속 빛으로 빛나던 하늘과 수면의 절단선은 이제 심장을 도려내는 비수가 되어버렸다. 언제나 변함없는 이 푸르디푸른 허공, 움직임이 멎어버린 이 소름끼치는 공간 속에서 유일하게 살아움직이는 작은 배들, 잔인하도록 날카롭게 내리쬐는 한낮의 태양, 언제나 변함없고 매일이 똑같은 곳, 밤이면 밤마다 차갑게 내려다 보면서, 물어도 물어도 대답조차 없는 별들. 이 작은 인간의 영역에 존재하는 것도 언제나 똑같은 물건들뿐이었다. 똑같은 돛, 똑같은 돛대, 갑판도 똑같고, 닻도, 대포도, 탁자들도 모두 똑같았다. 배 안에서는 언제나 달착지근한 곰팡이 냄새가 피어오르고 있었다.

아침이고 낮이고, 저녁이고 한밤중이고간에 마추칠 수밖에 없는 언제나 같은 얼굴, 절망으로 무뎌진 채 서로를 응시하는 이 인간의 얼굴들은 그러나 날이 가면서 점점 허물어져 가고 있었다. 텅 빈 동굴같이 오목한 두 눈은 아침이 올 때마다 점점 빛을 잃어가고, 두 뺨은 점점 움푹 들어가고, 한 걸음, 한 걸음 내디딜 때마다 몸은 점점 더 늘어져 갔다. 몇 달 전만 해도 사다리를 오르내리고, 폭풍 속에서도 활대를 조여대던 젊고 씩씩한 젊은이들이 이제 뺨은 움푹 패고, 창백한 모습으로 귀신처럼 흐느적거렸다. 병자처럼 비틀대거나 아예 기력이 다하여 자리에 드러눕기도 했다. 인류의 가장 원대한 탐험을 찾아 떠나왔던 이 세 척의 배는 더 이상 선원이라고 말할 수 없는 존재들로 가득 찼다. 갑판이란 갑판은 떠다니는 병실이요, 표류하는 빈민수용소였다.

예상 외로 긴 횡단을 하면서 식량이 바닥났고, 무서운 궁핍이 닥쳤다. 매일 식량 담당이 승무원들에게 나누어주는 음식은 차라리 오물이라고 부를 수밖에 없었다. 그나마 입술이라도 적셔주면서 생기를 불러일으키던 포도주는 다 떨어진 지 오래였다. 지저분한 통과 가죽부대에 들어 있던 담수는 태양열에 끓어올라 짠물이 되어버렸고, 지독한 악취를 풍겼다. 하루 한 모금의 물을 메마른 목구멍으로 넘길 때면 손으로 코를 감싸쥐어야 했다. 그들이 잡는 물고기 외에 유일한 식량인 비스킷은 이미 시커멓고 더러운 가루로 부서져 버렸다. 그 속에는 구더기가 우글거리고 있었고, 이 형편없는 음식이나마 먹어보려고 미친 듯이 덤벼드는 쥐떼들의 배설물로 뒤범벅되어 있었다.

나중에는 형편없는 비스킷보다 쥐에 대한 욕구가 더 커졌다. 그들은 마지막 식량을 강탈해 가는 쥐들의 뒤를 절망적으로 쫓았다. 물론 쥐를 때려죽이려는 것이 아니라, 그 시체를 별미요리로 팔아넘기기 위해서였다. 이 찍찍대는 짐승을 가장 잘 잡는 사냥꾼에게는 금화 반 두카텐이 지불되었다. 그런 다음 쥐를 산 행운의 남자는 이 메스꺼운 쥐 요리를 삼키는 것이었다. 목을 쥐어뜯는 허기를 달래고, 먹지 못해 엄청나게 쪼그라든 위장을 속이기 위해 사람들은 점점 더 위험한 속임수를 생각해냈다. 톱밥을 썰어 비스킷 부스러기와 섞어서 보잘것없는 양을 늘려보기도 했다. 결국 이 극심한 궁핍은 언젠가 마젤란의 예언처럼 돛대를 묶었던 소가죽끈을 씹어 먹기에 이르렀다. 피가페타의 서술에서 우리는 이 굶주린 자들이 절망 속에서 먹을 수 없는 것조차 먹어보려고 어떤 시도까지 했는지 알 수 있다.

"우리는 결국 굶어죽지 않기 위하여 닻줄이 찢어지는 것을 막기 위해 덮어씌운 소가죽도 먹어치웠다. 가죽이 여러 해 동안 비와 태양과 바람에 절어 돌처럼 딱딱해졌기 때문에 부드럽게 만드느라고 너댓새를 바닷물 속에 담가놓아야 했다. 그런 다음엔 불에 약간 구워서 삼켜버렸다."

이 무쇠처럼 단단하고, 온갖 역경을 겪어온 선원들 중에 그나마 가장 저항력이 있는 사람조차도 이토록 형편없는 식사를 하고는 오랫동안 버틸 수 없다는 것은 당연한 일이다. 신선한 음식의 결핍으로 괴혈병이 발생했다. 잇몸이 붓기 시작했고, 고름이 생기더니 나중에는 이빨이 흔들리면서 빠져버렸다. 입속에선 궤양이 생기고, 목구멍이 붓기 시작하면서 설혹 음식이 충분하다 하더라도 삼키지 못할 정도가 되면서 처참하게 죽어갔다. 그러나 살아남은 사람들에게서도 굶주림은 마지막 힘을 앗아가 버렸다. 고름이 생기거나 마비된 발을 끌면서, 지팡이를 짚고 더듬거리거나 기진맥진하여 구석에 웅크리고 앉아 있었다. 남아 있던 승무원의 10분의 1인 열아홉 명 정도가 굶주림으로 죽어갔다. 제일 먼저 죽은 사람 중에는 예전에 파타고니아에서 잡아온 거인도 있었다. 그는 후안 기강트라는 이름으로 세례를 받았고, 불과 몇 달 전만 해도 단숨에 비스킷 반 상자를 먹고, 물 한 양동이를 한 잔처럼 들이마셔서 사람들을 경탄하게 만들었던 장본인이었다. 이 끝없는 항해가 계속되는 동안 일할 수 있는 선원들의 수는 점점 줄어들었다. 피가페타는 이렇게 약해진 체력으로는 이 배들이 폭풍이나 험한 날씨를 견뎌내지 못했을 거라고 써놓았다. 옳은 말이었다.

"만약 천주님과 성모께서 우리에게 그토록 좋은 날씨를 선사해 주시지 않았더라면 우리는 모두 배고픔에 지쳐 광대한 바다 한가운데서 죽어버리고 말았을 것이다."

석 달 스무 날을 이 세 척의 외로운 행렬은 끝없는 망망대해를 헤매고 있었다. 고통이란 고통은 모두 맛보았다. 그 중에 가장 끔찍한 고통은 희망이 실망으로 바뀌는 고통이었다. 사막에서 갈증에 시달리는 사람이 신기루를 보는 것과 마찬가지였다. 어디선가 푸른 야자수가 하늘거리고, 며칠을 잔인하게 내리쬐던 햇살 사이로 시원한 나무 그늘이 드리워지는 듯싶고, 어디선가 샘물 흐르는 소리도 들려오는 듯싶어 죽을힘을 다해 간신히 도착해보면 갑자기 이 모든 환영은 사라져 버리고 사막만이 어제보다 더 적대적인 태도로 그들을 에워싸고 있는 것이었다. 마젤란의 승무원들도 이와 같은 신기루 현상에 사로잡히게 되었다.

어느 날 아침, 돛대에서 누군가가 목이 터져라 외쳐대고 있었다. 육지다! 언제부터인지 알 수도 없지만 이제 처음으로 땅이라고 섬 하나를 발견한 것이다. 굶주리고, 목이 타던 사람들은 미친 사람처럼 갑판으로 뛰어나왔고, 마치 삶은 빨래처럼 축 늘어져 있던 환자들도 비틀거리며 몰려들었다. 빨리, 어서 빨리 사람들을 보트에 실어 뭍으로 올려보내자. 그들의 예민해진 감각에는 솟아오르는 샘물소리가 들리는 듯했고, 벌써부터 물을 마시고 나서 시원한 나무 그늘에 누워 휴식을 취할 것까지 꿈꾸어 보는 것이었다. 몇 주일이나 바다를 헤매다닌 지금, 흔들리는 나무판자가 아니라 흙을 한번 디뎌보고 싶다는 바람도 있었다. 그러나 이 무슨 처참한 실망인가! 그들이 가까이 다가가자 이 섬과 또 하나의 섬은 사람도 동물도 살기는커녕 살 수도 없는, 샘물도 솟지 않고 과일도 자라지 않는 삭막한 바윗덩이에 불과했다. 이 황량한 곳에서 하루라도 머무는 것은 시간 낭비에 불과했다. 결국 불행의 섬이라는 이름만 붙여주고 그곳을 떠나야 했다. 항해는 물의 사막을 지나 계속되었다. 며칠이 지나고, 또 몇 주가 지나갔다. 인간의 고통과 그 고통을 감수하는 능력의 연대기를 우리가 역사라고 부른다면, 이는 아마도 가장 끔찍하고도 궁핍스러운 역사였을 것이다.

육지다, 육지다!

함대가 마젤란 해협을 떠나 넓은 바다로 들어선 이래로 태양은 텅 비고, 동요도 없는 푸른 바다 위로 백 번이 넘게 떠올랐고, 백 번이 넘게 무정한 푸른 바다 속으로 가라앉았다. 1521년 3월 6일, 마침내 다시 한 번 돛대에서 외치는 소리가 들려왔다. 육지다, 육지다. 이제 때가 된 것이다. 만일 이틀이나 사흘만 더 바다를 헤맸다면 이들의 영웅적 행위의 자취는 결코 후세대에까지 전해지지 못했으리라. 승무원들은 굶어죽고, 마치 물 위에 떠도는 묘지처럼 배는 키잡이도 없이 저 홀로 바다를 떠다녔을 테고, 그러다가 폭풍이라도 만나면 어느 해변가에 내동댕이쳐졌을 것이다. 이 새로 발견된 섬은 신이 보우하사 사람이 살고 있으니, 마실 물도 얻을 수 있을 것이었다.

함대가 섬에 가까이 다가가기도 전에, 아직 돛도 닻도 내리지 않았는데 벌써 무시무시하게 빠른 카누들이 다가왔다. 배에는 그림을 그려놓고 돛은 야자수 잎사귀로 이어 만들었다. 벌거벗은 이들은 마치 원숭이처럼 잽싸게 갑판으로 올라와 갑판에 있는 것을 모조리 가져가 버렸다. 순식간에 갖가지 물건들이 요술처럼 사라졌다. 심지어는 트리니다드의 작은 보트마저 밧줄에서 떼어가 버렸다. 한번도 본 적이 없는 물건들을 가진 것만이 마냥 즐거운 듯 이들은 노획물을 싣고 노를 저어 가버렸다. 자기네들이 나쁜 짓을 하고 있다는 의구심도 전혀 없는 듯 쾌활한 모습들이었다. 이들 원시적인 이민족들은 자신들의 행동을 자연스럽고도 당연한 것처럼 여기고 있었다. 마치 교황이나 왕이 아직 발견되지도 않은 땅덩어리를 사람과 동물 할 것 없이 처음부터 기독교국 왕의 합법적인 재산으로 선포하

마젤란 해협 주변의 원주민. 18세기 동판화.

는 것과 마찬가지였다.

마젤란은 허락없이 남의 물건을 가져가는 것은 용납할 수 없었다. 또한 세비야에서 구입하는 데 3,937.5마라베디나 들었고 수천 마일 떨어진 이곳에서 대체할 수도 없는 귀중한 보트를 이 날쌘 강도들에게 빼앗길 수는 없었다. 그래서 다음날 마젤란은 보트를 되찾고 이 파렴치한 섬사람들에게 무서운 교훈을 주기 위해 40명의 무장한 선원들과 함께 뭍에 도착했다. 오두막 몇 채가 불타버렸지만 싸움으로 발전하지는 않았다. 이 가련한 자연의 자식들은 남을 죽이는 법을 배우지 않은 모양이었다. 갑자기 스페인인의 화살이 그들의 몸을 뚫고 피를 내자 도대체 어떻게 이 날카롭고 깃털이 달린 물건이 피부를 뚫고 들어와서 그토록 아프게 할 수 있는지 놀라워했다. 그들은 절망에 빠져 화살을 빼려고 잡아당기면서 이 끔찍한 백인 야만인들을 피해 숲으로 도망가 버렸다. 그동안 굶주렸던 스페인인들은 마실 물도 구하고, 음식물도 약탈했다. 그들은 탐욕스럽게 서두르면서 사람들이 버리고 간 오두막에서 닭이건 돼지건 과일이건 긁어모을 수 있는 것은 무엇이든 모조리 끌고 나왔다. 원주민들은 스페인인들에게서, 스페인인들은 원주민들에게서 피차간에 도둑질을 한 셈이었다. 교양 있는 강도는 벌로 이 섬에 도둑섬(라드론)이라는 치욕적인 이름을 붙여주었다.

어쨌든 이렇게 약탈해온 식량은 굶어 죽어가던 사람들을 다시 살려놓았다. 사흘 동안 휴식을 취하고 신선한 과일과 고기, 깨끗한 음료수를 섭취한 덕분에 선원들은 다시 원기를 찾았다. 계속 항해해 가는 도중 영국인 한 명과 선원 몇 명이 죽어버리고, 수십 명은 병들어 누웠다. 그러나 극도의 공포는 사라지고, 이제 새로운 용기를 가지고 배는 서쪽을 향해 나아갔다. 또다시 한 주가 지난 3월 17일, 섬 하나가 윤곽을 드러내고, 그 옆에 또 한 섬이 모습을 드러내자 이제 마젤란은 운명이 자신의 소망을 들어주었음을 알았다. 자신의 측정에 의하면 몰루켄이 틀림없었다. 환호의 함성이 울려퍼졌다. 이제 그는 목적지에 도달한 것이었다. 그러나 어서 빨리 승리를 확인해보고 싶은 초조한 열망도 이 남자를 성급하게 한다거나 경솔하게 만들어놓지 않았다.

그들은 큰 섬인 술루안에 내리지 않고 피가페타가 '후무누'

도둑섬(라드론)에 운집한 범선들.
드 브리의 여행기(1620)에서 발췌한 동판화.

라고 이름붙인 작은 섬에 닻을 내렸다. 이 섬에는 사람이 살고 있지 않았다. 마젤란은 자신의 건강이 악화되었기 때문에 되도록이면 원주민들과의 충돌을 피하고 싶었다. 대원들이 기운을 차리고 난 다음에 협상을 하거나 싸움을 하자는 것이었다. 환자들을 뭍으로 옮겨 맑은 물을 마시게 해주었고, 도둑섬에서 훔쳐온 돼지 한 마리를 잡았다. 우선 쉬고 위험한 일은 만들지 말자! 다음날 오후 큰 섬에서 원주민들이 친절하게 손을 흔들면서 카누를 타고 다가왔다. 이들이 가져온 과일은 이 선량한 피가페타가 아직 보지 못한 것들로 그는 여간 경탄스러워하는 것이 아니었다. 그것은 바나나와 야자열매였다. 특히 야자의 우유 같은 액체는 환자들에게 놀라운 효력을 보여주었다. 신속한 무역이 시작되었다. 물고기와 닭, 야자로 빚은 술, 오렌지와 갖가지 야채들과 과일들을 몇 개 안 되는 종이나 알록달록한 유리컵들하고 바꿀 수 있었다. 몇 주 몇 달 만에 처음으로 환자나 건강한 사람들이나 다같이 배불리 먹을 수 있었다.

마젤란은 처음에는 감격에 싸여 이제 여행의 목적지인 향료 군도에 도착했다고 믿었다. 그러나 그들이 우연히 닿은 이 섬은 몰루켄이 아니었다. 몰루켄이었다면 노예인 엔리크가 그들 말을 못 알아들었을 리가 없었다. 태평양상에서 북위 10도 정도로 항로를 잡은 마젤란의 측량은 한 번 더 오류로 판명된 것이다. 그러나 바로 그 오류로 인해 또 하나의 땅덩어리를 발견하게 되었다. 북쪽으로 치우쳐 항해함으로써 몰루켄 대신 그 어느 유럽인도 언급하거나 알고 있지 못한 완전히 낯선 군도에 도달한 것이었다. 이렇게 해서 그는 향료 군도를 찾아나선 길에서 필리핀을 발견하였고, 칼 대제에게 식민지를 하나 더 선사하게 된 셈이었다.

마젤란이 발견한 필리핀은 이후 콜럼버스나 코르테츠, 피자로 등이 점령한 식민지들보다도 더욱 오랫동안 스페인 왕국의 식민지로 남았다. 마젤란 자신도 예기치 못했던 발견으로 인해 영토를 확보하게 되었는데, 계약에 의하면 섬을 6개 이상 발견하면 그 중 2개는 그와 팔레이루의 소유가 되는 것이었다. 어제까지만 해도 불쌍한 모험가요 절망에 가득 차서 몰락의 낭떠러지에 서 있던 사람이 하룻밤 사이에 자기 영토를 가진 귀족이 되었고, 이 식민지에서 흘러 들어오는 수입을 나눠 갖는 소유주가 된 것이고, 이제 지구상에서 가장 부유한 사람들 틈에 끼게 된 것이다.

암울하고 덧없던 수백 일이 지나고 단 하루에 의해 이루어진 반전이란 얼마나 멋진 것인가! 술루안의 원주민들이 날마다 임시요양원에 날라다주는 영양이 풍부하고 신선한 음식뿐 아니라 마침내 안정된 곳에서 휴식을 취할 수 있다는 사실은 영약처럼 환자들의 마음을 어루만져 주었다. 이 평화로운 열대 해변에서 아흐레 동안 정성스럽게 요양을 하자 선원들은 대부분 회복되었다. 마젤란은 이제 맞은편에 놓여 있는 마사바 섬을 정탐할 준비에 나섰다. 그 행복한 와중에 불행한 사건이 일어날 뻔하기도 했다. 그의 기록자이자 친구인 피가페타가 낚시를 하다가 몸을 너무 앞으로 숙인 나머지 물에 빠져버렸지만 아무도 이를 알아차리지 못했던 것이다. 하마터면 최초의 세계일주 기록이 물에 떠내려갈 뻔했다. 피가페타는 헤엄을 칠 줄 몰랐기 때문에 거의 익사지경에 있었다. 다행히 마지막 순간에 배에서 내려와 있던 밧줄을 붙잡았고, 힘차게 소리를 질러 이 기록자는 다시 배로 끌어올려졌다.

모두 즐거운 마음으로 돛을 올렸다. 이제 지긋지긋한 대양은 끝이 났고, 더 이상 바다가 그들을 무료함이라는 공포 속으로 몰아넣지 않을 것을 알고 있었다. 이제부터는 몇 시간, 며칠만 항해해 나가도 좌우로 계속해서 섬들이 나타날 것이었다. 드디어 사흘째 되던 날인 3월 28일, 성금요일 전날, 함대는 그들의 최종 목적지로 떠나기에 앞서 한 번 더 마지막으로 휴식을 취하기 위해 마사바 섬에 상륙했다.

지구는 둥글었다

마사바는 지도상으로 볼 때 돋보기가 있어야 겨우 찾을 수 있을 정도로 필리핀 제도 중에서도 작고 보잘것없는 섬이었다. 바로 이곳에서 마젤란은 생의 극적인 순간을 다시금 만나게 되었다. 계기가 된 사건은 그리 대수로운 것은 아니었다. 세 척의 낯선 배가 돛에 바람을 받으면서 마사바 해변에 가까이 다가가자마자 여기저기에서 원주민들이 호기심에 차서 모여들었다. 마젤란은 신중을 기하여 상륙하기 전에 먼저 엔리크를 평화의 사절로 보냈다. 원주민들이 이상한 옷차림을 하고 무장을 한 백인들보다는 같은 피부를 지닌 사람을 더 신뢰하리라고 생각한 때문이었다.

갑자기 예기치 못했던 일이 일어났다. 반쯤 벌거벗은 섬사람들은 떠들고 소리치면서 엔리크를 에워쌌다. 갑자기 이 말라야인 노예는 당황하며 멈추어 서버렸다. 그들의 말을 단어 하나까지 알아들었기 때문이었다. 섬사람들이 그에게 하는 이야기, 묻는 말을 모두 알아들을 수 있었던 것이다. 오래전에 고향에서 납치되었던 그는 그날 이후 처음으로 자기 나라 말을 단편적이나마 다시 듣게 된 것이다. 잊을 수 없는 순간이자 인류 역사상 존재하는 위대한 순간들 중의 하나였다. 지구가 우주를 떠돌기 시작한 이래 처음으로 살아 있는 한 인간이 지구를 한 바퀴 돌아 고향으로 돌아온 것이었다.

그가 하찮은 노예였다는 것은 중요하지 않다. 또 그라는 사람이 중요한 것도 아니었다. 위대함은 그가 겪은 운명 속에 있었다. 엔리크라 이름 붙여진 이 말라야인 노예는 수마트라 섬에서 채찍을 맞으면서 인도와 아프리카를 거쳐 유럽으로, 리스본으로 끌려갔지만 이제 이 지구에 사는 무수한 인간들 중에 최초로 브라질과 파타고니아를 거치고 대양과 작은 바다들을 건너 다시 자기네 말을 사용하는 사람들 속으로 돌아온 것이었다. 단어 하나하나가 서로 다른 의미를 갖는 수백, 수천의 민족과 인종, 부족들을 거쳐 이제 인류 최초로 지구를 돌아 자기를 이해하는 민족에게로 되돌아온 것이었다. 마젤란은 곧 이 노예를 사왔던 말라카로 무사히 되돌려 보낼 수 있게 되었다. 이것이 내일 일어나게 될지, 아니면 좀더 훗날에 일어나게 될지 알 수는 없었지만.

그리고 이 순간 마젤란은 자신이 목적지에 도착했고, 자신의 업적이 완성되었음을 알았다. 그는 동쪽에서 출발하여 그가 12년 전에 도착한 바 있던 말라야 언어권의 한 변두리에 다다른 것이었다. 그토록 열망하는 향료의 섬에 도달하는 것은 본질적인 문제가 아니었다. 자신이 그 섬을 찾게 되던, 아니면 다른 사람이 그곳을 찾던 그것은 아무래도 좋았다. 업적의 본질은 향료의 섬이 아니라 누구든지 바다를 따라 계속 항해하면, 그것이 태양이 지는 쪽이든 뜨는 쪽이든 상관없이 자기가 출발했던 지점에 되돌아올 수 있다는 사실을 그가 증명했다는 것이다. 수천 년 전부터 철학자들이 추측해 왔고, 꿈꾸어 왔던 일이 한 인간의 용기에 의해 믿을 수 있는 사실이 된 것이다. 진정으로 지구는 둥글었다. 한 인간이 지구를 둥글게 한 바퀴 돌아온 것이다.

마사바에서의 며칠은 이 탐험여행을 통틀어 볼 때 가장 행복했고, 편안한 나날이었다. 바야흐로 마젤란의 운명의 별은 하늘 한가운데에 떠 있었다. 이제 사흘 후 부활절 일요일이면 그가 산훌리안항에서 무기를 들고 반란자들과 맞서야 했던 날부터 1년이 지난 셈이다. 그때 이후로 겪었던 불행과 고통과 어려움은 말로 다할 수 없었다. 도저히 끝나지 않을 것 같던 두려움의 나날은 지나갔다. 기아와 궁핍의 날들, 낯선 바다에서 맞은 폭풍의 밤들, 그리고 이 모든 고통 중에서 가장 견디기 힘들었던 의혹의 나날들도 지나가버렸다. 이제 더 이상 몇 달 동안이나 바다를 떠다니면서 그가 함대를 잘못된 길로 인도하고 있지나 않은가라는 회의에 시달리지 않아도 되었다. 끔찍하기만 했던 불화들도 모두 잠재우고 돌아오는 부활절에는 경건한 기독교도로서 주님의 부활을 찬양할 수 있었다. 위협하는 모든 어려움들도 물러갔으니 업적은 더더욱 빛날 것이었다.

불멸의 업적은 이제 완성되었다. 마젤란은 콜럼버스나 베스푸치, 카보트, 핀존이나 그 밖의 다른 항해자들이 그토록 찾아헤맸던 인도로 가는 서쪽 항로를 발견하였다. 아무도 본 적이 없던 육지와 바다를 발견하였고, 이 새롭고 거대한 대양을 최초의 유럽인으로서, 최초의 인간으로서 무사히 횡단했다. 그 어느 유한한 존재보다도 더 멀리 이 지구라는 공간을 항해한 것이다. 지금껏 이루어낸 영광에 찬 승리에 비하면 이제 앞으로 이루려는 것은 너무도 손쉬운 일이었다. 이제 그는 확실한 길잡이를 데리고 단 며칠만 항해하면 지구상에서 가장 부유한 섬인 몰루켄에 도달할 테고, 그러면 황제와 맺은 서약도 이루어지는 것이었다. 그곳에서 그에게 용기를 주었고 길을 알려준 친구 세하웅을 만나 고마운 마음으로 얼싸안을 수도 있었다. 그리고 나서 다시 배에 향료를 가득 채우고, 인도를 지나고 희망봉을 지나 익숙한 항로를 따라 집으로 돌아가면 되었다. 그곳에 있는 항구나 만은 모두 그의 기억 속에 정확히 그려져 있지 않은가! 이제 지구의 북쪽인 스페인으로 돌아가서 승리자요 부자로서, 귀족이고 총독으로서 시들지 않을 불멸의 월계관을 머리에 쓰는 일만 남았던 것이다.

그러니 이제 서두르지 말고 초조해 하지 말자! 여기서 휴식을 한 번 더 취하면서 수개월의 고통 뒤에 찾아온 이 성취감의 행복을 한껏 누려보자. 승리에 찬 선원들은 이 축복받은 항구에서 평온하게 쉬고 있었다. 자연경관은 뛰어났고, 기후도 이상적이었다. 아직도 황금시대를 살고 있는 원주민들은 친절하였고, 아무 걱정근심 없이 편안하게 살고 있었다. 이들은 또 게으름과 평온함 외에도 먹고 마시는 것을 특별히 좋아했다. 때문에 그동안 대패밥과 들쥐고기를 입속으로 밀어 넣어야 했던 굶주린 선원들은 마치 동화 속에 나오듯 갑자기 놀고먹는 세상으로 휩쓸린 셈이었다. 맛있고 신선한 음식의 유혹을 거절하기는 너무도 힘들었다. 성모 마리아와 성자들에게 감사하는 것을 한 번도 잊어버리지 않았던 신앙심 깊은 피가페타조차도 무거운 죄악에 빠져들 정도였다.

이날은 금요일일 뿐 아니라, 성금요일이었기 때문에 마젤란은 그를 섬의 왕에게 보냈다. 칼람부(섬나라의 왕은 그렇게 불렸다)는 그를 대나무로 만든 보트집의 향연석으로 인도하였다. 솥에서는 바삭바삭하고 기름진 돼지고기가 먹음직스럽게 끓고 있었다. 추장에 대한 예의를 차리려다 보니 미식가인 피가페타는 그만 죄를 범하고 말았다. 냄새의 유혹을 견디지 못하고 가장 성스럽고 엄격히 지켜야 할 단식일에 이 맛좋은 돼지고기를 먹었고 게다가 야자주까지 마신 것이었다. 그러나 향연이 끝나고, 그동안 좋은 음식에 굶주렸던 마젤란의 사절단들이 배를 채웠다 싶으니까 왕은 이제는 자신의 왕궁으로 두 번째 향연에 초대했다. 다리를 서로 꼬고 앉아('우리나라에서 재단사가 일할 때 하듯이'라고 피가페타는 적고 있다) 손님들은 다시 식사를 해야 했다. 곧이어 그릇에 가득한 생선요리며 신선한 생강, 야자주가 다시 줄을 지었다. 죄인들은 또다시 죄를 짓게 되었다.

그것으로 끝이 아니었다. 피가페타와 동료들이 두 번째 식사를 마치자 이제는 추장의 아들이 환영인사를 하였고, 다시 또 예의를 차리기 위하여 이들은 세 번째로 그의 손님이 되어 식사하게 되었다. 이번에는 식단이 바뀌어 삶은 생선과 조리를 한 쌀밥이 나왔고, 엄청난 술잔치까지 벌어졌다. 피가페타의 동료 한 사람은 결국 술에 취해 노래를 웅얼대면서 비틀거렸고 사람들은 그를 돗자리로 끌고 가야만 했다. 유럽인이 필리핀에 와서 처음으로 술에 곯아떨어진 날이었다. 아마도 그는 그날 밤 꿈속에서 낙원을 보았을 것이다.

섬나라 사람들도 배고픈 손님들만큼이나 신이 나 있었다. 얼마나 멋진 사람들이 물을 건너온 것인가. 이들이 가져온 선물은 또 얼마나 근사한가. 반짝반짝하는 유리잔에는 자기 얼굴을 비춰볼 수 있었고, 칼은 얼마나 날카로우며, 도끼는 또 얼마나 무거운가. 이 도끼만 있다면 단숨에 야자수를 찍어 쓰러뜨릴 수 있으리라! 그 빨간 두건과 터키풍의 옷은 또 얼마나 굉장한가. 추장은 이제 이 옷을 입고 뽐내고 있었다. 그뿐 아니었다. 사령관의 명령에 따라 선원들 중의 하나가 번쩍거리는 철갑옷으로 무장을 하였고, 원주민들은 형편없는 동물의 뼈로 만든 화살을 가지고 그 선원을 쏘고, 때리고 하였다. 그러나 아무리 해도 이 군인은 다치지도 않고 그 속에서 껄껄 웃고만 있는 것이었다. 진정한 요술갑옷이었다.

피가페타란 사람만 보아도 그랬다. 그는 손에 나무나 새 깃털을 쥐고 있으면서, 누가 말을 하면 하얀 종이에다 무어라고 까만 기호를 그려넣었다. 그러다가 한 이틀쯤 지나서는 사람들이 한 이야기를 그대로 되풀이하는 것이었다. 또 이 신과도 같은 백인들이 부활절이라고 부르던 일요일에 행했던 것은 얼마나 장관이었던가! 해변가에 그들이 제단이라고 부르는 이상한 궤짝을 갖다놓았는데, 그 위에서는 십자가가 햇빛을 받아 반짝이고 있었다. 그런 다음에 그들은 둘씩 짝을 지어 왔는데, 사령관도 나머지 50명의 승무원들도 모두 눈부신 예복을 입고 있었다. 그들이 십자가 앞에 무릎을 꿇고 있는 동안 갑자기 배에서 번개가 번쩍 하더니 맑고 푸른 하늘에서 천둥이 치면서 바다로 울려퍼졌다.

이 강력하고 지혜로운 이방인들이 하는 일이 경이로운 일임에 틀림없다는 느낌을 받고 원주민들도 겁을 내며 경건하게 그들의 동작을 따라했다. 무릎을 꿇고, 십자가에 입을 맞추었다. 이제까지 이교도였던 원주민들은 사령관이 그들에게도 바다에서도 보일 정도로 아주 커다란 십자가를 나무로 만들어주겠다고 하자 기뻐하며 감사했다. 마젤란은 불과 며칠 사이에 두 가지 업적을 이루어낼 수 있었다. 이 섬의 왕은 이제 스페인 왕의 동맹자가 되었을 뿐 아니라 기독교 형제가 된 것이었다. 단지 땅덩어리만 스페인 왕국을 위해 획득한 것이 아니라 그동안 무지해서 죄를 짓고 살아온 자연인들의 죄 많은 영혼을 가톨릭 교회와 주님에게로 선도하기까지 한 것이다.

마사바에서의 일주일은 평온하고도 목가적인 나날이었다. 휴식도 충분히 취했다. 선원들은 이제 원기를 회복했고 다시 활발해졌다. 마젤란은 더 이상 머뭇거릴 수 없었다. 향료군도를 거쳐 집으로 돌아가야 했다. 이 시대의 가장 위대한 발견을 했는데 섬들 몇 개 더 발견하는 게 무슨 의미가 있겠는가. 이제 향료군도로 가서 네 임무를 마치고, 서약을 지키고 나면 집으로 가자. 네 아내는 둘째아들에게 아비의 얼굴을 보여주려고 너를 학수고대하고 있지 않은가! 고향에 가서 비겁하게 너를 비방하던 반란자들의 죄상을 밝혀내자. 고향에 가서 포르투갈 귀족의 용기와 스페인 승무원들의 결단력과 인내력이 어우러져서 어떤 위업을 성취해놓았는지 온 세상에 알려주자. 친구들을 더 이상 기다리게 하지 말고 너를 신뢰하고 있는 사람들을 혼란시키지 말자. 고향으로, 마젤란, 고향으로 기수를 돌리자!

마젤란의 장점은 인내하고 기다릴 줄 안다는 것이고, 침묵할 줄 안다는 것이다. 그러나 그 장점이 때로는 자신에게 독이 될 수도 있다는 것을 마젤란은 알지 못했다. 그냥 그곳을 떠나 승리 속에서 귀향하고 군주에게서 감사를 받으면 될 일이었다. 그러나 강한 의무감이 그의 발목을 잡았다. 지금까지 그는 모든 일을 신중하게 시작하였고, 철두철미하게 마무리지어 왔다. 그러므로 이번에도 어느 정도 정찰을 해보고 스페인의 영토라는 확신을 가진 다음에나 이곳을 떠나려는 것이었다. 단지 작은 섬 하나 찾아서 합병하는 것은 그의 의무감을 만족시켜 주지 못하였다. 그렇다고 이곳에 주재원이나 해외상관을 남겨놓고 가기에는 승무원 수가 부족하였다. 그래서 섬의 강력한 제후들하고도 빈약한 추장 칼람부처럼 계약을 맺고, 카스티야 국기와 십자가가 영원한 주권의 상징으로 섬 전체에 휘날리도록 하려는 것이었다.

마젤란이 가장 큰 섬을 묻자 추장은 세부(추부)를 가리켰고, 그곳까지 가는 키잡이를 부탁하자 친절하게도 자기가 직접 안내하겠노라고 제안했다. 영광스럽게도 왕이 길잡이를 하겠다는 바람에 출발이 지연되었다. 추수를 하면서 칼람부는 엄청나게 먹고 마셔댔기 때문에 함대는 4월 4일에 가서야 이 탐식가 키잡이를 배에 모실 수 있었다. 마침내 배는 그들을 최악의 곤경에서 구해준 복된 해안을 떠나갔다. 그들은 잔잔한 바다와 친절하게 인사하는 크고 작은 섬들을 지나 마젤란이 선택한 운명의 섬을 향해 나아갔다. 마젤란은, 충직한 피가페타가 슬픔에 잠겨 적어놓았듯이, 그의 어두운 운명에 순응할 수밖에 없었다.

최 후

이름없는 섬의 보잘것없는 전투에서 죽음을 맞다

1521. 4. 7 ~ 1521. 4. 27

고요한 바다를 지나 사흘 간의 항해 끝에 함대는 1521년 4월 7일, 세부 섬에 도착했다. 멀리서 보아도 빽빽한 촌락에 인구가 많은 것을 알 수 있었다. 키잡이 노릇을 한 칼람부 왕은 능숙한 솜씨로 섬의 수도가 있는 쪽으로 배를 끌고 갔다. 항구를 보자마자 마젤란은 이곳이 라자라든가 높은 서열의 왕이 지배하고 있는 문명국임을 알았다. 정박소에는 외국의 정크선과 자국의 돛단배들이 수없이 모여 있었다. 그러므로 처음부터 위엄 있는 모습으로 등장하면서 번개와 천둥의 지배자로 보이는 것이 중요했다.

마젤란은 세 척의 배에 모두 축포를 쏘라고 명령했다. 언제나처럼 맑은 하늘에 날벼락을 만들어내는 이 요술은 자연인들에게 처음엔 엄청난 두려움을 안겨주었다. 놀라 소리를 지르면서 원주민들은 뿔뿔이 흩어져 숨어버렸다. 그러나 마젤란은 통역인 엔리크를 바로 제후에게 보내 이 천둥은 전혀 적의를 품고 쏜 것이 아니고 단지 그런 요술로써 강력한 사령관이 세부의 위대한 왕에게 경의를 표하려는 것이라고 하였다.

이 사령관은 그러나 세계를 지배하는 강력한 군주의 신하일 뿐이다, 그의 명령을 받고 사령관은 향료군도를 찾기 위해 지구에서 가장 험한 바다를 건너왔다, 세부 왕을 방문할 수 있는 기회를 놓치고 싶지 않다, 마사바에서 세부의 왕이 얼마나 현명하고 친절한 군주인가를 들었기 때문이라고 했다. 천둥을 내뿜는 배의 사령관은 이 섬의 군주에게 진귀한 물건들을 보여주고 무역을 하고 싶어한다. 절대로 오래 머무를 생각은 아니고, 친교만 맺어진다면 왕에게 최소한의 폐도 끼치지 않고 바로 섬을 떠나겠노라고 덧붙였다.

세부의 왕, 혹은 라자인 후마본은 벌거벗은 미개인이나 파타고니아의 거인들처럼 순진한 자연의 인물이 아니었다. 이 노련한 상인에게는 대포의 천둥소리도 깊은 인상을 주지 못했고, 통역의 사탕발린 말도 비위에 맞지 않았다. 그는 돈이 중요한 것도, 그 가치도 잘 알고 있는 실천적인 국민경제학자였다. 통과세라는 최첨단의 방식을 다른 사람들한테서 배웠거나 스스로 고안해낸 사람이었다. 그는 엔리크에게 냉정하게 말했다. 이방인들이 자기 항구에 들어오는 것을 막을 생각은 전혀 없다, 새로운 교역이라면 오히려 환영한다, 그러나 이곳에 정박하는 배는 예외 없이 정박세를 내야 한다. 그러므로 이곳에서 교역을 하려면 우선 관세부터 지불해야 한다고 했다.

노예 엔리크는 그의 주인이 스페인 함대의 사령관이자 산티아고 기사단의 기사로서, 이 정도의 족장에게 정박세를 지불하지 않을 것임을 잘 알고 있었다. 세금을 바친다면 교황 칙서에 따라 스페인이 이미 자국의 영토로 간주하고 있는 이 나라의 주권과 자주성을 그가 인정하는 꼴이 되기 때문이었다. 엔리크는 후마본에게 이번

같이 특별한 경우에는 관세를 단념하는 것이 천둥, 번개를 몰고 오는 막강한 분들과 적대관계를 맺지 않는 길이라고 열심히 설명했다. 그러나 상업적인 이익을 따지는 라자는 유감의 뜻만을 거듭 표명할 뿐이었다. 우선 관세를 내고 나야 친교를 맺겠다는 것이었다. 예외란 있을 수 없다고 우겨댔다. 그러면서 이제 막 샴에서 정크선을 타고 와서는 군말 없이 관세를 지불한 이슬람 상인을 증인으로 데려오도록 하였다.

곧 모습을 나타낸 상인은 얼굴이 창백해졌다. 산티아고의 십자가가 새겨진 커다란 범선들을 보자마자 그는 심각한 사태가 벌어진 것을 알았다. 이곳 동양의 한 귀퉁이에서는 아직은 이 해적떼들한테 시달리지 않고 공정하게 무역을 할 수 있었는데, 이제 마침내 기독교도들이 여기를 발견하고 말았구나! 게다가 이슬람의 적이요, 살인자들은 무시무시한 대포와 차총까지 갖추고 있었다! 평화로운 교역도, 활발한 경기도 이젠 끝장이다! 그는 급히 왕에게 이 불청객들과 분쟁을 일으키지 않도록 조심하라고 귓속말을 하였다. 이자들이 바로(여기에서 그는 스페인과 포르투갈을 혼동하였다) 캘리컷과 인도 전역, 말라카를 점령하고 약탈한 자들이라고 했다. 아무도 이 하얀 악마들에게 대항할 수 없노라고 충고했다.

이로써 다시 한 번 끝과 끝이 만났다. 지구의 다른 끝, 다른 하늘 아래에서 유럽과 유럽이 만난 것이다. 지금까지 마젤란은 서쪽으로 오면서 대부분 유럽인들의 발자취가 닿지 않았던 땅덩어리만 발견하였다. 그와 마주친 원주민들 중 어느 누구도 백인에 대해서는 들어본 적도, 만나본 적도 없었다. 바스코 다 가마조차 인도에 닿았더니 한 아랍인이 포르투갈어로 말을 걸어왔다고 하는데, 정작 그는 2년 간 한 번도 그를 알아보는 사람을 만나지 못했던 것이다. 이들 스페인인들은 마치 낯설고 인적이 없는 별나라를 떠도는 것처럼 텅 빈 공간 속을 헤매다녔던 것이다. 파타고니아인들에게는 하늘과도 같은 존재였고, 도둑섬의 원주민들은 마치 악마나 귀신을 본 것처럼 숲속으로 도망가지 않았던가? 이제 지구의 다른 끝에서 유럽인들은 그들이 누구이며, 어떤 사람들인지를 알고 있는 사람을 만난 것이었다. 대양을 지나 그들의 세계로부터 낯선 다른 세계로 다리가 이어진 것이었다. 세상은 둥글게 이어졌다. 며칠만 더, 몇백 마일만 더 가면 그는 2년 만에 다시 유럽인들을, 기독교인이며 동료요, 믿음의 형제들을 만날 것이었다. 정말로 목적지에 다다랐는지는 분명하지 않더라도 한 가지 확실한 것은 있었다. 그동안 나뉜 영역들이 서로 만났으니 지구를 일주하는 굉장한 업적이 이루어진 것이다.

무어인 상인의 경고는 금방 효력을 나타냈다. 두려움에 싸인 왕은 곧 정박세를 면제해주었다. 환영한다는 것을 증명하기 위해 마젤란의 사신들을 성대한 식사에 초대하기도 했다. 음식은 나무껍질이나 판자가 아니라 마르코 폴로의 중국에서 온 도자기에 담겨 있었다. 일본과 인도까지의 거리도 겨우 한 뼘 정도로 보였으므로 스페인은 이미 동양의 문화권에 들어온 셈이었다. 서쪽으로 해서 인도에 도달하려는 콜럼버스의 꿈이 이제 실현된 것이다.

외교상의 돌발 사태를 조정하고 난 다음 공식적인 인사와 선물이 오고갔다. 피가페타는 전권대사로 섬으로 보내졌다. 세부의 왕은 강력한 칼 대제와 영원한 평화동맹을 맺고 싶노라고 밝혔고, 마젤란은 이 평화를 성실하게 지키기 위하여 총력을 기울였다. 과거 코르테츠나 피자로의 경우 피에 주린 무리들을 몰아대면서 원주민들을 살육하고 노예로 삼았고 나라를 몽땅 들어먹는 데에만 혈안이 되어 있었다. 그러나 마젤란은 그들보다 인간적이었고 앞을 내다볼

줄 알았다. 그에게는 살육과 약탈이 아니라 태평양을 통과하는 것만이 항해의 목적이었다. 마젤란은 처음부터 피와 폭력이 아니라 우호와 협정을 통해서 새로운 영토를 확보하고자 했다. 이 같은 인도주의의 실천으로 마젤란은 다른 많은 정복자들보다 도덕적으로 뛰어남을 보였다.

그는 개인적으로는 강하고 냉담한 기질이었다. 함대의 규율을 엄격하게 다스렸고(선상반란 때 보여주었듯이), 관용이나 배려도 모르는 사람이었지만 엄격할 때에도 결코 잔인하지는 않았다. 카치케(남아메리카의 추장)들을 추방하거나 고문하는 것과 같이 코르테츠나 피자로의 위대한 업적을 얼룩지게 한 야만적인 행위는 절대 없었다. 또, 다른 정복자들이 이방민족에게 아무 말이나 내뱉음으로써 그들의 명예를 더럽혔지만 그는 결코 그러한 행위를 하지 않았다. 죽는 순간까지 마젤란은 추장하고 맺은 협정은 어느 것이건 간에 철저하고 공정하게 지켰다. 공명정대함은 그의 최고의 무기였고, 지속되는 명예로 남아 있을 것이다.

그럭저럭 교역은 시작되었고 양쪽 모두 즐거워했다. 섬사람들은 무엇보다 철이라는 금속에 경탄해 마지 않았다. 이것을 가지면 칼이나 창, 곡괭이나 쟁기를 모두 만들 수 있는 것이다. 그에 비해 부드러운 황금은 별가치가 없는 것처럼 여겨졌다. 그래서 1914년 1차 세계대전 당시처럼 이들은 철을 얻기 위해 아낌없이 금을 내주었다. 유럽에서는 별로 가치가 없는 금속 14파운드가 황금 15파운드와 교환되었다. 마젤란은 선원들이 금에 아무 애착이 없는 원주민들을 보고 옷이나 물건까지도 금과 바꾸려는 것을 엄금했다. 수요가 너무도 급증하면 원주민들이 금의 가치를 짐작할 것이 분명했기 때문이었다. 중요한 것은 눈앞의 이익보다 장기적인 이익이었다. 이들의 무지로 얻게 되는 이득을 잃지 않으려면 한꺼번에 얻으려 해서는 안 되었다. 때문에 세부인들이 수치나 무게에서 너무 손해 보지 않도록 엄격하게 다스렸다. 언제나 보다 높은 차원에서 생각하는 그에게는 눈앞의 작은 이윤보다 주민들의 마음까지 끌어들이는 것이 더 중요했다.

그의 계산은 이번에도 맞아 들어갔다. 원주민과 친절하고 강력한 이방인들 간의 관계는 왕과 시종들이 자발적으로 기독교도가 되겠다고 밝힐 정도로 친밀해졌다. 다른 스페인의 정복자들이 몇 달, 몇 년에 걸쳐서 고문과 종교재판, 소름끼치는 형벌과 화형을 통해서 이루었던 것을 신앙심은 깊었으나 결코 광신자는 아니었던 마젤란은 단 며칠 만에 폭력도 사용하지 않고 이룬 것이다. 그가 이들의 개종에 얼마나 인간적이고 정당하게 대처해나갔는지를 피가페타의 서술에서 읽을 수 있다.

"사령관은 그들에게 우리를 겁내거나 우리 비위를 맞추려고 기독교인이 되어서는 안 된다고 했다. 스스로 원하기 때문에, 그리고 주님에 대한 사랑에서 신자가 되어야 한다고 강조했다. 그들이 기독교인이 되고 싶지 않다고 해도 아무런 해도 입지 않겠지만, 신자가 되려는 사람들은 더 나은 대우를 받을 것이라고 했다. 그러자 그들은 입을 모아 자기들이 겁이 나서라든가, 아니면 잘 보이려고 해서가 아니라, 자유의지를 가지고 기독교인이 되려 한다고 대답했다. 그의 뜻에 따를 테니 자기들도 그의 신하들처럼 생각해달라고 애원했다. 그러자 사령관은 눈물을 흘리면서 그들을 얼싸안았다. 왕자와 마사바 왕의 손을 잡으면서 주님과 국왕의 이름을 걸고 그들이 이제부터 스페인 왕과 영원한 평화를 맺고 살게 될 것을 약속한다고 하였고, 그들도 똑같이 답했다."

필리핀 섬의 추장들 다투어 세례를 받다

다음 일요일인 1521년 4월 17일(하루를 마감하는 저녁 해는 마젤란의 행복을 한층 더 빛내주고 있었다), 스페인인들은 그들 최고의 승리를 경축했다. 장터에는 장막이 펼쳐지고, 배에서 가져온 양탄자가 깔렸다. 그 위에는 의자가 두 개 놓여졌고, 하나는 마젤란이, 하나는 세부 왕이 앉았다. 장막 앞에 세워진 제단은 멀리까지 빛을 발하고 있었다.

이 장관을 구경하려고 모인 수백, 수천의 원주민들이 둥글게 모였다. 마젤란은 자신의 출현을 극적이고도 웅장하게 연출했다. 그는 지금까지 의도적으로 섬을 멀리했고, 모든 협상은 피가페타가 대신하도록 했다. 맨 앞에서 완전무장을 한 군인 40명이 전진해 갔고, 그 뒤를 기수가 따르며 칼 대제의 비단 깃발을 높이 쳐들고 흔들어 댔다. 세비야의 교회에서 사령관에게 건네진 바로 그 깃발로서 이제 처음으로 왕의 식민지에 펼쳐지게 된 것이다.

침착하고 진지하면서도 엄숙하게 마젤란이 장교들을 거느린 채 행사장으로 향했다. 그가 보트를 내려 땅에 오르는 순간 배에서는 축포소리가 천둥처럼 울려퍼졌다. 구경꾼들은 모두 크게 놀라 도망쳤으나 자기들의 왕이 침착하게 의자에 앉아 있는 것을 보고는 (그에게는 미리 대포소리에 대해 알려두었다) 다시 돌아왔다. 그들은 거대한 십자가가 세워지는 것을 신기한 듯이 바라보았다. 이제 그 앞에서 왕이 왕세자와 시종들과 함께 머리를 숙이고 세례를 받는 것이었다.

마젤란은 대부로서 왕에게 이방 민족 이름인 후마본 대신에 국왕의 이름을 따서 카를로스라는 세례명을 선사했다. 예쁘고 세련된 왕비(그녀는 루즈를 바르고 손톱도 빨갛게 칠하는 등 유럽이나 아메리카의 사교계 미인들보다도 4백 년 정도는 유행을 앞서갔다)는 후안나라는 이름을, 공주들은 스페인 왕실의 이름인 카타리나와 이자벨라라는 이름을 얻었다. 세부뿐 아니라 이웃 섬의 상류사회도 왕과 추장들한테 뒤지고 싶어 하지 않았다. 밤이 이슥할 때까지 신부는 수백 명의 신자들에게 세례를 주느라 정신이 없었다. 이 경이로운 이방인에 대한 소문은 급속히 번져나갔다. 요술과도 같은 의식에 대한 소문을 듣자마자 다음날 아침부터 다른 섬의 원주민들이 몰려들기 시작했다. 며칠 만에 주변 섬의 추장이란 추장은 모두 스페인과의 동맹을 서약하고 성수를 받으려고 머리를 내밀었다.

이보다 더 위대하게 이루어진 행위는 없었으리라. 마젤란은 모든 것을 이룩하였다. 통로도 발견했고, 지구의 다른 끝을 밟는 데 성공했다. 무한한 보화를 지닌 새로운 섬들을 카스티야 왕관을 위해 확보했고, 수많은 이방 민족의 영혼을 기독교로 개종도 시켰다. 더욱 값진 것은 이 모든 일을 피 한 방울 흘리지 않고 이루어냈다는 사실이다. 주께서 그를 믿는 자의 편에 서신 것이었다. 주님은 세상 그 어느 것보다도 극심한 곤경 속에서도 그를 구해내셨다. 마젤란은 평안한 종교적 느낌에 온몸이 끝없이 충만해짐을 느꼈다. 온갖 어려움을 극복하고, 이제 이토록 승리를 거둔 마당에 또 어떤 어려움이 자신의 과업을 위태롭게 할 것인가. 이제 주님과 국왕을 위해서라면 무슨 일이라도 할 수 있으리라는 신실된 믿음이 마법처럼 그의 마음을 채웠다. 그런데 바로 이 믿음이 그에게 화를 불러일으키리라는 것을 그는 알지 못했다.

마치 천사가 그의 앞길을 밝혀준 것처럼 마젤란에게는 모든 일이 이루어졌다. 스페인 왕국의 새 영토도 확보해놓았다. 문제는 이것을 어떻게 보존해나갈 것인가 하는 점이었다. 세부에 오랫동안 머무를 수도 없고, 그렇다고 이 필리핀 제도의 섬들을 하나하나 속국으로 만들 수는 없는 일이었다. 그래서 마젤란은 필리핀에 대한 스페인의 지배력을 가능한 한 영구화하기 위해 기독교도인 카를로스 후마본 왕을 다른 추장들의 우두머리로 삼는 방법을 생각해냈다. 스페인 왕의 동맹자로서 이제부터 카를로스 왕은 다른 추장들보다 더 큰 위신을 갖추어야 했고, 그러기 위해서는 힘이 뒷받침되어야 했다. 마젤란은 세부 왕에게 만약에 누군가가 그의 권위에 대항할 때면 군사적인 도움을 주겠다고 약속했다.

마젤란의 약속에 대한 실현 기회는 세월을 기다릴 필요 없이 곧 주어졌다. 세부 섬의 건너편에 실라풀라푸라는 라자가 통치하는 막탄이란 아주 작은 섬이 있었다. 실라풀라푸는 예전부터 세부 왕에게 반항해오던 터였다. 이번에도 그는 신하들이 세부 왕의 특별손님들에게 식사를 대주지 못하도록 하였다. 물론 이렇게 적의에 찬 행동을 하는 데에는 나름대로 이유가 있었다. 그의 섬 어딘가에서(아마도 너무 오랫동안 금욕생활을 해왔던 선원들이 미친 듯이 부녀자들의 뒤를 좇아다녔기 때문이리라) 작은 싸움이 벌어졌고, 그런 와중에 오두막 몇 채가 불타 버렸다. 그가 이 이방인들을 적대시하고 가능한 한 빨리 쫓아버리고 싶어 한 것은 당연했다.

그의 무례한 태도는 마침 마젤란에게는 자신의 힘을 과시할 수 있는 절호의 기회로 여겨졌다. 세부의 왕뿐 아니라 주변의 추장들에게도 한번, 스페인에게 호의적인 사람은 어떤 대접을 받고, 천둥을 지배하는 이방인들에게 대적하면 얼마나 혹심한 벌을 받게 되는지를 보여줄 필요가 있었다. 피를 너무 많이 흘리지 않는 소규모의 전투를 치르면 백 마디 말보다 더 효과적일 것이다. 마젤란은 후

막탄 섬과 마젤란의 죽음.
흘지우스의 여행기(1626)에서 발췌한 동판화.

마본에게 앞으로는 모든 추장들이 그를 존경하도록 문제의 추장에게 군사징계를 하겠노라고 제의했다. 묘하게도 세부 왕은 이 제의를 크게 반기는 눈치가 아니었다. 아마도 스페인인들이 떠난 다음 그의 밑에 있는 부족들이 힘을 합쳐 그에게 대항해 올 것을 두려워했는지도 모른다. 한편으로 세하웅이나 바르보사도 불필요한 원정을 그만두라고 경고했다.

학살을 일삼던 다른 정복자들과는 달리 불필요한 피를 흘리는 것을 천성적으로 싫어하는 마젤란은 실제로 전투를 할 생각은 아니었다. 만약에 이 반항아가 자진해서 항복을 한다면 모두를 위해 더 좋은 일이었다. 마젤란은 우선 노예 엔리크와 무어인 상인을 실라풀라푸에게 보내 평화 제의를 했다. 그에게 원하는 것은 세부 왕의 주권과 스페인의 종주권을 인정하는 것뿐이라고 했다. 추장이 동의하면 스페인인들은 그와 친선을 맺을 것이고, 만약 거부한다면 스페인의 창이 얼마나 날카로운지 보여주겠노라고 했다. 그러나 라자는 자기네도 투창이 있다고 대답했다. 비록 갈대와 대나무로 만들어지긴 했지만 창끝은 불에 날카롭게 달군 것이니 한번 직접 확인해보라는 것이었다. 이토록 오만한 대답에 마젤란으로서는 무기를 사용하는 수밖에 별도리가 없었다. 스페인의 위신을 세우기 위해서라도 어쩔 수 없는 선택이었다.

경솔함이 빚은 어이없는 최후

마젤란의 특성이었던 신중함과 선견지명은 소전투를 준비하는 과정에서 처음으로 그를 떠났다. 평소엔 정확하게 계산해내던 사람이 이번에는 너무 쉽사리 위험 속으로 자신을 내몰았기 때문이다. 세부 왕이 이미 군사 1천 명을 보내겠다고 약속했으니 마젤란은 자기 부하 150명 정도만 섬으로 보내도 별 어려움은 없었다. 웬만한 지도에는 나와 있지도 않은 이 쥐벼룩만한 섬의 라자가 다시는 일어서지도 못할 만큼 패배를 맛볼 것은 의심할 여지가 없었다. 그러나 마젤란은 대학살을 원하지 않았다. 단지 문제가 되는 것은 스페인의 위신이었다. 성한 돗자리라고는 하나도 없는 지저분한 오두막에 사는 갈색 피부의 무례한 녀석과 싸우느라고 군대를 총동원한다는 것은 두 세계를 다스리는 황제의 사령관으로서 체면이 깎이는 일이라고 생각했다. 가련한 섬사람들과 대항해서 싸우기에는 스페인 쪽이 너무 우세할 것이기 때문이었다.

마젤란은 새로운 작전을 짰다. 며칠 전 마젤란은 배에서 스페인 병사 한 명을 갑옷으로 무장해놓고, 20명의 원주민 투사들이 창과 단검을 가지고 덤벼들도록 했지만 병사는 전혀 부상을 입지 않았다. 그의 머릿속에 그 장면이 떠오른 것이다. 마젤란은 마사바나 세부의 왕들을 위해 보여주었던 재미있는 연극을 이제 이 고집 센 라자한테 확대해서 재현해 보이기로 했다. 무기와 갑옷으로 완전무장한 스페인인 한 명이 벌거숭이들 1백 명을 대항해서 이 게임을 끝내주자는 생각이었다. 스페인인이 불사신이요, 신과 같은 존재라는 신화를 모든 섬사람들에게 알려주겠다는 것이다. 머릿속 계획에 따라 마젤란은 부하들을 60명만을 보냈고, 세부 왕에게는 증원대를 데리고 우선 카누에서 구경만 하고 있으라고 했다. 스페인인 60명이 필리핀 제도의 추장과 라자, 왕들을 궁지에 몰아넣을 교훈극을 지켜보라는 것이었다.

이 노련한 산술자의 계산이 이번에는 틀린 것일까? 절대로 그렇지는 않았다. 역사적으로 볼 때 무장한 60명의 유럽인과 생선뼈로 만든 창을 들고 싸우는 벌거숭이 인디오들 1천 명의 비율은 전혀 불합리한 것은 아니었다. 코르테츠나 피자로도 불과 4, 5백 명의 군사를 이끌고 멕시코인이나 페루인 10만 명과 싸워 전국토를 점령했다. 그런 탐험과 비교해 볼 때 바늘구멍만한 섬으로 원정을 떠나

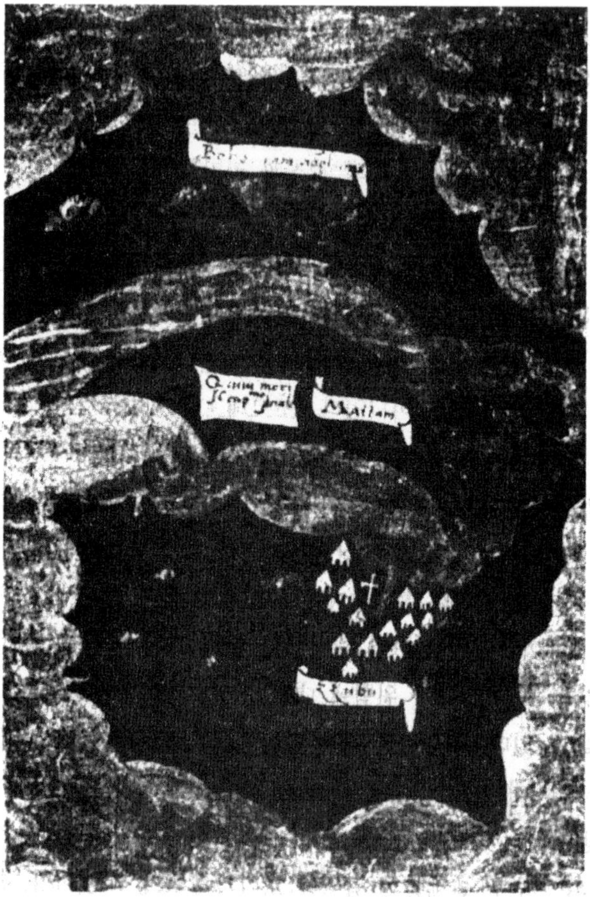

피가페타의 필사본에 그려진 마젤란 해협. 위:남쪽. 아래:북쪽
밀라노의 성 암부로시우스 도서관 소장.

는 것은 정말로 산책 가는 것만큼이나 가벼운 일이었다. 원정을 떠날 때마다 부하들에게 영성체를 받게 할 정도로 독실한 기독교인이었던 마젤란이 이번에는 전혀 그런 명령을 내리지 않은 것만 보아도 그가 위험에 대해 거의 생각하지 않았다는 것을 잘 알 수 있다.

마젤란은 생각했을 것이다. 총 몇 번 쏘고, 칼로 몇 번 내리치면 실라풀라푸의 가련한 졸개들은 겁먹은 토끼처럼 도망칠 것이다. 그러면 유혈사태도 없이 스페인의 통치권은 신성 불가침한 것으로 영원히 증명되는 것이다. 하지만 저 유명한 쿠크 선장도 마젤란처럼 섬 사람들과의 대수롭지 않은 싸움에서 목숨을 잃었다는 사실을 마젤란은 놓치고 있었다.

1521년 4월 26일 금요일 밤, 마젤란은 두 섬 사이에 놓여 있는 좁은 해협을 건너려고 60명의 부하들과 함께 배에 올라탔다. 원주민들은 이날 밤 까마귀같이 생긴 이상한 새가 지붕 위에 떠 있는 것을 보았노라고 하였다. 갑자기 이유도 없이 개들이 짖기 시작했다. 자연인들만큼이나 미신을 잘 믿는 스페인인들은 겁에 질려 성호를 그었다. 그러나 까마귀 한 마리가 소리 지른다고 해서 어떻게 세상에서 가장 위대한 항해도 치러낸 사람으로서 그깟 벌거숭이 추장과의 전투를 두려워한단 말인가?

그러나 불행하게도 이 보잘것없는 추장에게 뛰어난 동맹자가 있었으니 그것은 바로 특이하게 생긴 섬의 해안이었다. 빽빽하게 솟아나와 있는 산호초 때문에 보트는 기슭에 다가갈 수가 없었다. 그래서 스페인인들은 총소리만 들려도 겁부터 집어먹고 도망치느라고 정신이 없는 원주민들에게 효과 만점인 소총이나 쇠뇌를 배에 두고 갈 수밖에 없었다. 배면엄호에 대한 미련을 버리고 이 중무장을 한 60명의 병사들은 물속으로 뛰어들었다. 마젤란은 피가페타의 묘사에 의하면 '마치 선한 목자가 양떼를 떠나지 않는 것처럼' 그들의 선두에 섰다. 그들은 해안까지의 먼 길을 허리까지 물속에 잠기면서 걸어갔다. 해안에는 인디오 군단이 소리를 지르고 방패를 흔들면서 그들을 기다리고 있었다. 곧 격전이 벌어졌다.

이 전투에 대한 이야기는 상당히 많지만 그 중에서 가장 믿을 만한 것은 피가페타의 진술이다. 자신도 화살을 맞고 위독했음에도 불구하고 피가페타는 마지막 순간까지 사랑하던 사령관의 곁을 떠나지 않았다.

"우리는 허리까지 차오르는 물속으로 뛰어들었고 해안까지 활의 사정거리가 두 배쯤 떨어진 지점으로 나아갔다. 보트가 산호초 때문에 더 이상 따라올 수 없었기 때문이다. 기슭에는 원주민 1천5백 명이 셋으로 나뉘어 기다리고 있다가 무시무시한 소리를 지르면서 우리에게 돌격해 왔다. 두 무리는 우리를 측면 공격하였고, 나머지 하나는 정면으로 덤벼들었다. 사령관은 사병들을 두 소대로 나누었다. 소총과 쇠뇌 사수들은 반시간 가량 보트에서 불을 뿜어댔으나 아무 소용이 없었다. 총알이나 화살과 창은 거리가 너무 멀기 때문에 나무 방패를 뚫지도 못했고, 기껏해야 팔에나 부상을 입힐 정도였다. 사령관이 더 이상 쏘지 말라고 명령하였으나(아마도 결승전에 대비해 탄약을 아끼려고 했던 듯싶다) 아무도 그의 말을 듣지 않았다. 섬사람들은 우리 사격이 기껏해야 약간의 상처를 내거나 아니면 전혀 피해를 입히지 못하는 것을 보자 더 이상 피하지 않았다. 외치는 소리는 점점 더 커졌다. 이쪽저쪽으로 포탄을 피해 다니면서도 우리에게 점점 가까이 다가왔다. 방패로 몸을 가리고, 화살을 쏘고, 불에 달구었다는 나무 투창을 던지고, 돌과 진흙덩이까지 던져대는 통에 도저히 막아낼 수가 없었다. 심지어 몇몇은 청동 촉이 박힌 창을 사령관에게 던지기도 했다.

사령관은 섬사람들을 겁주기 위해 집에 불을 지르라고 했다. 그러나 그것은 그들을 더욱 광폭하게 만들 뿐이었다. 이미 오두막 2, 30채가 불길에 휩싸였고, 그 중 몇 명은 불난 곳으로 달려가서 우리

마젤란의 죽음.
테베의 『우주 형상지』(1575)에서 발췌한 목판화.

편 두 명을 때려죽였다. 그러자 나머지 사람들은 더욱 격노하여 우리에게 덤벼들었다. 우리가 몸은 갑옷으로 둘렀지만 다리는 그대로 드러나 있는 것을 알아차리고 이제는 다리를 집중공격하기 시작했다. 오른발에 독화살이 꽂히자 사령관은 단계적으로 퇴각하라는 명령을 내렸다. 그러나 우리 편이 혼비백산하여 너도나도 다 도망쳐버렸기 때문에 6, 7명만이 그의 곁에 남아 있을 뿐이었다(마젤란은 다리 한 쪽이 마비되었기 때문에 후퇴가 느릴 수밖에 없었다).

이제 우리는 사방에서 날아오는 창과 돌을 고스란히 맞으면서도 아무런 저항도 할 수 없었다. 보트에서 쏘아대는 사석포도 너무 멀어 우리를 도와줄 수 없긴 마찬가지였다. 우리는 계속해서 싸우면서 해안에서 점점 벗어나 겨우 화살 사정거리 정도까지 왔다. 바닷물은 이미 무릎까지 찼다. 그러나 섬사람들은 우리를 끈질기게 쫓아오면서 한 번 던졌던 창을 뽑아서 다시 쏘아대니, 창 하나를 가지고 적어도 대여섯 번은 던지는 것이었다.

사령관이 누군지를 알았기 때문에 이제는 주로 그를 겨냥했다. 벌써 두 번이나 투구를 머리에서 떨어뜨리기도 했다. 사령관은 몇 명 남지 않은 병사들과 함께 용감한 기사로서 더 이상 후퇴하려 하지 않고 자기 위치를 잘 지켰다. 이렇게 한 시간 이상을 대치해서 싸웠는데, 마침내 인디오 한 명이 사령관의 얼굴에 갈대로 만든 투창을 던졌다. 사령관은 노하여 이 공격자의 가슴을 창으로 찔렀다. 창이 찔려 죽은 사람의 몸에서 빠지지 않자 사령관은 이제 칼을 뽑으려 했지만 오른팔이 창에 찔려 마비가 되었기 때문에 절반 정도밖에 뽑지 못했다. 이를 보고 적군은 한꺼번에 그에게 달려들었고, 그 중 하나가 단칼에 왼쪽 다리를 내리치자 사령관은 땅에 얼굴을 박고 쓰러져 버렸다. 그러자 인디오들은 모두 그에게 덮쳐 창이나 다른 무기들을 가지고 그의 몸을 마구 찔러댔다. 그렇게 해서 그들은 우리의 거울이자 빛이요 위안이었던 지도자의 생명을 앗아가 버렸다."

역사상 가장 위대한 항해자는 그의 위업이 완성된 극도로 영광된 순간에 벌거숭이 섬사람들과의 보잘것없는 전투에서 어처구니없는 최후를 맞이하게 되었다. 프로스페로(역주 : 셰익스피어의 드라마 『폭풍』에 나오는 주인공. 요술을 부려 폭풍을 부르기도 한다)처럼 자연의 힘을 제어하고, 폭풍과 싸워 이겨내고 인간들을 굴복시켰던 한 천재가 실라풀라푸라는 조그만 섬의 야만인한테 당하고 만 것이었다! 그러나 이 어설픈 사고는 그에게서 생명은 앗아갔을지 모르지만 승리만은 빼앗지 못하였다. 그의 영웅적 업적은 이미 이루어진 상태였고, 그토록 초인적인 위업이 달성된 다음에는 한 인간의 개인적 운명이란 거의 아무런 의미도 없는 것이다. 그러나 유감스럽게도 이 영웅의 비극적 최후는 너무도 허망했고, 사태는 우스꽝스럽게 전개됐다. 바로 몇 시간 전만 해도 하늘의 제신들처럼 막탄의 별 볼 일 없는 추장을 내려다보았던 바로 그 스페인인들은 이제 한없이 비굴해진 것이다.

그들은 즉시 새로운 소대를 보내 지휘관의 살인자들한테서 시체를 빼앗아오는 대신 비겁하게도 실라풀라푸에게 중개인을 보내 시체를 팔라고 했다. 종 몇 개, 알록달록한 천 몇 조각을 대가로 흥정을 시도한 것이다. 그러나 마젤란의 한심한 동료들보다 그릇이 더 큰 벌거숭이 전승자는 이 행상인들의 제의를 단호히 거절했다. 거울을 준다 해도, 구슬이나 화려한 빌로드 천을 준다 해도 적장의 시체는 내놓지 않겠다고, 이 노획물은 팔 수 없다고 답했다. 그는 이 천둥번개를 부리는 이방인을 물고기나 새 한 마리 잡듯이 자신이 가볍게 해치웠다는 것을 모든 섬들에 알려야했기 때문이었다.

이 미개인들이 마젤란의 시체를 어떻게 했는지는 아무도 모른다. 불에 태워버렸는지, 바닷물에 던져버렸는지, 아니면 땅속에 묻었는지, 그도 저도 아니면 까마귀밥이 되어버렸는지. 증명할 수 있는 것은 아무것도 없고 무덤은 흔적도 없다. 지구를 둘러싸고 있는 무한한 대양으로부터 마지막 비밀을 밝혀낸 한 남자의 발자취는 어느 이름 모를 곳에서 그렇게 사라져 버리고 말았던 것이다.

귀 향

지도자 잃은 함대, 빅토리아호 홀로 임무를 완수하다

1521. 4. 27 ~ 1522. 9. 6

스페인인들은 실라풀라푸와 벌인 비참한 소전투에서 모두 8명을 잃었다. 숫자 자체로 본다면 별로 대단할 것은 없었다. 그러나 지도자를 잃음으로써 파국으로 들어설 수밖에 없었다. 마젤란의 죽음으로 지금껏 백인들을 일종의 신과 같은 존재로 부각시켜 주던 마적인 후광이 사라진 것이다. 정복자들의 성공은 대개 그들에 대한 무적의 신화가 뒷받침되었다. 코르테스나 피자로도 마찬가지였다. 용감성과 끈기, 전투 업적과 우수한 무기들도 중요했지만 신성 불가침이란 무적의 신화가 수호천사처럼 그들을 지켜주지 않았던들 1만, 10만의 적군과 싸워 이길 수가 없었을 것이다. 번개와 천둥을 내뿜을 줄 아는 이 전지전능의 이방인은 원주민들에게는 무찌를 수 없는 존재로 보였던 것이다.

그들에게는 활을 쏠 수도 없었다. 화살이 갑옷에 맞고 튕겨 나왔기 때문이다. 도망칠 수도 없었는데 이 이방인들과 붙어 있는 네 발 달린 거대한 짐승이 도망가는 길을 막아버리기 때문이었다.

사람을 마비시키는 두려움이 어떠한지는 정복시대의 한 일화가 생생하게 전해준다. 한 스페인인이 강물에 익사한 적이 있었다. 사흘간이나 인디오들은 이 시체를 오두막에 옮겨놓고, 쳐다만 볼 뿐 감히 만지려고 하지 않았다. 혹시 이방의 신이 다시 깨어날지 모른다는 두려움 때문이었다. 시체가 부패하기 시작하자 비로소 용기를 내어 반란을 꾀했다. 단 한 사람이었지만 이 백인 신도 다칠 수 있다는 것, 무적의 신도 패배당할 수 있다는 사실이 마법과 신화의 힘을 깨뜨린 것이다.

이번에도 마찬가지였다. 세부의 왕은 저항하지 않고 천둥과 번개의 주인에게 굴복했다. 또한 그들의 신이 자기네가 지금껏 섬겼던 신보다 더 강하다고 믿었기 때문에 거리낌없이 그들의 신앙도 받아들였다. 이 초인적인 이방인들과 친교를 맺음으로써 머지않아 다른 섬의 추장들을 통솔할 수 있으리라고 믿었다. 그런데 이제 그와 그의 부하 1천 명은 보잘것없는 실라풀라푸 추장이 하얀 신들을 물리치는 것을 카누에서 보고 말았다. 이 천둥 번개가 아무 힘도 쓰지 못하는 것을, 소위 무적의 존재라고 하는 그들이 번쩍거리는 갑옷을 입고도 처참한 몰골로 섬사람들을 피해 도망가는 것을, 그리고 사령관의 시체를 이들에게 내맡길 수밖에 없었던 것을 모두 제 눈으로 직접 보고 말았던 것이다.

스페인인들은 결연하게 대처하여 자신들의 위신을 세워야 했다. 누군가가 지휘관이 되어 병사들을 이끌고 돌격하여 사령관의 시체를 되찾아 왔어야 했다. 그리고 벌거숭이 원주민들과 우두머리를 끔찍하게 응징하는 것이 필요했다. 그랬다면 세부 왕에게도 분명한 경각심을 심어주었을지도 모른다. 그러나 돈 카를로스 후마본은(더 이상 그는 스페인 황제의 이름을 사용하지 않는다) 참패를 당한 스페인인들이 비굴하게도 추장에게 사신을 보내 마젤란의 시체를 돈과 물건을 주고 흥정하려는 것을 보고 말았다. 그런데 이 보잘것없는 섬의 추장은 백인 신들을 무시하면서 중개인도 쫓아버리지 않았던가. 백인 신들의 비겁한 태도는 당연하게도 카를로스 후마본 왕에게 의구심을 불러일으켰다. 어쩌면 그는 캘리밴이 트린컬로에게 느꼈던 것과 똑같은 쓰라린 환멸을 맛보았는지도 모른다. 속아 넘어간 이 가련한 바보는 자기가 허풍쟁이요 떠버리를 성급하게도 신이라고 착각했다는 것을 알아차린 것이었다.

배신, 그리고 배신

지도자가 죽고 나자 스페인인들은 섬사람들과 합의된 사항도 깨뜨리고 제멋대로 행동했다. 특히 여자들을 뒤쫓는 문제는 후마본 왕의 심기를 크게 건드렸다. 사실 마젤란이 있을 때도 엄격하게 다스렸음에도 불구하고 몇 달간 여자에 주려 있던 선원들이 섬나라 여자들의 뒤를 쫓는 것을 막을 수가 없었다. 그들의 거친 행동을 막아보기 위하여 매부인 바르보사를 세 번이나 섬에서 자고 왔다는 이유로 처벌까지 했지만 아무 소용이 없었다. 이들의 방종함은 마젤란이 죽은 뒤로 정도가 더 심해졌다. 전쟁에서 받은 실망감에다 못된 행동까지, 이들 난폭한 침입자들에 대한 후마본 왕의 존경심은 서서히 끝나가고 있었다. 스페인 사람들도 그들에 대한 불신이 커지고 있다는 것을 차츰 눈치 채기 시작했다.

어느 날 갑자기 그들은 조급해지기 시작했다. 어서 빨리 물건과 돈을 챙겨서 향료군도로 떠나자! 평화와 친선을 통해 필리핀 제도를 스페인 왕국과 기독교를 위해 보존하려던 마젤란의 계획 같은 것은 이 상업적인 후계자들에겐 관심이 없었다. 이제 그만 끝내고 고향으로 돌아가야 했다. 마젤란이 죽은 다음 세하웅과 함께 두아르테 바르보사가 새로운 사령관이 되었다. 그는 이곳에서의 교역을 마무리짓기 위해 마젤란의 노예인 엔리크를 찾았다. 원주민들과의 교역을 맺어줄 사람은 이곳 말을 아는 그밖에 없었기 때문이었다. 엔리크는 실라풀라푸와의 전투에서 부상을 입고 배로 실려온 다음 담요를 덮은 채 꼼짝도 않고 자리에 누워만 있었다. 전쟁에서 입은 상처 때문인지, 아니면 주인을 따르던 하인의 충정심에서였는지는 아무도 모른다.

그런데 두아르테 바르보사는 이 충직한 마젤란의 하인을 치명적으로 모욕하는 어리석음을 범했다. 그는 엔리크에게 주인이 죽었는데 노예 신분을 망각하고 게으름만 피우면 큰일날 줄 알라고 호통을 쳤다. 고향에 돌아가면 바로 마젤란 부인에게 넘겨주겠지만 그때까지는 명령에 복종해야 한다고 했다. 또 지금 당장 일어나서 통역을 하지 않으면 개처럼 회초리로 다스리겠노라고 위협했다. 말라야인 중에서도 가장 무서운 종족에 속하는 엔리크는 모욕을 절대로 용서하는 법이 없었다. 그는 눈을 내리깔고 바르보사의 위협을 듣고만 있었다. 엔리크는 마젤란의 유서에 의하면 자기는 마젤란이 죽는 순간부터 자유의 몸이 되고 또 유산도 받게 된다는 것을 알고 있었다. 그는 아무도 몰래 이를 악물었다. 훌륭한 신사였던 주인의 뒤를 이은 이 무례한 자들은 이제 자신의 자유마저 빼앗으려 하고, 자기가 겪는 슬픔을 이해하려 하지 않는다. 나를 개라고 부르고, 진짜로 개처럼 취급한 대가를 치르게 해주리라!

물론 엔리크는 복수심을 전혀 내색하지 않았다. 묵묵히 명령에 따라 시장으로 나갔고, 물건을 사고파는 데 통역을 해주었다. 그러면서 자신의 통역술을 위험한 방식으로 이용했다. 그는 세부의 왕에게 스페인인들이 팔리지 않은 물건들을 배로 가지고 가서 다음 날 짐을 챙겨 떠나려고 한다는 것을 알려주었다. 이제 왕이 재빨리 손을 뻗치면 값을 전혀 치르지 않고서도 물건을 모조리 빼앗을 수 있을 것이고, 게다가 배 세 척까지 손에 넣을 수 있을 거라고 했다. 그렇잖아도 스페인인들을 못마땅하게 생각하고 있던 세부의 왕이었다. 엔리크의 이 복수심에 불타는 제안을 듣자 왕은 반색하였다. 두 사람은 계략을 세우고 신중하게 준비해 나갔다. 외면적으로 거래는 부지런히 진척되었다. 세부 왕은 새로 맺은 교우들에게 그 어느 때보다도 따뜻하게 대했고, 엔리크도 바르보사가 그에게 채찍을 보인 다음부터 게으름을 완전히 털고 나온 듯싶었다. 마젤란이 죽은 지 사흘째 되던 5월 1일, 엔리크는 얼굴을 환하게 빛내면서 특별히 기쁜 소식을 함장들에게 전했다. 드디어 세부 왕이 주권자이자 친구이신 스페인 왕에게 보내겠다고 약속한 장식품을 구했다는 것이다. 물건의 전달식을 성대하게 치르기 위해 모든 추장들과 신하들을 불러모았으니 바르보사와 세하웅 함장, 그리고 귀족들 모두 함께 와서 세부의 카를로스 왕이 스페인의 카를로스 황제에게 바치는 선물을 직접 받아주기를 바란다고 했다.

만일 마젤란이 살아 있었더라면 예전의 인도 시절에 말라카의 왕이 그렇게 친절하게 초대했던 것을 당연히 기억해냈을 것이다. 신호가 울리자 아무 의심도 않고 뭍에 올랐던 함장들은 모두 살해되었고, 자신의 용기로 친구인 세하웅만은 구해낼 수 있었던 것이다. 그러나 그와 이름이 같은 이 세하웅과 두아르테 바르보사는 순진하

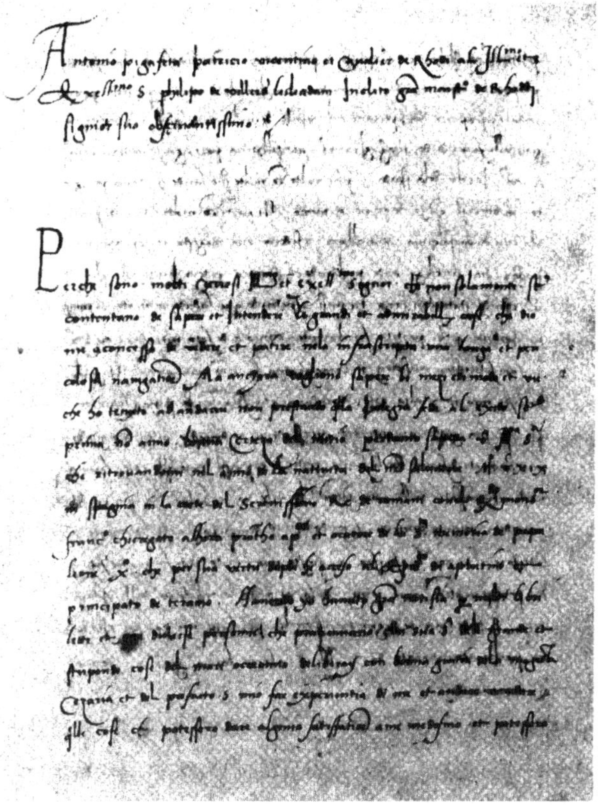

피가페타의 여행기 첫 장.
밀라노의 성 암부로시우스 도서관 소장.

게도 파놓은 함정으로 걸어 들어갔다. 두 사람은 초대를 받아들였다. 점성사 안드레스 데 산 마틴도 그 전에 점괘 보는 것을 잊었는지 두 사람을 따라갔다. 이로써 점성사들도 자신의 운명에 대해 조금도 알지 못한다는 것이 한 번 더 증명되었다. 반면에 언제나 호기심이 많던 피가페타는 막탄 전투에서 입은 부상 때문에 병석에 누워 있었고 덕분에 목숨을 건질 수 있었다.

전부 합해서 29명의 스페인인들이 섬으로 갔다. 그들 중에는 운 나쁘게도 가장 경험도 많고 뛰어난 지휘관들과 키잡이들이 있었다. 엄숙하게 영접을 받으면서 왕이 향연을 베풀고 있는 야자수 언덕으로 인도되었다. 엄청난 숫자의 원주민들도 호기심에 차서 모여 있었고, 이상할 정도로 호의를 보이면서 스페인인들을 에워쌌다. 왕이 스페인인들을 언덕으로 몰아대는 듯한 태도가 키잡이 후안 카르발요에게는 마음에 들지 않았다. 그는 함대의 무기대장인 고메스 데 에스피노자에게 의심을 표시했고, 두 사람은 만일 반란이 일어나면 동료들을 빼내려고 나머지 선원들을 배에서 데리고 오기로 결정했다. 그럴듯한 핑계를 대면서 두 사람은 혼잡한 틈을 빠져나와 배로 노를 저어갔다. 그러나 그들이 갑판에 도달하기도 전에 이미 뭍에서부터 무시무시한 비명소리가 울려왔다. 말라카에서와 똑같이 원주민들은 향연석에 앉아 있던 스페인인들을 채 방어도 하기 전에 덮쳐버린 것이었다. 이 교활한 세부 왕은 단칼에 손님들을 처치하고 섬에 있던 물품과 무기, 무적의 갑옷들을 독차지했다.

배에 남아 있던 병사들은 처음에는 너무 놀라서 몸이 마비된 듯싶었다. 그러나 곧 함장들이 살해되는 바람에 1분 만에 사령관으로 승진한 카르발요는 섬 가까이로 가서 대포를 쏘라고 명령했다. 대포가 연달아 발사되었다. 그것은 동료들을 구하기 위해서라기보다 어쩌면 자신의 분노를 나타내기 위함이었는지도 모른다. 그러나 첫 번째 포환이 날아가서 오두막을 무너뜨리자 끔찍한 일이 일어나고 말았다. 이 사건을 기억하는 사람들의 뇌리에서 두고두고 사라지지 않을 일이었다. 급습을 당한 사람 중에서 가장 용감했던 후아웅 세하웅이 예전의 말라카 해변에서의 프란시스코 세하웅처럼 마지막 순간에 살인자들의 손아귀에서 벗어나 해안으로 도망쳐 왔다.

그러나 적은 그를 뒤쫓아와서는 둘러싸고 결박을 했다. 그는 살인자들에 둘러싸여 아무런 저항도 못하고 마지막 힘을 다해서 배를 향해 대포사격을 중지하라고 소리쳤다. 그렇지 않으면 저들이 그를 죽일 것이라고 했다. 또 제발 보트에 물건을 실어보내서 그의 몸값을 치러달라고 애원했다.

잠시 동안 이 흥정이 이루어지는 듯 보였다. 이 용감한 함장을 위한 몸값은 사석포 두 대와 몇 톤의 구리로 결정되었다. 그러나 원주민들은 이 물건들을 해안으로 가져오라고 요구했다. 카르발요는 이미 한 번 신의를 저버린 이 악당들이 물건뿐만 아니라 보트까지 약탈할 것을 두려워했는지도 모른다. 아니면 (피가페타에 의하면) 이 명예욕이 강한 남자는 갑자기 그에게 굴러 들어온 사령관이라는 직책을 반납하고 싶지 않았는지도 모른다. 다시 풀려난 세하웅 밑에서 단순히 키잡이로 복종하고 싶지 않았을 수도 있었다. 아무튼 끔찍한 일은 벌어졌다. 해안에는 살인자 무리가 밧줄에 묶인 한 사람을 억누르고 있었고, 피 흘리며 몸을 비틀고 있는 이 사람의 이마에는 죽음의 공포가 땀방울이 되어 배어나오고 있었다.

그의 마지막 희망이라면 돌을 던지면 닿을 만한 거리에 병사들도 충분한 스페인 범선이 놓여 있다는 것이었다. 그리고 기함의 난간에는 같은 고향 출신인 카르발요가 서 있었다. 그는 숱한 위험도 함께 나눈 동료이자 혈맹의 친구가 아닌가. 자기를 위험 속에 그대로 내버려두느니 차라리 목숨을 버리려고 할 것이다. 계속해서 그는 물건을 보내고 자기를 구해달라고 목이 터져라 외쳤다. 그는 범선 옆에서 흔들거리는 보트를 눈이 뚫어져라 보고 또 보았다. 카르발요는 대체 무엇 때문에 꾸물거리는 건가, 왜 저렇게 오랫동안 주저하고 있는 건가. 갑판의 모든 동작들을 잘 알고 있는 세하웅은 갑자기 핏발선 눈으로 배가 상륙 보트를 끌어올리는 것을 보게 되었다.

배신이다, 배신! 그를 구하러 보트를 보내는 대신 함대는 대양으로 떠나려고 출범 준비를 하고 있는 것이었다. 첫 번째 배가 방향을 틀었고, 이미 돛은 순풍을 받아 팽팽해졌다. 이 불행한 세하웅은 이해할 수도 없었고, 이해하려고도 하지 않았다. 어떻게 자기의 부하들이, 그것도 절친한 친구가 명령을 하여 사령관인 자기를 살인자들의 수중에 남겨두고 비겁하게 갈 수 있단 말인가. 한 번 더 그는 숨막힐 듯한 목소리로 소리를 질러보았다. 애원하고, 명령하고, 죽음을 앞둔 사람의 공포와 절망감에 싸여 마지막 발악을 해댔다. 그러나 배들은 모두 방향을 바꾸었고 정박소를 떠났다. 그는 한 번 더 마지막 힘을 모아 결박된 가슴으로 숨을 몰아쉬고는 바다 저편의 후안 카르발요에게 무서운 저주를 퍼부었다. 최후의 심판에 그를 파렴치한 배신자로 신 앞에 불러낼 것이라고 했다.

이 저주는 그의 마지막 말이 되어버렸다. 갑판에 있던 냉정한 동료들은 그들이 뽑았던 사령관이 어떻게 처형되는지를 직접 목격해야만 했다. 항구를 미처 빠져나가지 않았는데 멀리서 환호의 함성이 울려퍼지면서 거대한 십자가가 땅으로 쓰러지고 있었다. 마젤란이 몇 주일 동안 신중하고도 끈기 있는 작업을 통해 이루어놓은 모든 것들이 부하들의 어리석음으로 결딴이 나고 만 것이었다. 등 뒤로는 춤추며 날뛰는 원주민들의 비웃음 소리가 요란했고, 귓가에는 아직도 죽어가는 함장의 저주가 생생하게 들려왔다. 치욕을 당한 스페인인들은 마젤란의 지휘 아래 신과 같은 존재로 들어섰던 이 섬을 마치 쫓기는 범죄자들처럼 서둘러 빠져나갔다.

6개월간 미로를 헤매다

불행한 세부 항을 떠나오자마자 목숨을 건진 사람들이 벌인 열병식은 처량하기만 했다. 함대가 출항한 이래 겪었던 운명의 타격들 중에서 이번 세부에서의 체류가 가장 큰 것이었다. 누구와도 바꿀 수 없는 지휘관인 마젤란을 잃었고, 경험이 많은 함장인 두아르테 바르보사와 후아웅 세하웅을 잃었다. 두 사람은 동인도 해안의 전문가로서 이제부터 들어가려고 하는 귀향길에 더더욱 중요한 사람들이었다. 또 안드레스 데 산 마틴이 죽음으로써 항해술의 전문가를 잃었고, 엔리크가 도망침으로써 통역도 없어졌다. 승무원들을 하나하나 점호하자 세비야에서 배에 오른 265명 중에서 남은 인원은 115명 정도였다. 이 인원을 가지고는 세 척의 배에 충분한 승무원을 배치할 수도 없는 실정이었다. 그러므로 두 척의 갈레온선을 위하여 셋 중에 하나는 희생시키기로 했다.

침몰시킬 배로는 '콘셉시온'이 결정되었다. 이 배는 이미 오래 전부터 물이 스며들고 있었기 때문에 앞으로의 힘든 항해를 견뎌내기 어려웠다. 보홀 섬 근방에서 사형이 집행되었다. 못 하나, 밧줄 하나까지 쓸모가 있는 것은 모조리 다른 배로 옮겨졌다. 완전히 속을 드러낸 목재 송장에 불이 붙여졌다. 작은 불꽃이 점점 타오르더니 2년 동안 그들의 집이고 고향이었던 배의 몸뚱아리를 휘감았다. 선원들은 침울한 눈빛으로 그 광경을 바라만 보았다. 배는 결국 까맣게 타버린 채 처참한 고물이 되어 낯설고 적의에 찬 바닷 속으로 가라앉았다. 깃발을 나부끼며 세비야의 항구를 떠나왔을 때에는 모두 다섯 척이었고 승무원도 충분했다. 첫 희생물은 파타고니아 해안에서 부서진 산티아고 호였다. 마젤란 해협에서는 산안토니오 호가 비겁하게도 그들을 떠나갔다. 이제 콘셉시온이 화장되었다. 앞으로 미지의 항로를 향해 나란히 나아갈 마지막 배는 마젤란의 기함인 트리니다드 호와 작고 보잘것없는 빅토리아 호였다. 그 중에서도 빅토리아는 자랑스러운 이름처럼 마젤란의 꿈을 죽음을 넘어 불멸로 이어주는 임무를 맡을 것이었다.

이렇게 형편없이 축소된 함대에 진정한 지휘관인 마젤란 사령관이 필요하다는 사실을 사람들은 항로를 찾지 못하면서 깨닫기 시작했다. 마치 눈먼 사람들처럼, 뭔가에 홀린 사람들처럼 그들은 순다 제도를 헤매고 있었다. 아주 가까이에 있는 몰루켄을 향해서 남서로 똑바로 가는 대신 계속 북서쪽으로 왔다갔다만을 반복하고 있었다. 거의 반년을 이렇게 쓸데없이 방황하면서 그들은 민다나오를 거치고 보르네오 섬까지 나아갔다. 그러나 항해자로서의 무지함보다도 더욱 분명하게 드러나는 것은 이 천성적인 지도자가 없음으로써 기율이 해이해졌다는 점이다. 마젤란이 다스리고 있을 때에는 육지에서 약탈도 하지 않았고, 해상에서 해적질도 하지 않았다. 규율은 엄격하게 지켜졌고, 회계도 정확했다. 그는 머나먼 세상 끝에서도 황제의 사령관으로서 스페인의 명예를 보호해야 한다는 것을 잊어버린 적이 없었다.

가련한 후임자인 카르발요는 상관들이 막탄과 세부의 라자들에 의해 살해된 덕분에 사령관이 되었기 때문에 도덕적으로 숙고하는 일은 전혀 없었다. 그는 뻔뻔스럽게 해적 행위를 일삼았고, 걸리는 것은 무엇이든지 손에 쥐었다. 정크선이 지나가면 간단하게 공격해서 약탈했다. 그런 경우에 카르발요가 요구하는 몸값은 대부분 아무 거리낌없이 그의 주머니로 들어갔다. 그는 장부를 작성하지도 않았고, 직접 금고를 차고 있었다. 마젤란이 규율 때문에 배 안에 여자를 허용하지 않았던 반면 그는 스페인의 왕비에게 바친다는 명목으로 약탈한 정크선에서 세 명이나 되는 여자들을 데려다놓았다. 승무원들은 그의 행동을 더 이상 참을 수 없었다. 그가 왕의 임무를 수행하는 것이 아니라 자기 이익만을 찾으려 하는 것을 알게 되자 승무원들은 그를 사령관직에서 쫓아버리고 그 대신 3인 체제를 구성했다. 고메스 데 에스피노자가 트리니다드의 함장이 되고, 세바스티안 델 카노가 빅토리아의 함장이 되고, 키잡이인 폰세로가 함대의 사령관이 되었다.

그렇다고 해서 사정이 크게 달라진 것은 아니었다. 이 길 잃은 자들은 인가가 많은 지역에서 교환을 하거나 강탈을 하여 양식은 손쉽게 비축할 수 있었다. 그러나 마젤란으로 하여금 이 항해에 나서게 했던 진정한 과제는 잊어버린 지 오래였다. 마침내 운이 좋게도 이 순다 제도의 미로를 빠져나가는 길을 찾을 수 있게 되었다. 우연히 지나가는 프라우선을 약탈하면서 한 남자를 포로로 잡았는데, 바로 테르나테 출생이었다. 당연하게도 그는 고향인 향료군도로 가는 길을 잘 알고 있었다. 뿐만 아니라 마젤란의 친구인 프란시스코 세하웅도 알고 있었다. 마침내 방황 속에서 길잡이를 발견한 것이었다.

마지막 시련은 극복되었다. 이제는 똑바로 목적지를 향해서 나아가면 되었다. 이 무의미하게 시간만 보낸 몇 주일 동안 몰루켄은 내내 그들 가까이 있었는데도 계속 그 주변만을 헤매다녔던 것이다. 며칠을 순탄하게 항해해나가자 지난 6개월 동안 어리석게 찾아만 다녔던 목적지가 이제 그들에게 다가왔다. 11월 6일, 그들은 저 멀리 바다에서 테르나테와 티도르의 산봉우리가 솟아 있는 것을 보았다. 드디어 열락의 섬에 도달한 것이다.

피가페타는 이렇게 적고 있다.

"우리를 따라왔던 길잡이는 저기가 몰루켄이라고 말했다. 우리는 신에게 감사했다. 우리의 기쁨을 나타내기 위해 축포를 쏘았다. 우리가 그토록 행복에 겨워했다고 너무 놀라지는 마라. 우리는 지난 27개월에서 꼭 이틀이 빠지는 기간을 이 섬을 찾는 데 보냈고, 수많은 섬들 사이를 종횡무진했던 것이다."

축복의 섬, 티도르

1521년 11월 8일, 그들은 마젤란이 일생 동안 꿈꾸었던 향료군도의 다섯 개 섬 가운데 하나인 티도르에 상륙했다. 이미 죽은 시드가 그의 부하들에 의해 애마에 얹혀진 채로 마지막까지 승리를 위해 싸운 것처럼 마젤란의 에너지는 죽음을 뛰어넘어 위업이 달성되도록 도와준 것이었다. 그의 배와 그의 부하들은 그가 모세처럼 약속했던 땅을 바라보고 있었다. 그러나 이들을 이끌었고, 또 길잡이였던 그 자신은 이 나라에 발을 들여놓을 수 없었다. 대양을 건너 자신을 불러냈고, 그에게 꿈을 갖고 행동을 하라고 용기를 주었던 프란시스코 세하웅도 더 이상 살아있지 않았다. 친구가 지구를 돌아 찾아왔다 해도 손을 내밀 수가 없었을 것이다. 세하웅은 불과 몇 주일 전에 죽었던 것이다. 약물중독이었다고 했다. 지구를 일주하겠다던 생각을 처음으로 가졌던 두 사람은 불멸을 얻고 그 대가로 자신들의 생명을 지불했다. 그러나 세하웅의 감격적인 묘사는 거짓이 아니었다. 자연뿐 아니라 그곳에 사는 인간들도 친절하여 이들을 행복하게 맞아주었다.

"이 섬에 대해서 어떻게 이야기해야 할까"라고 막시밀리안 트란스실바누스는 그의 저명한 서간문에서 말하고 있다.

"이곳에선 모든 것이 소박하고, 최고의 가치를 갖는 것은 평화와 안락과 향료뿐이다. 이 세 가지 중에서 가장 좋은 것이고, 아마도 지상의 최고의 재물이라 할 수 있는 평화는 인간이 사악해짐에 따라 우리 세계에서 추방되어 이곳으로 피신해 왔는지도 모른다."

세하웅이 친구로서 도움을 주었던 섬의 왕은 비단 가마를 타고 급히 달려와서는 손님들을 친형제처럼 맞이했다. 진실한 이슬람교도로서 배에서 나는 역겨운 돼지고기 냄새를 맡지 않으려고 코를 막았지만 형제애를 가지고 기독교도들을 얼싸안았다. "잘 오셨소. 바다에서 헤매는 동안 위험도 많이 겪었을 텐데 이제 이 나라에서 푹 쉬면서 즐겁게 지내시오. 몸의 피로도 풀고, 여러분의 나라에 있다고 생각하시오"라며 선원들을 위로했다. 그는 스페인 왕의 종주권도 기꺼이 인정했다. 또한 그들이 만난 다른 추장들은 가능한 한 그들에게서 많은 것을 탈취하려 했던 반면 이 관대한 추장은 그들이 가진 물건은 그냥 간직하고 있으라고 했다. 그 자신은 답례로 줄 만큼 값어치 있는 물건을 가지고 있지 않기 때문이라고 하였다.

축복받은 섬이었다. 스페인인들은 그들이 원한다면 귀중한 향료건, 생필품이나 금가루건 간에 모두 충분히 얻을 수 있었다. 친절한 왕은 이곳에서 공급할 수 없는 것은 이웃 섬에서 구해 오기도 했다. 선원들은 고통과 결핍의 나날을 보내고 이토록 엄청난 행복을 맞게 되어 마치 마술에라도 걸린 듯싶었다. 그들은 미친 듯이 향료와 진기한 극락조를 사 모았고, 대신 그들의 옷이나, 화승총, 쇠뇌, 외투, 혁대를 주었다.

섬에서의 일을 충분히 마치고 이제 그들은 가소로울 정도로 싸게 흥정한 보물들을 신고 부자가 되어 고향으로 돌아갈 수 있게 되

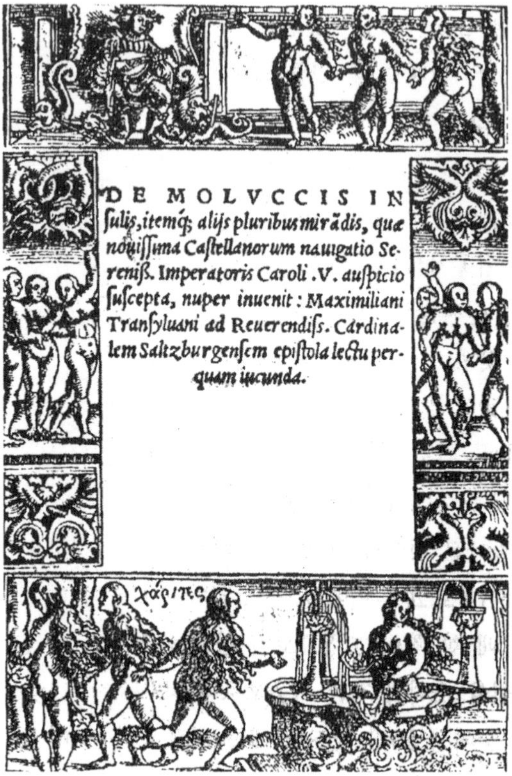

막시밀리안 트란스실바누스의 마젤란 항해 보고서 속표지. 쾰른(1523).

었다. 그런데 배 한 척에 문제가 생겼다. 마젤란의 기함인 트리니다드 호였다. 출발을 위해 배에는 물통도 채워졌고, 식량과 몇 백 파운드나 되는 향료도 이미 배에 실려 있었다. 성 하고의 깃발이 "이것은 행복한 귀향의 표식이다"라는 문구와 함께 휘날리고 있었다. 그러나 돛을 잡아매자 오래되어 낡은 배는 갑자기 이상한 소리를 내더니만 부서지고 말았다. 새는 곳을 찾을 수도 없었는데 물은 자꾸 스며들었다. 사람들은 이 고물을 해변가로 끌고 가기 위해 무거운 짐들을 내려놓았다. 손상된 곳을 보수하려면 몇 주가 걸려야 했다. 그러나 그때까지 귀향을 미룰 수는 없었다. 곧 무역풍이 불어오므로 고향으로 돌아가기에는 지금이 최적기였다. 하루라도 빨리 마젤란이 목숨을 바쳐 약속을 지켰고, 항해사에서 가장 찬란한 업적이 스페인에 의해 이루어졌다는 사실을 황제에게 보고해야 했다. 그래서 트리니다드는 복구된 다음에 태평양을 되돌아가서 파나마에 있는 스페인 해외 거점에 도착하도록 하고, 빅토리아 호는 무역풍을 타고 서쪽으로 인도양을 통과해서 돌아가기로 합의했다.

트리니다드 호는 산루카에서 선두로 출항했고, 가장 먼저 마젤란 해협을 건넜고, 첫 번째로 태평양을 횡단했다. 언제나 다른 배의 선두에 섰고, 주인이자 지도자의 의지의 화신이었던 것이다. 어쩌면 지도자가 가고 없자 그의 배도 더 이상 움직이고 싶지 않았는지도 모른다. 충견이 주인의 무덤에서 떨어지지 않으려고 하듯이 이 트리니다드 호는 마젤란이 찾고자 한 목적지에서 떠나고 싶지 않은 모양이었다. 배뿐만 아니었다. 선원들 가운데도 세하웅을 본받아 이 낙원에 머무르고 싶어 한 사람들이 있었다. 그들은 출발을 앞두고 트리니다드 호가 고향으로의 항해를 견뎌낼 수 없게 되었다는 곤란한 소식을 오히려 기쁜 마음으로 환영했다. 그래서 1백 명의 선원들 중에서 50명 정도는 배를 새로 정비할 때까지 당분간 섬에 남기로 했다.

이제 2년 반 동안의 공동생활을 보내고 영원한 이별을 하려고 마주선 두 배의 함장들(고메스 데 에스피노자와 세바스티안 델 카노)은 이미 예전에 마주선 적이 있었다. 산훌리안 항에서 반란이 일어났을 때 당시의 무기대장인 고메스는 마젤란의 충직한 조수였다.

마젤란.
다페르의 대륙여행기(1673)에서 발췌한 동판화.

그가 대담하게 단도를 사용함으로써 빅토리아 호를 되찾을 수 있었고 항해는 계속될 수 있었던 것이다. 세바스티안은 당시 아직 젊은 바스크 출신의 소브레살리엔테였고, 그날 밤 반란자들 편에 가담했었다. 그의 도움으로 다른 반란자들이 산안토니오를 습격할 수 있었던 것이다.

당시 마젤란은 고마움의 표시로 고메스에게 보답을 했고, 반란에 가담했던 델 카노는 너그럽게 사면해주었다. 만일 운명이 공정하다면 마젤란의 이상이 승리를 거둘 수 있도록 도와준 에스피노자가 마젤란의 업적을 영광스럽게 완수하도록 선택해야 했을 것이다. 그러나 운명은 자격이 없는 사람을 선택했다. 결국 에스피노자는 트리니다드에 남은 사람들과 표류와 고난 끝에 명성도 없이 사라져 역사로부터 잊혀지게 되었다. 반면 승리의 영광은 마젤란의 업적을 방해하려고 했고, 사령관을 거역한 반란자 세바스티안 델 카노에게 돌아가게 되었다.

지구의 끝에서 이루어진 감동적인 작별이었다. 47명의 남자들, 장교와 선원들은 이제 빅토리아를 타고 고향으로 떠나고, 51명은 트리니다드와 함께 티도르에 남게 된 것이었다. 출발 시간이 되기 전까지 남은 사람들은 갑판에서 동료들과 함께 시간을 보냈다. 마지막으로 한 번 더 얼싸안고는 고향으로 보내는 편지와 안부를 전했다. 2년 반 동안 함께 나눈 고난은 이제 오래 전 갖가지 언어권과 종족으로 이루어졌던 함대의 승무원들을 떨어질 수 없는 단일체로 뭉치게 했다. 어떤 불화도, 어떤 분쟁도 그들을 갈라놓을 수 없었다. 빅토리아가 마침내 닻을 올리는 데도 사람들은 여전히 헤어지려고 하지 않았다. 보트를 타고, 말라야인들의 프라우선을 타고 그들은 천천히 떠나가는 배의 곁을 따라가면서 한 번이라도 더 보고, 말이라도 건네 보려고 했다. 저녁 어스름이 내리고, 노를 저어가던 팔에 힘이 빠지자 이들은 보트를 돌렸고, 동료들이 작별을 위해 쏜 대포소리가 해변까지 울려퍼졌다. 이제 마젤란의 함대에서 마지막으로 남은 빅토리아 호는 잊을 수 없는 항해를 시작했다.

위대한 성공을 위한 마지막 항해

2년 반 동안의 중단 없는 항해로 인해 노후된 작은 범선이 지구의 절반 가량을 주항했다는 것은 항해사에서 영웅적인 업적에 속한다. 델 카노는 마젤란의 뜻을 실현시킴으로써 그에게 저질렀던 잘못을 명예롭게 청산했다. 우선 보기에는 배를 몰루켄에서 스페인까지 이끌어가는 임무는 그다지 어려운 일도 아닌 듯 보였다. 말라이 제도에서는 세기의 전환기부터 이미 포르투갈 배가 정기적으로 무역풍을 타고 운항하고 있었다. 10년 전쯤 알부케르크와 알메이다의 지휘 아래 떠났던 인도 항해가 미지의 세계로의 진출이었던 반면, 이제는 표시된 항로만을 정확하게 따라가면 되었고, 비상시에는 인도나 아프리카 어느 곳이건 들어서면 되었다. 말라카나 모잠비크, 베르데 곶 등에는 포르투갈 해외공관이 있었고, 키잡이나 관리들도 주재하고 있었으며, 어느 곳이나 식량과 대용물이 마련되어 있었다.

그러나 문제가 있었다. 델 카노와 빅토리아 호는 이 포르투갈의 복구 시설을 사용할 수 없다는 것뿐 아니라 되도록이면 이를 멀리 피해야 했기 때문이다. 티도르에서 마젤란의 부하들은 도망쳐 온 포르투갈인을 통해서 마누엘 왕이 마젤란의 배는 어느 것이라도 나포하고 선원들은 해적으로 체포하라는 명령을 내렸다는 말을 들었다. 실제로 트리니다드에 남아 있던 불행한 동료들은 바로 이 잔인한 운명의 희생물이 되어버렸다. 따라서 델 카노는 낡고, 좀먹고, 노후한 데다가 물건까지 잔뜩 실은 범선을 몰고 한달음에 인도양을 건너서 단 한 번도 뭍에 오르지 않고 희망봉을 지나 아프리카 대륙을 돌아가야만 했다. 이것은 큰 모험이 아닐 수 없었다. 4백 년이 지난 지금 온갖 정밀한 기계들을 갖춘 현대식 증기선이라도 쉽게 해낼 수 없는 항해였다. 하물며 3년 전 세비야 항구에서 영사 알바레스가 자기라면 이 배를 타고 카나리아 섬까지도 가지 않겠다고 했던 배를 끌고 이루어내야 했다.

말라이 제도에서 세비야까지 단숨에 주파해야 하는 역사상 예가 없었던 항해가 1522년 2월 13일(기념할 만한 날이다), 티모르 섬의 항구에서 시작되었다. 델 카노는 음식물과 식수를 실었고, 몇 개월에 걸쳐 바람과 파도와 씨름하기 전 한 번 더 죽은 선임자의 신중론을 기억하고 배를 밑바닥부터 점검하고 수리했다. 빅토리아는 처음 며칠은 열대 숲이 무성하고 산봉우리가 우뚝 솟은 섬들을 지나갔다. 그러나 절기가 너무 늦어져서 어느 곳에서도 휴식을 취할 수가 없었고, 상륙도 하지 않고 이 유혹적인 섬들을 지나갔다. 그토록 멋진 자연과 풍속들을 경험하고도 아직도 충분하지 않았던 피가페타에게는 그냥 지나쳐야만 하는 것이 가슴에 저렸다. 지루해진 그는 남는 시간을 이용해 데리고 가는 원주민들에게서(47명의 유럽인들 외에도 19명이 배에 타고 있었다) 이 스쳐가는 섬들에 대한 이야기를 듣는 것으로 시간을 보냈다.

원주민들은 그에게 『천일야화』에 나옴직한 신기한 이야기를 전해 주었다. 저기 어떤 섬에는 사람들이 사는데 몸집이 한 뼘 정도밖에 되지 않는다. 그런데 귀는 자기들 키만 해서 잠잘 때는 한쪽 귀는 요로, 다른 한쪽은 이불로 덮고 잔다는 것이었다. 또 어떤 섬에는 여자들만 살고, 남자들은 발도 들여놓을 수 없다고 했다. 그런데도 여자들은 임신을 하는데, 바람이 그렇게 만들어놓는다는 것이다. 사내아이를 낳으면 죽이고, 여자아이들만 기른다고 했다. 마지막 섬들도 말라야인들이 사람 좋은 피가페타에게 풀어놓는 거짓말 속으로 잠겨 들어가고, 이제 거침없는 대양만이 고통스러우리 만큼 한결같은 푸른색으로 그들을 맞이하고 있었다. 한 주, 또 한 주, 인도양을 지나 단조로운 항해를 계속해나가는 동안 항해자들에게 보이는 것이라고는 하늘과 바다뿐이었다. 사람을 지치게 만드는 소름끼칠 정도의 단조로움이었다. 사람도 보이지 않고, 배도 나타나지 않고, 돛도 보이지 않고, 소리조차 멎어버린 채 언제나 보이는 건 푸르고 푸른 바다, 텅텅 빈 망망대해뿐이었다.

이 몇 주 동안 낯선 소리도 듣지 못했고, 새로운 얼굴도 대하지 못했다. 그러나 갑자기 이 배의 숨겨진 깊숙한 곳에서 예전부터 알고 있던 눈이 움푹 패고 볼이 쑥 꺼진 귀신이 나타났다. 배고픔이었다. 태평양에서도 그들을 충실하게 쫓아다녔던 옛 동지, 동료들을 괴롭히고 죽음으로까지 몰고 갔던 무자비한 살인자. 그가 이제 살금살금 갑판으로 스며들어와서는 혼란에 빠진 그들을 노려보면서 비웃기 시작한 것이었다. 바로 예견하지 못했던 재난이 일어난 때문이었다. 선원들은 배에 두 달분의 식량을 실었는데, 그 중 대부분은 육류였다. 그런데 티모르에서는 소금을 구할 수가 없었기 때문에 고기들을 절여놓지 못했다. 결국 작열하는 인도양의 햇빛에 고기들이 부패하기 시작했고, 시체 썩는 냄새를 피하기 위해 비축량을 모조리 바다에 던져버려야 했다.

이제 남은 식량이라고는 쌀뿐이었다. 날마다 쌀과 물, 물과 쌀, 쌀과 물로 지탱해나갔지만, 한 주, 두 주가 지나면서 쌀은 점점 떨어지고, 물도 점점 변질되어 갔다. 다시 또 괴혈병이 발발하고, 승무원들은 다시 죽어나갔다. 5월 초가 되자 사태는 심각해졌다. 일부 선원들이 항해를 계속하면서 굶어죽느니 차라리 항로를 모잠비크 근방으로 돌려 포르투갈인들에게 배를 넘겨주자고 요구했던 것이다.

그러나 사령권과 함께 마젤란의 강철 같은 의지 또한 예전의 반란자에게로 넘겨진 모양이었다. 부하로서 사령관에게 돌아갈 것을 요구했던 바로 그 델 카노는 이제 사령관으로서 부하들에게 극도의 용기를 요구했고, 다행히 그들의 뜻을 꺾는 데 성공했다. "포르투갈인에게 우리를 내맡기느니 차라리 죽기로 결정하였다"라고 나중에 그는 자랑스럽게 황제에게 보고했다. 아프리카 동해안에 상륙하려고 시도했으나 아무 소용이 없었다. 이 메마른 땅에는 물도 없었고, 과일도 열리지 않았던 것이다. 그들은 고난을 진정시키지도 못하고 다시 끔찍한 항해를 계속해야만 했다. 희망봉에서(본의 아니게 그들은 이를 폭풍의 곶이라는 옛 이름으로 불렀다) 미친 듯이 폭풍우가 몰아쳤고, 선두 돛대가 떨어져 나갔고, 가장 큰 돛대가 꺾여버렸다. 과로로 기운이 쇠진한 선원들은 비틀거리면서 손상된 부분들을 간신히 붙여놓았다. 배는 부상자처럼 신음소리를 내면서 무거운 걸음으로 천천히 아프리카 해안을 따라 북쪽으로 나아갔다.

폭풍이 불 때도, 무풍 상태에서도, 낮이고 밤이고 간에 그들을 끊임없이 괴롭히는 것은 언제나 그들을 비웃고 있는 배고픔이라는 음험한 유령이었다. 이 유령은 이번에는 아주 새로운 고문 방법을 생각해냈다. 이들이 태평양을 횡단할 당시에는 배의 창고가 텅텅 비어 있었다. 그러나 이번에는 배의 꼭대기까지 물품들로 가득 차 있었다. 7만 파운드의 향료를 끌고 가는 것이었다. 향료 7만 파운드라면(1백만의 사람들이 성찬을 준비하는 데 충분한 양이었다) 이 굶주린 선원들이 뒤집어쓰고도 남을 양이었다. 그러나 말라붙은 입술로 어떻게 후추 맛을 볼 것이며, 빵 대신에 아릿한 계피나 무스카트 열매를 삼킬 수도 없지 않은가. 주변에는 엄청난 물이 에워싸고 있는데 목말라 죽어간다는 것은 참으로 잔인한 일이었다. 또한 향료는 산더미처럼 쌓여 있는데도 처참하게 굶주릴 수밖에 없다는 것도 고통이었다. 매일같이 말라붙은 송장이 바다로 던져졌다. 다섯 달 동안을 쉬지 않고 항해를 계속한 끝에 7월 9일, 마침내 녹초가 되어 베르데 섬에 도착했다. 남아 있던 선원은 47명 중에서 31명뿐이었고, 원주민은 19명 중에서 단지 3명만이 살아 있었다.

베르데 곶은 포르투갈의 식민지였고 주거지인 산티아고는 포르투갈에 속한 항구였다. 이곳에 닻을 내린다는 것은 적에게 스스로를 넘겨주는 것이었고, 그것은 목적지를 바로 앞에 두고 항복하는 것과 마찬가지였다. 그러나 비상식량은 기껏해야 이틀이나 사흘이면 바닥날 것이었다. 굶주림에는 다른 방법이 없었다. 델 카노는 포르투갈인들을 상대로 대담한 속임수를 쓰기로 했다. 그는 부하 몇 명을 불러 먼저 맹세를 하도록 했다. 어떤 경우에도 포르투갈인에게 그들이 마젤란 함대의 마지막 대원이며, 세계일주를 했다는 말을 발설하지 않겠다는 맹세였다. 그 대신 폭풍을 만나서 스페인 영토인 아메리카에서 이리로 흘러 들어왔다는 거짓말을 꾸미도록 했다. 실제로 부서진 돛대와 파손된 배의 상태가 이 거짓말을 그럴싸하게 만들어 주었다. 그런 다음 그들에게 양식을 사오라고 보트에 실어 뭍으로 보냈다.

포르투갈인들은 부하들의 말을 그대로 믿었다. 관리들을 배로 보내어 조사해보는 대신 뱃사람으로서의 동지애를 발휘해서 보트를 친절하게 맞아주었다. 스페인인들에게 물과 신선한 음식들을 보내주었고, 보트는 식료품을 싣고 세 번씩이나 왔다갔다했다. 계략은 완전히 성공한 듯 보였다. 휴식을 취하고 그동안 주린 고기와 빵을 먹고 난 승무원들은 다시 원기를 회복했다. 식료품도 세비야까지 가기에 충분한 만큼 저장되었다. 델 카노는 마지막으로 한 번 더 쌀과 과일을 가져오도록 보트를 보냈다. 이제는 떠나면 되고 진정으로 승리를 외치는 일만이 남았다. 빅토리아! 그러나 낌새가 이상했다. 보트가 시간이 지나도 돌아오지 않는 것이었다. 곧바로 델 카노는 무슨 일이 일어났는지 짐작했다. 선원 하나가 뭍에서 경솔하게 입을 놀렸거나 아니면 향료를 주면서 오랫동안 참았던 화주를 사려고 했을지도 몰랐다. 어쨌든 포르투갈인들은 이 배가 그들이 원수처럼 여기는 마젤란의 배라는 것을 알아차린 것이다. 델 카노는 해변가에 이미 자신들을 나포하려고 보트가 대기하고 있는 것을 보았다. 대담하게 결단을 내리는 것만이 살아남는 길이었다. 선원들을 해변가에 그대로 버려둘 수밖에 없었다. 목적지를 손바닥 넓이 정도쯤 남겨둔 이 시점에서 잡힐 수는 없었다. 역사상 가장 용감한 항해를 마친 그들로서는 항해의 성공을 위해서도 대담해져야 했다. 남은 선원은 단지 18명에 불과했다. 물이 새는 이 배를 스페인까지 끌고 가기에는 너무도 부족한 인원이었지만 델 카노는 급히 닻을 올리고 돛을 달도록 했다. 그것은 도주였다. 그러나 위대하고도 결정적인 성공을 향한 도주였다.

"우리가 돌아왔다"

베르데 곶에서의 체류가 시간도 짧고, 위험하기도 했지만 씩씩한 기록자 피가페타는 마지막 순간에 그가 그토록 찾아헤매던 기적을 경험하게 되었다. 식료품을 사려고 해변까지 갔다온 선원들이 놀라운 소식을 전해왔는데, 육지는 목요일이라는데 배에서는 수요일이 틀림없다고 했다는 것이다. 거의 3년 동안 매일같이 일지를 적어온 피가페타는 놀라지 않을 수 없었다. 한 번도 빠지지 않고 월요일, 화요일, 수요일, 그렇게 해서 한 주가 지나고, 1년이 지나도록 날짜를 계산해왔던 것이다. 그렇다면 그가 하루를 모르고 지나쳐버린 것일까. 그는 자기처럼 매일 선박일지를 쓰는 키잡이 알보에게 물어보았다. 그런데 그의 기록에도 아직 수요일이라는 것이었다. 서쪽으로 계속 항해하면 설명할 수는 없지만 하루가 달력에서 빠져나가는 것이 틀림없었다. 베르데 곶에서 처음으로 관찰한 새롭고 중요한 이 현상은 전생애에 걸쳐 그를 흥분시키고 몰두하게 만들었다.

뿐만 아니라 나중에 피가페타가 보고한 이 기묘한 현상은 학계를 경탄하게 만들었다. 옛 그리스의 철학자들 프톨레메우스나 아리스토텔레스도 예감하지 못했던 비밀이 밝혀진 것이고, 폰투스의 헤라클레이토스가 기원전 400년경에 가설로 세웠던 주장이 이제 정확한 관찰을 통해 증명된 셈이었다. 지구가 우주 공간에 고정되어 있는 것이 아니고, 규칙적인 주기 운동을 하면서 자전한다는 것이다. 그리고 서쪽으로 항해하면서 지구를 돌면 시간을 얻는 것이었다. 서로 다른 대륙에서는 날짜와 시간이 서로 다르다는 이 새로운 인식은 마치 오늘날의 상대성 원리처럼 16세기의 인문주의자들을 흥분시켰다. 페터 마티어는 곧바로 어떤 학자에게 이 현상을 설명해달라고 하였고, 그것을 황제와 교황에게 보고하였다. 다른 사람들이 향료를 가지고 돌아오는 동안 이 작은 지중해의 기사는 지상에서 가장 값진 것을 여행의 성과로 들고 온 것이다. 그것은 새로운 인식이었다! 그러나 배는 아직도 고향에 도착하지 않았다. 아직도 한참을 더 빅토리아 호는 쑤시고 저리는 관절을 끌면서 천천히, 기진맥진이 되어 마지막 힘을 다하여 파도를 헤쳐나가야 했다. 향료군도에서 함께 출발한 동료들 중에 이제 18명만이 배에 남아 있었다. 120개의 손이 일하던 곳에 이제는 36개만이 남아 있었는데, 그 어느 때보다도 단단한 주먹의 힘이 필요한 때였다. 목적지를 앞두고 한 번 더 위기가 발생했다. 배의 노후한 선판이 점점 벌어지기 시작했고, 그 틈새로 바닷물이 계속 스며들어 왔다. 펌프를 가지고 뿜어내려 하였으나 충분하지 않았다.

원칙대로라면 배에 하중을 가하는 7만 파운드의 향료를 바다로 던져버려서 배가 물에 잠기는 부분을 가볍게 해야만 했다. 그러나 델 카노는 황제의 재산을 낭비하려 하지 않았다. 지칠 대로 지친 선원들은 밤낮으로 두 대의 펌프에 매달려야 했다. 이것만 해도 벌을 서는 거나 다름없었는데, 동시에 돛을 잡아당기고, 키를 잡고, 망을 보아야 했고, 그 밖의 수백 가지 잔일들을 매일같이 해야만 했다. 끝없이 시달려온 이들에게는 너무나 힘겨운 일이었다. 밤에 제대로 잠을 못 잔 선원들은 낮에 일을 하면서도 마치 몽유병자처럼 몸을 못 가누고 비틀거렸다. "어느 누구도 그들처럼 고되게 일하지는 않았을 겁니다"라고 델 카노는 황제에게 편지를 하였다. 누구든지 두 사람, 세 사람 몫의 일을 해야만 했다. 그리고 더 이상 말을 듣지 않는 마지막 남은 체력으로 임무를 수행했다. 목적지가 점점 가까워 오고 있었기 때문이었다.

7월 13일 베르데 곶을 떠나온 지 53일 만인 1522년 9월 4일(그들이 고향을 떠나온 지 곧 3년이 되어간다), 돛대에서 목이 터져라 외치는 환호성이 들려왔다. 빈센트 곶이 보였다. 드디어 고향 땅에 도착한 것이다. 점차로 험준한 절벽이 바다로부터 솟아올랐고, 그들의 마음속에서도 용기가 솟구쳐 올라왔다. 전진! 전진! 이제 이틀 낮, 이틀 밤만 견뎌내면 된다. 이제 이틀 밤과 한나절 남았다.

이제 하룻밤, 하루 낮, 이제 하룻밤만 지내면 된다. 단 하룻밤. 그리고 마침내(모두들 갑판으로 뛰쳐나가서 행복감에 전율하며 한 덩어리로 얼싸안았다) 산루카에서 바다와 만나는 구아달키비르 강이 육지 한가운데로 은띠처럼 반짝이며 흐르고 있었다. 바로 이곳에서 3년 전 265명이 마젤란의 지휘 아래 다섯 척의 배를 타고 출발했던 것이다. 이제는 작은 배 한 척만이 떠나온 해변가에 닻을 내리고 있었다. 18명의 선원들은 비틀거리면서 배에서 내리자 간신히 무릎을 꿇고 이 딱딱하고도 고마운 고향의 흙에 입을 맞추었다. 1522년 9월 6일, 항해사를 통틀어 가장 위대한 업적이 마침내 그 마침표를 찍은 것이다.

해변에 닿자마자 제일 먼저 델 카노가 해야 할 일은 이 놀라운 사실을 황제에게 알리는 일이었다. 그러는 동안 그의 부하들은 사람들이 건네주는 따스하고 신선한 빵을 향해 게걸스럽게 손을 뻗치고 있었다. 수년 동안 이렇게 부드럽게 부서지는 맛좋은 빵을 손에 쥐어볼 수도 없었고, 고향의 포도주와 고기, 과일 맛을 느껴보지도 못했다. 사람들은 이들이 마치 황천에서 살아온 양 충격 속에 바라만 보았고, 이 놀라운 사실을 믿으려고 하지 않았다. 배를 채우자마자 녹초가 된 선원들은 자리에 누워 잠 속으로 빠져 들어갔다. 수년 이래 처음으로 아무 근심 없이 고향의 심장에 자신의 심장을 맞대고 온밤을 달게 잘 수 있었다.

다음날 아침 다른 배가 승리의 빅토리아 호를 끌고 구아달키비르 강을 거슬러 세비야로 향했다. 세계일주를 끝낸 빅토리아는 이제 더 이상 강물을 헤쳐나갈 힘이 없었던 것이다. 지나쳐가는 작은 어선과 보트에서 사람들이 놀란 눈으로 바라보면서 소리치고 있었다. 아무도 수년 전에 먼 곳으로 떠난 이 배를 기억해내지 못했다. 세비야나 스페인뿐 아니라 세계 모든 사람들도 이미 오래 전에 마젤란의 함대가 침몰해서 사라져버렸다고 생각했다. 그런데 이제 이 성공을 거둔 배는 힘겹지만 자랑스럽게 승리를 향해 나아가고 있지 않은가! 드디어 멀리서부터 백색의 종탑 지랄다가 반짝이고 있었다.

세비야다! 세비야! 멀리서 그들이 출항한 포르토데라스무에라스 해변이 손짓하고 있었다. 대포를 준비하라! 델 카노는 이것으로 이 여행의 마지막 명령을 내렸다. 축포는 강물을 따라 멀리 울려퍼졌다. 대포는 새로 발견된 마젤란 해협에게 엄숙하게 인사를 했고, 처음 보는 태평양하고도 인사했다. 알려져 있지 않았던 필리핀 제도를 발견하였을 때에도 승리를 외쳤고, 마젤란의 목적지인 향료 군도에 도착했을 때에도 대포는 축포를 쏘면서 환호했다. 머나먼 티도르에서 배를 남겨두어야 했기 때문에 동료들과 작별할 때에도 고별의 인사를 했다. 그러나 한 번도 이 대포의 무쇠 같은 목소리가 지금처럼 맑고, 환희에 차서 울려퍼진 적은 없었다. 축포소리는 외치고 있었다.

"우리가 돌아왔다! 그 어느 누구도 이루어내지 못한 것을 우리가 완수했다! 우리는 세계를 일주한 최초의 인간이다!"

신 화

마젤란은 죽어서 신화가 되고
배신자들은 살아서 부와 영예를 얻다

군중들이 세비야의 해변으로 소란스럽게 몰려들었다. '신이 인간과 세계를 창조한 이래로 가장 경이롭고 위대한 일을 해낸 유명한 배'를 보기 위해서였다. 시민들은 빅토리아 호에서 내려오는 18명의 선원들을 바라보며 깊은 충격에 사로잡혔다. 피곤에 싸인 병들고 지친 초췌한 모습의 그들은 마치 해골이 살아 움직이는 것처럼 보였다. 발걸음도 가누지 못한 채 선원들은 비틀거리면서 차례차례 뭍으로 올라섰다. 이 이름 없는 영웅들은 3년이라는 끝없는 시간 동안 10년은 늙어버린 모습들이었다. 환성과 연민의 소리가 그들을 맞이했다. 먹을 것을 주는 사람이 있는가하면, 집으로 초대를 하면서 그들이 겪은 모험과 역경에 대해서 이야기해달라고 졸라대는 사람들도 있었다. 그러나 귀향자들은 모두 거부했다. 나중에, 나중에 다 얘기해주겠다! 그들의 첫 번째 의무는 바로 죽음의 고통 속에서 맺은 서약을 이행하는 것이었다. 산타마리아 데 라 빅토리아 교회와 산타마리아 안티구아 교회에 가서 참회를 해야 했다.

둥글게 모여선 군중들은 살아 돌아온 18명의 선원들이 맨발에 하얀 수의를 걸치고 각자 손에 촛불을 들고 교회로 걸어 들어가는 모습을 존경의 눈빛으로 바라보았다. 선원들은 그들이 작별을 고한 바로 그 자리에서 곤경에서 구해주고 고향으로 무사히 돌려보내 주신 신의 은총에 감사했다. 오르간이 울려퍼졌고, 신부는 성당의 어둠 속에 꿇어앉은 신자들의 머리 위로 성체 현시대(聖體 顯示臺)를 빛나는 작은 태양처럼 들어올렸다. 전능하신 주와 성자들에게 구원에 대한 감사를 올리고 난 다음 선원들은 3년 전 이곳에 함께 무릎 꿇고 기도했던 죽은 동료들을 위해 기도를 올렸다. 당시 그들의 사령관인 마젤란이 왕이 하사하고 신부가 축복을 내린 다마스트 천의 깃발을 펼쳤을 때 그를 올려다보던 사람들은 지금 모두 어디에 있는 것일까. 바다에 빠져 죽고, 인디오들에게 살해당하고, 굶어죽고, 목이 말라 죽고, 종적이 묘연하거나 적의 포로가 되어버렸다. 그들만이 신비한 운명의 선택을 받아 승리자로 뽑힌 것이고, 그들만이 축복을 받은 것이었다. 18명은 나직하게 입술을 움직이며 함께 전사한 지휘관과 2백 명의 죽은 전우를 위해 기도를 올렸다.

그러는 동안 그들이 무사히 귀향했다는 소식은 전 유럽으로 열화같이 퍼져나갔다. 처음에는 놀라기만 하던 사람들은 곧이어 경탄하기 시작했다. 콜럼버스가 항해한 이래로 그 어느 사건도 이것처럼 당대를 열광시킨 것은 없었다. 이제 모든 불확실함은 끝났다. 학문의 철천지원수인 의심은 적어도 지리학적인 분야에서는 정복된 것이다. 배 한 척이 세비야 항구에서 출항하여 다시 세비야 항으로 돌아온 이래로 지구는 둥글게 자전하는 공과도 같고, 모든 바다는 하나로 이어져 있다는 사실이 반박할 수 없게 증명된 것이다. 마침내 그리스인과 로마인들의 우주형상 지도는 낡은 것으로 판명되었고, 교회의 이단자나 대척자들의 어설픈 논리도 이것으로 종결되었다. 지구의 둘레가 확인되었고, 지구라는 천체의 확실한 치수가 얻어졌다. 또 다른 용감한 탐험자들이 지구 생김새의 세부적인 것들을 보충해나가겠지만 그 기본 모습은 마젤란에 의해 발견되었고, 그것은 오늘날까지, 그리고 앞으로도 변하지 않을 것이다.

지구란 끝없이 뻗어나가는 것이 아니라 하나의 한정된 구역이고, 인간은 이를 정복했다. 이 역사적인 날로부터 스페인 민족의 긍지는 찬란하게 솟아올랐다. 스페인 깃발을 달고 콜럼버스는 지구 발견의 길을 열었고, 스페인 깃발을 달고 마젤란은 그것을 완성한 것이었다. 이로써 4반세기 동안 인류는 수천 년 전보다도 자기들이 살고 있는 땅덩어리에 대해 훨씬 더 많은 것을 인식하게 되었다. 자신의 일생에서 이러한 변천을 경험할 수 있었던 행복한 세대는 이제 새로운 시대, 근세가 시작되었다는 것을 본능적으로 느끼기 시작했다.

이 탐험이 거둔 업적에 대해 대부분의 사람들은 감격해 했다. 심지어 함대를 마련해준 사업체인 카사 데 라 콘트라타시온과 크리스토퍼 데 하로도 기분이 좋았다. 이미 배 다섯 척을 위해 빌려준 돈 8백만 마라베디를 탕감하였는데 갑자기 돌아온 배는 이 모든 셈을 결산해주었을 뿐 아니라 기대하지도 않았던 잉여금까지 안겨준 것이다. 빅토리아가 몰루켄에서 싣고 온 520킨탈(약 26톤에 해당)이나 되는 향료는 비용을 제하고도 금화 5백 두카텐이라는 순이익을 남겨주었다. 배 한 척에 실려온 향료가 다른 배 네 척의 손실을 상쇄시켜 준 것이다. 물론 이는 2백 명이라는 인명 손실은 계산에 넣지 않은 것이지만.

전 세계인들이 감격하고 들떠 있는 가운데 몇몇의 사람들은 마젤란 함대의 배 한 척이 세계일주를 마치고 귀향했다는 소식을 전해 듣고는 경악하여 심장이 멎는 것을 느꼈다. 바로 산안토니오 호를 타고 탈주하여 1년 전에 세비야에 도착했던 함장과 키잡이들이었다. 그들의 귀에는 이 기쁜 소식이 죽음을 애도하는 종소리처럼 들려왔다. 그들은 고향으로 돌아온 후 마젤란 탐험대 일행이 절대로 스페인으로 돌아오지 않으리라 여기고 당시 법원의 조서에 선원들이 모두 죽었노라고 밝혔던 것이다. 배고 승무원이고 이미 오래전에 바다 밑바닥에서 썩어가고 있을 거라고 확고하게 믿었기 때문에 그들은 왕의 조사위원회 앞에서 자신들의 반란을 거리낌없이 애국적인 행동이었노라고 내세웠다. 또 그들이 떠나온 시점에 마젤란이 이미 통로를 발견하였다는 사실을 주도면밀하게 숨겼다. 그들이 들어선 만에 대해서만 언급하면서 마젤란이 찾던 항로는 무의미했고 아무 이익이 되지 않았다고 거짓 증언했다. 게다가 그들은 그곳에 없는 사람을 철저하게 탄핵했다. 마젤란이 함대를 포르투갈인에게 넘겨주기 위하여 왕이 보낸 조정자를 음험하게 살해했다는 것이다. 자기들이 배를 구해낼 수 있었던 것은 마젤란이 들여보낸 사촌을 제압했기 때문이었다고 했다.

국왕의 재판부는 반란자들의 진술을 물론 완전히 믿은 것은 아니어서 중립을 지키면서 쌍방이 모두 혐의가 있다고 판결했다. 반란을 일으킨 함장과 키잡이뿐 아니라 메스퀴타까지도 구금되었고, 아직 자기가 과부가 되었다는 것도 모르던 마젤란의 부인은 도시를 떠나서는 안 된다는 명령을 받았다. 궁정재판소는 다른 배와 사령관이 증인으로 나타날 때까지 기다려야 한다고 결정했다. 1년이 지나고, 2년이 지나도 마젤란으로부터 아무런 소식도 오지 않자 반란자들은 차츰 마음을 놓았다. 그런데 이제 마젤란의 배가 귀향한다는 것을 알리는 축포소리가 천둥처럼 그들의 양심을 끔찍스럽게도 찔러대고 있는 것이었다. 이제는 파멸이었다. 마젤란은 성공하였고, 서약과 해상법을 거역하고 비겁하게 떠나서 사령관을 밧줄로 옭아매는 그들에게 복수를 할 것이었다.

그러나 마젤란이 죽었다는 것을 알고 나서 이들은 안도의 한숨을 내쉬었다. 주된 고소인은 말을 할 수 없다. 델 카노가 빅토리아 호를 끌고 왔다는 얘기를 들었을 때는 한층 더 안전하다고 느꼈다. 델 카노라면 그들의 공범자이며 그날 산훌리안 항에서 반란을 일으켰을 때 함께 행동했던 자가 아닌가! 그자라면 자기 자신이 저지른 일이 있으니 그들을 고소하지는 못하리라. 증언을 한다면 그들에게 해로운 것이 아니라 유리한 것이 되리라. 마젤란이 죽고, 델 카노가 증인이 된 것은 그들에게 천만다행이었다. 그리고 그들의 예상은 옳았다. 그들은 델 카노의 도움으로 처벌받지 않고 풀려났고, 메스퀴타는 배상을 받기도 했다. 그들의 반란은 모두가 기뻐하는 가운데 잊혀졌다. 살아 있는 사람들은 언제나 죽은 자를 이기는 법이다.

사라져버린 항해일지

그러는 동안 델 카노의 귀향 소식은 발야돌리드 궁에도 전달되었다. 칼 황제는 막 독일에서 돌아온 참이었다. 그는 두 개의 서로 다른 세계사적인 순간을 거의 동시에 경험하게 되었다. 보름스의 국회에서 그는 루터의 단호한 손이 기독교회의 정신적인 통일을 영원히 찢어버리는 것을 볼 수밖에 없었다. 그런데 이곳에서 마젤란이 세계상을 새롭게 창조하고, 자신의 목숨을 바쳐 대양이 공간적으로 하나라는 사실을 증명해 보였다는 것을 듣게 된 것이다. 황제는 이 영광스러운 업적에 대해 좀더 많이 알고 싶어 초조해 했다. 이 업적은 그의 전폭적인 지원으로 이루어진 까닭에 마젤란의 승리일 뿐만 아니라 그의 승리이기도 했다. 황제는 바로 그날 9월 13일, 델 카노에게 가장 신용할 만하고 우수한 부하 두 명과 함께 급히 왕궁으로 오라고 명령했으며, 항해와 관계되는 모든 서류들을 가져오라고 했다. 세바스티안 델 카노가 발야돌리드로 데리고 온 두 사람은 피가페타와 키잡이 알바로였다. 실제로 그들은 가장 신용할 만한 사람임에 틀림없었다. 반면에 함대의 모든 문서들을 넘기라는 황제의 요구에 대처한 델 카노의 태도는 깨끗하지만은 않았다. 그 이유는 그가 마젤란이 기록한 글은 하나도 전달하지 않았기 때문이다(마젤란이 항해 중 작성한 문서가 하나 남아 있는데, 그것은 포르투갈인들의 손에 들어간 트리니다드 호에서 발견된 문서였다). 마젤란같이 정확하고, 광적일 정도로 의무에 충실한 사람이 자기가 맡은 임무의 중요성 때문에라도 일기를 썼으리라는 것은 의심할 여지가 없다. 단지 문서를 공개하기 꺼려하는 자들이 그것을 남모르게 없애버렸을 것이다.

항해 중에 사령관에게 반항했던 사람들에게는 황제가 그 곤란한 사태에 대해 정확한 내용을 알 수 있게 된다는 것은 너무도 위험한 일이었다. 결국 마젤란이 죽은 후 그가 쓴 글은 모조리 비밀스럽게 사라져버렸고, 자신이 직접 황제에게 전달한 피가페타의 일기 원본도 마찬가지로 이상하게 사라져버렸다. 일기의 원본은 훗날 우리에게 알려진 여행기와는 전혀 딴판이다. 이것은 여행기가 일기를 요약 발췌한 것임을 분명하게 보여준다.

실제로 이것이 서로 다른 두 권의 책이라는 것은 만투아 대사의 보고에서 알 수 있다. 그는 10월 21일, 피가페타가 하루도 빠지지 않고 쓴 일기에 대해 언급하면서 그가 3주 후에는 일기에서 약간만 발췌해주겠노라고 약속했다는 것이다. 이것이 바로 오늘날 우리가 피가페타의 보고서라고 알고 있는 것이고, 이 보고서는 여러 키잡이들의 일지와 페터 마티어와 막시밀리안 트란스실바누스 같은 사람의 편지로 불충분하나마 보완된 것이다. 어떤 이유로 피가페타의 일기 원본이 흔적도 없이 사라져버렸는지는 추측만 할 뿐이다. 어쩌면 바스크족 귀족인 델 카노의 승리를 드러내기 위해서는 스페인 장교들이 포르투갈인 마젤란에게 대항한 것에 대한 보고 내용은 모두 덮는 것이 좋다고 스페인 왕실에서 판단했을지도 모른다. 결국 역사에서 종종 그러하듯 국가의 허영심은 정의를 누르고 말았다.

이같이 마젤란을 의식적으로 밀쳐내는 방식은 성실한 피가페타의 기분을 몹시 상하게 했음에 틀림없다. 그는 속임수가 일어나고 있다는 것을 느꼈다. 세상은 언제나 마지막으로 행운을 몰고 온 사람, 행위를 완성한 사람에게만 보답하고 이 행위를 자신의 정신과 열정을 가지고 미리 다듬어나가고 가능케 한 사람은 잊어버린다. 그러나 이번의 분배가 더더욱 불공평한 이유는 마젤란의 업적을 결정적인 순간에 저지하려고 했고, 마젤란에게 반란을 꾀한 사람인 세바스티안 델 카노가 이 모든 명성과 명예와 높은 지위를 가져갔다는 것이다. 그가 마젤란의 함대에 합류하기 전에 저질렀던 범죄(그 때문에 그는 마젤란의 함대로 도망했는지도 모른다), 즉 배를 외국인에게 팔았다는 사실은 사해졌노라고 엄숙하게 선포되었고, 금화 5백 굴덴의 연금이 승인되었다. 황제는 그를 기사로 봉하고 델 카노가 이 불멸의 업적을 완수했다는 것을 나타내는 문장을 하사했다. 안쪽에는 십자로 엮인 계피 줄기와 무스카트 열매, 정향 등이 그려져 있었

범선과 날아 오르는 물고기들.
드 브리의 여행기(1594)에서 발췌한 동판화.

고, 그 위에는 투구가 지구를 지탱하고 있었다. 가장자리에는 "그대는 최초로 나를 일주하였다"라는 글을 달고 있었다.

에스테바웅 고메스가 받은 보상은 이 불공평함을 한층 더 심화시켰다. 그는 마젤란 해협에서 도주하여 세비야의 법정에서 말하기를 통로를 발견하기는커녕 만을 발견했을 뿐이라고 했던 사람이다. 마젤란의 발견을 그토록 뻔뻔스럽게 부인했던 그가 '지휘관이자 최고의 키잡이로서 통로를 발견한' 공로로 귀족의 칭호를 얻었다. 마젤란이 받을 모든 명성과 업적은 파렴치하게도 항해 중에 가장 극심하게 그에게 반대하고 그의 항해를 방해하려 했던 사람들의 차지가 되어버렸다.

피가페타는 침묵했고 자신의 본분에 대해 숙고했다. 지금껏 감동적일 정도로 신심이 깊었던 성실한 젊은이는 처음으로 이 세계를 채우고 있는 부당함을 감지했다. 그는 조용히 돌아섰다. 그리고 이곳을 떠나리라 마음먹었다. 궁중의 조신들이 마젤란에 대해 입 다문다 해도, 권리도 없는 사람들이 명예를 얻고자 그곳으로 몰려든다 해도, 그는 이 불멸의 업적이 누구의 계획이었고, 누구의 작품이며, 누구의 공로인지 알고 있었다. 이곳 왕궁에서는 말할 수 없지만 정의를 위해서 이 잊혀진 위대한 사람을 후세를 위해 칭송하리라 생각했다. 그는 귀향을 그린 글에서 델 카노의 이름은 한마디도 언급하지 않는다. 단지 "우리는 떠났다", "우리는 결정했다"라고 쓰면서 델 카노가 다른 사람보다 나은 일을 행하지 않았다는 것을 암시했다. 요행히 제비를 잘 뽑은 사람에게 왕궁이 보답한다 해도 지금은 이미 스러지고 없는 마젤란만이 진정한 명성을 얻을 자격이 있었다. 간절한 충정심을 갖고 피가페타는 패배자의 편에 섰으며, 웅변의 언어로 이미 말이 없는 사람의 권리를 위해 증언했다. 그는 로도스 섬의 대선각자에게 이 책을 헌정하면서 말했다.

"나는 이 시대의 담대한 함장의 명성이 더 이상 소멸되지 않기를 바란다. 그를 꾸며주는 수많은 장점들 중에 가장 주목할 만한 것이 있었으니, 그것은 그가 최악의 불행 속에서도 언제나 다른 사람들보다 꿋꿋하였다는 점이다. 그는 누구보다도 침착하게 배고픔을 견디어냈다. 지도학에 대하여, 항해술에 대하여 그보다 많이 알고 있던 사람은 이 세상에는 아무도 없었다. 그것이 진실이라는 것은 그가 이전의 어느 누구도 감히 인식하거나 발견할 수 없었던 것들을 밖으로 드러내놓았다는 점만 보아도 알 수 있다."

위대한 승리자로 남은 마젤란

한 인간의 생의 비밀은 언제나 죽음의 순간에 가서 밝혀지는 법이다. 그의 이념이 승리로 채워지는 마지막 순간에 가서야 비로소 이 고독한 인간의 내적인 비극성이 드러나는 것이다. 언제나 과업의 짐만을 짊어질 뿐 마지막 성공을 기뻐하는 것은 허용되지 않았다. 운명은 수백만의 무리들 속에서 이 어둡고, 말이 없고 스스로 벽을 쌓고 사는 사람을 선택한 것이다. 그는 이승에서 소유하고 있는 모든 것과 자신의 목숨조차도 이념을 위해 절대적으로 바칠 준비가 되어 있었다. 그러나 운명은 그를 부역을 위해 불러냈고, 즐거움의 자리에는 필요로 하지 않았다. 날품팔이처럼 고마워하지도 않고 은혜를 내리지도 않은 채 이루어 놓은 성과에서 쫓아버렸다. 다른 사람들이 그가 이룬 명예를 거두어들였고, 다른 이들이 이윤을 챙겼고, 다른 이들이 축제를 벌였다. 그가 모든 면에서, 모든 사람들에게 엄격했던 것처럼 운명도 이 냉혹한 군인에게 대항하고 싶어 했다. 그가 자기 영혼의 온 힘을 다해 원했던 단 하나만이 그에게 허용되었다. 그것은 지구를 일주하는 항로를 발견하는 것이었다. 그러나 귀향의 승리라는 보다 복된 부분은 그에게 허용되지 않았다. 단지 바라만 보고 만져보기만 할 뿐, 자신의 머리에 승리의 월계관을 올리려고 하자 운명은 그에게 '그만'이라고 말하며 간절히 내미는 손을 거부했다.

단 하나, 행위 그 자체만이 마젤란에게 허용되었고, 행위의 황금빛 그늘, 속세의 명성은 거부되었다. 그의 의지가 진실이 되어버린 이 순간에 마젤란의 유서를 한 번 더 훑어보는 일보다 감동적인 것은 없을 것이다. 출항의 시간에 기도했던 모든 것을 운명은 거절했다. 자신과 가족을 위해 계약 체결시에 써넣은 것은 그가 영웅적인 최후를 맞은 다음 아무것도 그의 몫이 되지 않았다. 단 하나도, 진정으로 문자 그대로 단 하나도, 그의 후손들에게 허락되지 않았다. 잔인하게도 소원은 하나마나였다. 그 중에 가장 순수하고 경건한 소원조차도 그는 거절당했다.

마젤란은 자신을 세비야에 묻으라고 했다. 그러나 그의 시체는 어느 낯선 해변가에서 썩어갔다. 그의 관 위에서 미사를 30번 올려달라고 하였다. 그 대신 치욕스럽게 절단이 난 시체를 두고 실라풀라푸의 부하들이 미친 듯이 승리를 외쳐대고 있었다. 가난한 사람 세 명에게 옷을 마련해주고, 그의 장례식날에 음식을 대접해달라고 하였다. 그러나 어느 누구도 신발도 짙은 색의 저고리도 음식도 얻지 못했다. 아무도, 하다못해 비천한 거지조차도 '그의 영혼의 평온을 위한 기도를 올려달라'고 불려오지 않았다. 성십자군단에게 보내달라던 은전 레알도, 죄수들을 위한 구호금도, 수도원이나 구빈원에 보내달라던 기금도 모두 치러지지 않았다. 그의 유언을 집행할 만한 돈도, 사람도 없었기 때문이었다. 만약 동료들이 그의 주검을 가져왔더라도 수의를 사입힐 마라베디 한 푼 없었을 것이다.

적어도 마젤란의 상속자들은 부유해지지 않았겠는가? 계약에 의하면 후손들에게 이윤의 5분의 1이 배당되지 않았던가. 아내는 세비야에서 가장 부유한 미망인이 되었을 테고, 아들들이나 손자, 증손자는 어쨌든 귀족이고, 새로 발견된 섬들의 세습총독이 될 것이 아닌가? 아니, 아무도 마젤란의 유산을 상속받지 못했다. 그의 유산을 요구할 수 있는 혈육이라고는 단 한 명도 살아남지 않았기 때문이었다. 3년이라는 세월 동안 아내 베아트리츠와 어린 두 아들이 그의 뒤를 따라 죽었다. 이로써 마젤란 가문이 소멸된 것이다.

문장을 지킬 만한 사람은 아무도 없었다. 형제도, 조카도, 친척 하나 없었다. 가문에 대한 염려도, 남편과 아버지로서의 걱정도, 진실한 기독교인으로서의 경건한 소망도 모두 헛된 것이었다. 장인인 바르보사만이 살아남았다. 그러나 그는 이 불행한 나그네가 '방황하는 네덜란드인'같이 자기 집을 찾아온 날을 얼마나 저주하였으랴. 데려간 딸은 죽었고, 단 하나뿐인 아들도 탐험에 데리고 가서는 되돌려 보내지 않았다.

이 한 사람을 에워싸고 있는 불행은 왜 이다지도 끔찍하기 만한 것일까! 친구나 도와주는 사람은 모두 자신의 어두운 운명 속으로 끌고 들어간 것이다. 누구든 그를 신뢰하는 사람은 그에 대한 대가를 치르는 것이었다. 그의 주변에서, 그를 위하던 사람들로부터 그의 행위는 흡혈귀처럼 행복과 생명을 앗아가고 말았던 것이다. 예전의 파트너인 팔레이루는 포르투갈 땅을 밟았다가 감옥에 갇혀버렸다. 그에게 탐험의 길을 닦아준 아란다는 치욕스러운 조사를 받고 마젤란을 위해 투자한 돈을 모두 잃었다. 자유를 약속했던 노예 엔리크는 그가 죽어서도 다시 노예가 되었고, 사촌인 메스퀴타는 그에게 충성했기 때문에 세 번이나 쇠사슬에 묶이게 되었다. 바르보사와 세하웅은 자기가 죽은 뒤 사흘 후 함께 데려가 버렸다. 반면에 그에게 대항하였던 세바스티안 델 카노는 신의를 지키면서 죽어간 모든 사람들의 영광과 이윤을 독차지했던 것이다.

한층 더 비극적인 것은 이 모든 것이, 심지어는 자신의 목숨마저 희생하며 이룩해놓은 업적이 외면적으로 볼 때 헛수고였다는 것이다. 마젤란은 향료군도를 스페인을 위해 얻으려 하였고, 자신의 생명을 대가로 얻어냈다. 그러나 영웅적이었던 이 탐험은 결국 의미 없는 중개업으로 끝나고 말았다. 칼 황제가 35만 두카텐을 받고 몰루켄을 포르투갈에 다시 팔아버린 것이다. 뿐만 아니라 마젤란이 발견한 서쪽 항로는 거의 이용되지 않았고, 그가 개척한 해협은 돈도 이익도 가져다주지 않았다.

그가 죽은 후에도 마젤란을 신뢰하는 사람에게는 언제나 불행이 쫓아다녔다. 이 용감무쌍한 항해를 되풀이하려던 스페인 함대는 모조리 마젤란 해협에서 좌초되었다. 겁에 질린 항해자들은 곧 이곳을 피하게 되었고, 파타고니아의 음침한 협만을 통과하느니 차라리 파나마 해협을 지나는 머나먼 길로 화물을 끌고 가는 편이 낫다고 여겼다. 결국은 그 발견으로 온 세계가 환호성을 울렸던 마젤란 해협은 위험하다는 이유 때문에 철저히 냉대를 받았고, 당대 사람들의 기억 속에서 완전히 사라져버렸다. 마젤란 해협은 이후 통로가 아닌 신화로 부활되었다. 마젤란이 통로를 발견한 지 38년이 흐른 다음 저 유명한 「아라우카나」 시에서 다음과 같이 노래하고 있다.

"마젤란 해협은 더 이상 존재하지도 않고 찾을 수도 없고, 지나갈 수도 없다. 높은 산이 길을 막아버렸거나 그 앞으로 섬이 하나 생겨났기 때문이다."

이토록 사람들이 등한시하는 가운데 반세기쯤 후 저 대담한 해적 프랜시스 드레이크는 이곳을 은신처로 사용하면서 서쪽 해안의 스페인 식민지를 습격하고 은을 실은 배를 약탈했다. 그제서야 스페인인들은 이 해협이 있었다는 사실을 기억해내고, 해적떼들이 통과하지 못하도록 서둘러 요새를 설치했다. 그러나 불행은 여기까지 쫓아다녔다. 왕의 명령을 받은 사르멘토가 해협으로 이끌고 가던 함대는 난파하였고, 그가 세웠던 요새는 몰락하고 말았다. 포르토 함브르(기아의 항구)라는 이름만 남아서 이 정복자들의 비참한 죽음을 상기시켜 주었다. 한때 마젤란이 유럽에서 동양으로 통하는 거대한 통상로가 되리라 꿈꾸었던 이 해협에는 고래잡이배나 대담한 범선 몇 척만이 어쩌다 지나고 있을 뿐이다.

1913년 어느 가을날, 윌슨 미국 대통령이 워싱턴에서 단추를 누르자 파나마 운하의 갑문이 열렸다. 이제 대서양과 태평양이 영원히 하나로 합쳐진 것이다. 마젤란 해협은 아무 쓸모가 없어져버렸다. 해협의 운명은 최종적으로 결정되었고, 단지 역사상, 지리학상의 개념으로만 추락해버렸다. 그토록 애타게 찾아헤매던 파소는 수천, 수만의 배들이 드나드는 통로가 되지 못했고, 인도로 가는 가장 가깝고도, 빠른 항로가 되지도 못했다. 또한 그것이 발견되었음에도 스페인도, 유럽도 부자가 되지 못했다. 지구상에서 사람이 살고 있는 지역 중에서 가장 황량하고 가장 가난한 곳이 바로 파타고니아와 남아메리카 남단 사이에 있는 해안지방이다.

그러나 역사 속에서는 세속적인 이익이 어떤 업적의 가치를 결정하는 것은 아니다. 인류를 지속적으로 풍요롭게 하는 사람은 창조적인 의식을 고양시키는 자들이다. 이런 의미에서 마젤란의 행위는 당시 모든 행위들을 능가한다. 그의 명성 중에서 가장 특별한 것이라면 다른 지도자들처럼 자신의 이념을 위해 수천, 수십만의 목숨을 희생시킨 것이 아니라, 단 하나 자신의 목숨을 바쳤다는 사실이다. 바로 그토록 영웅적인 자기희생으로 인해 미지의 세계와의 성스러운 전쟁을 위해 떠난 다섯 척의 보잘것없고, 힘없고, 외로운 배들의 찬란한 용기가 영원히 잊히지 않는 것이다. 그리고 세계를 일주한다는 대담한 생각을 처음으로 실행에 옮기려 했고, 함대의 마지막 배 한 척이 이를 완수했다는 점에서 마젤란 자신도 잊히지 않는 존재가 되었다.

1천 년 전부터 지구의 둘레를 알려고 그토록 노력했건만 인류는 이제 처음으로 그들이 가진 힘에 대한 새로운 척도를 갖게 되었다. 정복된 우주의 위대성을 대하면서 인간은 스스로의 위대성을 인식하게 되었다. 새로운 의욕이 솟고 새로운 용기가 솟는다. 실례를 남긴다는 것은 언제나 최고의 것을 남긴다는 말과 같다. 이념이란 독창력에 의해 고양되고 열정에 의해 추진된다면 자연의 힘보다도 더 강하다는 것을 마젤란의 행위가 증명해 보인 것이다.

한 인간이 자신의 짧고 덧없는 일생을 바쳐 수백 세대를 거쳐 오는 동안 단지 꿈에 불과했던 것을 현실이 되게 하고 스러지지 않을 진실로 바꾸어놓은 것이다.

마젤란 항해일지 연보

마젤란(페르나웅 드 마젤랴에스) 태어나다 ··················· 1480

인도에서 군복무를 하다 ································ 1505~1512

아프리카에서 군복무를 하다 ···························· 1513

포르투갈 국왕 독대 후 민간인이 되다 ···················· 1515

세비야로 이주. 이때부터 에르난도 데 마가야네스로 불리다 ·· 1517.10.20

스페인 국왕과 계약하다 ································ 1518.03.22

범선 다섯 척을 이끌고 세비야를 출발하여

산루카 항으로 떠나다 ·································· 1519.08.10

함대가 산루카 항을 떠나 공해로 나아가다 ················ 1519.09.20

테네리파에 도착하다 ··································· 1519.09.26

테네리파에서 출발하다 ································· 1519.10.03

리우데자네이루에 도착하다 ····························· 1519.12.13

리우데자네이루에서 출발하다 ··························· 1519.12.26

라플라타 강에 도착하다 ································ 1520.01.10

라플라타 강에서 출항하다 ······························ 1520.02.02

겨울을 나기 위해 산훌리안 항에 입항하다 ················ 1520.03.31

산훌리안 항에서 반란이 일어나다 ························ 1520.04.02

반란자들에 대한 재판, 케사다 처형하다 ·················· 1520.04.07

두 번째 배인 산티아고 호가 손실되다 ························1520.05.22

함대가 산훌리안 항을 떠나다 ································1520.08.24

산타크루스 강을 벗어나다 ································1520.10.18

마젤란 해협의 입구인 '처녀곶'에 다다르다 ··················1520.10.21

함대가 마젤란해협으로 들어서다 ····························1520.10.25

두 번째 배인 산안토니오 호가 탈주하다 ····················1520.11.08

함대는 마젤란 해협을 빠져나와 태평양으로 들어서다 ··········1520.11.28

산파블로 섬을 지나가다 ··································1521.01.24

티부론 섬을 지나가다 ····································1521.02.04

도둑섬에 도착하다 ··1521.03.06

사마르 제도(필리핀)에 도착하다 ····························1521,03.16

마사바 섬에 도착하다 ····································1521.03.28

세부 섬에 입항하다 ······································1521.04.07

마젤란, 막탄 섬에서 죽다 ··································1521.04.27

세하웅과 바르보사가 죽다 ··································1521.05.01

세 번째 배인 콘셉시온 호를 불 태워 없애다 ··················1521.05.04

탈주한 산안토니오 호, 세비야에 입항하다 ····················1521.05.06

빅토리아 호와 트리니다드 호가 몰루켄(티도르)에 도착하다 ······1521.11.08

네 번째 배인 트리니다드 호가 고장나다 ······················1521.12.18

마지막 배인 빅토리아 호, 티도르를 떠나 귀향길에 오르다 ······1521.12.21

빅토리아호, 봄베이를 떠나다 ································1522.01.25

티모르를 떠나다 ··1522.02.13

회망봉을 주항하다 ··1522.05.18

베르데 곶에 도착하다 ····································1522.07.09

산루카에 도착하다 ··1522.09.06

떠나간 지 꼭 12일 모자라는 3년 만에 다시

세비야항에 닻을 내리다 ··································1522.09.08

마젤란 함대의 경비계산서

배와 설비 *단위 : M(마라베니)

228,750	90톤 규모의 콘셉시온 호와 보트 구매비 및 기본설치비
300,000	85톤 규모의 빅토리아 호와 보트 구매비 및 기본설치비
330,000	120톤 규모의 산안토니오 호와 보트 구매비 및 기본설치비
270,000	110톤 규모의 트리니다드 호와 보트 구매비 및 기본설치비
187,500	75톤 규모의 산티아고 호와 보트 구매비 및 기본설치비
24,188	그중20,438M은 배를 카디스와 산루카에서 세비야로 운송하는데 소용된 비용이고, 3,750M은 배를 구입하려고 세비야에서 카디스로 떠난 창고계장 후안 데 아란다가 지출한 경비이다.
13,482	배를 정박소로 운반해 오는 운임
104,244	다섯 척의 목수일에 지불된 노임
129,539	침수방지 작업에 지불뒤 노잌
6,790	판자를 잘라 선판을 만드는 작업에 지불된 노임
175,098	들보와 선판 및 기타 보수작업에 소용되는 목재값
142,532½	배에 박는 쇠장식 구입비
31,670	침수방지용 뱃밥 구입비
72,267½	침수 방지를 위한 역청, 타르, 기름등의 구입비
53,852	뱃면에 바를 우지구입비
149,076	여분으로 준비 한 173장의 돛베 구입비
32,825	돛을 꿰맬 실, 바늘 구입비와 바느질삯

37,437	돛대와 활대 구입비
3,937	트리니다드 호에 딸린 작은 보트 구입비
15,475	펌프와 못 구입비
6,563	노 구입비
9,364	펌프작업에 소용되는 포대, 들것, 가죽 구입비
1,285½	6통의 활 시위 구입비
3,687½	두꺼운 실 구입비
4,204	배를 정박소에서 밀어주는 도르래 8개 구입비
34,672½	함대를 폐쇄하고, 의장할때 소용되는 통나무 구입비
511	역청을 뜨는 주걱 구입비
1,962	13번 운반한 바닥짐 포대 비용
807	모래나 자갈 등으로 바닥짐을 만들기 위해 사용되는 포대를 만들 천 32 엘레(약 2자 1치)분량 구입비
438,335½	항해에 대비하는 동안 선상 작업한 선원들의 일당 및 식대
42,042	닻 13개 구입비
1,008	배에서 사용될 8개의 크고 작은 톱구입비
1,762	크고 작은 천공기 구입비
663	배가 정박소에서 풀려나올 때 배를 끌어당기기 위한 고리 6개
2,495	뱃면을 타르나 기름칠하는 데 소용되는 가죽주머니 67개 구입비
4,277	침수방지 작업에 소용되는 불쏘시개용 장작 구입비
1,054½	산루카에서 세비야까지 배를 끌고 간 키잡이에게 지불된 노임
324,170½	22,100파운드의 닻줄, 밧줄 및 부표를 달아매는 줄과 필요시 닻줄을 만들기 위해 소용되는 100아로바의 대마 구입비. 여기에는 38,972M의 가공비와 14,066M의 밧줄대금이 포함되어 있다.
25,029	80개의 깃발과 다마스트천으로 만든 황제기 구입비
49,584	쌍돛 구입비
84,144	그중에서 7,500M은 두아르테 바르보사가 세비야에서 빌바오로 떠나면서 사용하였다. 안톤 세메뇨가 바르보사에게 빌바오로 돈을 전해 주면서 3,750M을지출하였고, 24,390M은 빌바오에서

	오는 선적물의 운송비로 사용하였다. 나머지 48,504M은 배와 운송수단의 잡비로 사용하였다.
	대포와 화약 및 부속품
160,135	야전용 대포58개, 경포7개, 사석포3개, '파사무로' 3개 구입비. 모두 빌바오에서 보충해 왔다.
109,028	이중에서 104,200M는 5,000파운드 상당의 화약 구입에 들었고, 4,828M은 푸엔테츠라비아 화물에 소용되었다.
5,477	승무원들을 훈련시키기 위해 빌바오에서 구입해 온 화약 165파운드 비용
11,633	대포용 석포환과 철포환 구입비
3,850	경포 '파사무로', 야전포용 포환을 만들기 위한 주조틀 구입비
39,890	아로바 221개와 7파운드 납 구입대금. 그중에서 84 아로바는 침수방지용으로 쓰였고, 나머지는 포환에 사용되었다.
3,276	대포를 수리하고 단장하는 데 소용
8,790	이중에서 4,290M은 군인들 식비대금이고, 4,500M은 경비로 지출되었다.
	쇠뇌, 쌍신총, 갑옷과 기타 무기류
110,910	갑옷과 투구 100개와 흉갑 100개
33,495	투석기 60개와 360타스의 화살은 빌바오에서 구입
10,500	비즈카야에서 총50대 구입
6,375	총사령관이 입을 흉갑 1벌과 2벌의 무장일습
6,800	빌바오에서 구입한 방패 200개
680	총사령관이 사용할 군도 6개는 빌바오에서 구입
44,185	일반창 95타수 투창 10타스. 쇠창 100개, 돌격용 창 200개, 사냥용 창 6개, 창자루 6대를 빌바오에서 구입
2,499	실꾸러미 120개와 곡식 푸는 삽 7개
3,553	무기를 소제하고, 피혁과 연마제 6파운드 구입하는 데 드는 비용과

	못 3,000개, 비상용 죔쇠 200개 구입비
5,611	대포에 소용되는 화약통50개와 심지 150엘레
	함대의 비축식량
372,510	비스킷 구입 비. 100파운드당 가격은 170M으로, 총 213,803 파운드에 대한 구입가격은 363,480M이다. 산티아고 호가 브레토나에서 구입한 비스킷 대금은 6,757M이고, 2,655M은 비스킷 포대비용과 적재비용에 사용되었다.
590,000	헤레츠에서 구입한 포도주 대금. 이중에서 포도주 508병에 대한 구입비는 511,347M이다. 나머지 78,654M에는 적재비용 37,870M, 운송비 18,428M이 들어 있고, 6,324M은 물건구입을 위해 93일 간 돌아다닌 곤살로 디아츠에게 지불되었다. 3,320M은 420개의 포도주통을 엮는 데 소용되었고, 6,115M은 코르크 마개와 방수포 못 구입과,세비야와 헤레츠간에 취해진 연락업무에 소용되었다.
4,790	후안 니콜라스가 포도주 구입시 지출하였다. 그중 1,806M은 헤레츠와 세비야에서 적재, 하역작업을 할 때 일한 경비요원들에게 지불되었다.
23,037	콩 50 하네가, 이집트콩 90 하네가, 불콩 2 하네가 구입비
58,425	식용유 4,700파운드와 5아로바 구입비
62,879	정어리 200통, 건어물 166타스, 잉어 9타스 '코룬디요' 63타스 마른 생선 1,723 파운드 구입비
43,908	소금에 절인 고기 5,712 파운드 구입비
17,735	이중에서 산루카에서 구입한 소 7마리 가격은 14,000M이고, 돼지 3마리 가격은 1,180M, 2,560M은 산루카에서 고기를 구입하는 데 소용되었다.
26,434	치즈 984덩이(총 11,206 파운드) 구입비
393,623	이중에서 230,017M은 피파 4,517개, 보타 253개, 통 45개를 구입하는 데 소용

함대의 저장물품

15,451	100 파운드당 가격이 720M인 설탕 2,109 파운드 구입비
3,655	20,000 파운드 식초
2,198	마늘 250 다발과 양파 100 다발
5,997	건포도 1,800 파운드
1,130	무화과 16통(1/4통단위)
2,922	아몬드 12 하네가
8,980	꿀 5,402 파운드 운임 포함
750	씨없는 건포도 200 파운드
1,554	초절임열매 3 통
1,768	소금
1,575	쌀 322 파운드
380	겨자 1 하네가
5,779	모과치즈
13,027	의약품, 연고, 기름 및 증류수
5,927	밀가루 5 통

놋쇠그릇 및 기타 물품

21,515	함대에서 사용할 놋쇠 그릇 구입비.이중에서 6,165M은냄비 5개 (총 중량 280 파운드), 3,700M은 솥 5개 (총 중량 132 파운드), 7,695M 은 오븐 2개(총 중량 171 파운드), 1,215M은 27 파운드 무게의 솥 1개 구입비
2,200	역청을 끓이는 가마솥(중량 55 파운드)구입비.이중에서 540M은 솥 밑바닥 보수작업을 한 놋쇠장이 카브레라에게 임금과 놋쇠 11 파운드에 대한 값으로 지불되었다.
884	칼 10개
516	포도주와 물 배급량을 조절하는 표준용기 42개
3,440	양초 800 파운드와 우지로 만든 초 4,200 파운드, 양초가 부족할 경우에 대비해 준비한 양털 부스러기 2,000 파운드

1,430	램프 89개
495	미사용 장식 양초 9½ 파운드
8,860	함대의 땔감용 장작 40 마차 분량
1,280	식탁보로 사용할 범포 40 엘레(배 한 척당 8엘레 분배)
476	대접 14개
158	솥을 걸어놓을 쇠줄
256	쇠로 된 손잡이가 달린 풀무
1,530	돛을 꿰매는 실이나 화살시위에 칠을 하기 위한 왁스 22½ 파운드
768	부엌칼 12개
204	철로 만든 숟가락 5개
5,834	대접 100개, 국그릇 200개, 고기칼 100개, 나무대접 66개. 모두 빌바오에서 구입
240	나침반 각등 20개
330	깔대기 12개, 큰 것 6개, 작은 것 6개
125	망치 5개
995	대접 18개 보충
653	약절구
3,622	식품광에 채워둘 맹꽁이 자물쇠 35개
2,891	족쇄, 수갑, 쇠고랑
200	쇠장식 8개
240	피켈이나 기타 공구들을 보강하는 철물 20 파운드
297	물건을 측정하는 도량형기 (단위 100파운드)
2,400	곡괭이 50개
1,600	쇠막대 20개와 나무지렛대
2,531	쇠막대 56개와 망치, 쇠망치 2개
1,200	쇠로 된 각등 2개
360	부엌용 집기 8쌍
1,224	착공기 12개, 송곳 6개, 보트용 갈고리. 모두 빌바오에서 구입
24,938	부엌용 주물 2,120 파운드

10,639	돗자리와 바구니 비용. 이중에서 9,290M은 '파욜레' 를 위한 돗자리에 지불되었고, 1,340M은 비스킷을 나르는 바구니 87개와 무화과를 담을 바구니 22개에 지불되었다.
30,253	낚시도구 구입비. 그중에서 8,500M은 그물 2개를 구입하기 위해서, 125M은 낚싯대 6개를 구입하기 위해 사용하였다.
425	그물에 필요한 코르크 구입비
8,663	낚싯줄 구입비
8,715	비츠카야에서 구입한 작살에 소용된 금액. 그중 3,826M은 낚싯대 10,500 개를 구입하는 데 소용되었다.

기타 품목

9,147	대장간 설치비. 그중에서 6,147M은 호스, 작업대, 통풍관 구입에 소용. 모두 비츠카야에서 구입
1,211	새 공책 15개 구입비. 그중 다섯 권은 함대 지출내역을 기입하고, 10권은 장교들의 회계업무에 소용.
2,635	화물 운반인부들에게 지불
2,125	함대에 동승한 이발사 2명이 사용할 연마돌 2개와 숫돌 1개 구입비
2,895	항해중의 여흥을 위한 큰북, 작은북 구입비
16,513	미사 집전시 필요한 교회 부품
5,735	키잡이들에게 임금으로 지불. 3,700M은 함대를 세비야에서 산루카까지 인솔하고 간 키잡이들이 받고, 1,985M는 산루카항에서 끌고 간 키잡이들이 받았다.
11,250	로드리고 드 가라이에게 함대를 정비해서 세비야를 출항할 때까지의 임금으로지불
7,500	후안 드 라 케바에게 동기간 임금으로 지불
12,014	수은, 진사, 골풀, 무두질한 가죽, 구리 등의 구입비
5,625	왕궁에 심부름을 보낸 포르투갈인에게 노비로 지급
45,000	왕궁 긴급 전령과 후안 데 카르타헤나에게 지불
6,750	편지를 카나리아 제도로 배달한 사람이 타고 갈 카라벨 뱃삯과 숙박비

15,000	함대의 회계담당인 루이스 데 멘도사가 카나리아 제도에서 구입한 물건대금으로 40두카텐 지불
	물품 대금과 임금
1,154,504	함대 승무원 237명에게 4개월치 급여 지불
1,679,769	교역상품과 의복 등의 선물품목 구입비
	해도, 사분의, 경위의, 자침과 시계
68,182	해도와 사분의 구입비
1,125	해도를 제작할 양피지 구입을 위해 누뇨가르시아에게 지불
900	양피지 한 타스
864	한 타스 추가
13,125	해도 7개
11,250	해도 11개
13,500	해도 6개
1,121	목재 사분의 6개
750	목재 경위의
4,500	천체도 1개 대금을 마젤란에게 지불
4,500	금속제 경위의 대금으로 마젤란에게 지불
4,080	자침 15개 구입비로 마젤란에게 지불
1,875	목재와 청동사분의 15개 구입비로 마젤란에게 지불
476	지도와 함께 황제에게 선사한 도금 나침반 몇 개와 보관함
340	천체도를 위한 가죽보관함
612	모래시계 12개
750	자침 2개
600	나침반 6개
750	자침 2개 대금으로 누뇨가르시아에게 지불
136	손상된 자침 1개 수선비
884	나침반 4개를 위한 보관함
6,094	베르날디노 델 카스틸로가 카디스에서 보낸 자침 16개와 시계 6개 대금

	총경비
3,912,241	시설비, 대포, 화약, 갑옷, 창
415,060	놋쇠그릇, 낚시도구, 우편요금, 해도, 사분의, 경위의 나침반, 시계, 기타
1,589,551	비스킷, 포도주, 기름, 어륙, 육류, 치즈, 채소와 포도주와 물통
1,154,504	승무원 237에게 4개월치 임금으로 지불. 함장과 장교들도 포함
1,679,769	교역상품과 선물용품
	* 합계로 함대의 지출금액은 8,751,125M이다. 그중에서 416,790M은 여분으로 세비야에 보관된 물건대금이고 8,334,335M은 실제 지출금액이다. 6,454,209M은 황제가 부담했고, 1,880,126M은 크리스토퍼 데 하로가 부담하였다.

한 인간이 자신의 짧고 덧없는 일생을 바쳐 수백 세대를
거쳐 오는 동안 단지 꿈에 불과했던 것을 현실이 되게 하고
스러지지 않을 진실로 바꾸어놓은 것이다.

– 슈테판 츠바이크 –

나는 이 시대의 담대한 함장의 명성이
더 이상 소멸되지 않기를 바란다.
그를 꾸며주는 수많은 장점들 중에 가장 주목할 만한 것이
있었으니, 그것은 그가 최악의 불행 속에서도 언제나
다른 사람들보다 꿋꿋하였다는 점이다.

– 피카페타 –

"항해는 필연이고, 삶은 우연이다."

– 뱃사람들의 격언 –

"대서양에서 태평양에 이르는 통로는 존재한다.
나는 그것을 안다.
그 장소가 어디인지도 알고 있다.
나에게 함대를 달라.
그러면 내가 그 통로를 가르쳐주고
동에서 서로 지구를 일주해 보이겠다."

- 마젤란 -

"역사는 어떻게 그 일이 일어났는지 아무 관심이 없다.
역사는 단지 이루어내는 자, 완성해놓는 자의 편에 서는 법이다."

— 헵벨 —